PLAN UND PRAXIS DES WALDORFKINDERGARTENS

Beiträge zur Erziehung des Kindes im ersten Jahrsiebt

Herausgegeben von
Helmut von Kügelgen

VERLAG FREIES GEISTESLEBEN

Plan und Praxis des Waldorfkindergartens: Beiträge
zur Erziehung d. Kindes im 1. Jahrsiebt / hrsg.
von Helmut von Kügelgen. – 11. Aufl. – Stuttgart:
Verlag Freies Geistesleben, 1991.
ISBN 3-7725-0385-3

NE: Kügelgen, Helmut von [Hrsg.]

11. Auflage 1991
© Vereinigung der Waldorfkindergärten, Stuttgart 1973
Herstellung: Greiserdruck, Rastatt

Inhalt

Das Menschsein lernen!
Zur 8. Auflage von Plan und Praxis des Waldorfkindergartens — Dr. Helmut von Kügelgen — 7

Vorwort zur 1. Auflage — Dr. Helmut von Kügelgen — 9

ÜBERBLICK

Aus der Menschenkunde des Erziehungsalters — Dr. Helmut von Kügelgen — 11

Vorschulerziehung aus den Anforderungen des Kindes — Dr. Ernst Michael Kranich — 17

Wie ein Kind zu Handlungen veranlaßt wird — Elisabeth von Grunelius — 30

Lebenskunde im Vorschulalter — Dipl.-Ing. Fritz Koegel — 33

AUS DER PRAXIS DES WALDORFKINDERGARTENS

Erziehung in der altersgemischten Gruppe — Freya Jaffke — 44

Kindergarten-Tageslauf — Monika Ley/Ingeborg Schöttner — 49

Das Erleben des Jahreskreislaufes — Joh. Veronika Picht — 54

Zur Planung im Waldorfkindergarten — Freya Jaffke — 56

Herbsterleben — Rosa Hüttner — 64

Märchensprache und Menschenbild — Dr. Helmut von Kügelgen — 66

Spielen lernen — Freya Jaffke — 70 X

Aphoristisch — Dr. Gerbert Grohmann — 72

Willensbildung und das künstlerische Element — Dr. Rudolf Steiner — 73

Vom Malen mit Aquarellfarben — Freya Jaffke — 75

Handarbeiten — Dora Dolder — 79

FAMILIE, ARZT, SOZIALISATION

Die Eltern bereiten die Lernfähigkeit ihrer Kinder vor	*Willi Aeppli*	83
Gedanken eines Arztes	*Dr. med. Heinz Wolf*	86
Nachahmung und Sozietät	*Dr. Rudolf Steiner*	90
Masern, Beispiel für den Sinn der Krankheit	*Dr. med. Wilhelm zur Linden*	91
Pockenschutzimpfzwang: pro und contra	*Dr. med. Cornelia Hahn*	93
Winke zur Selbsterziehung	*Marta Heimeran*	96
Sozialisation und Elternmitwirkung	*Stefan Leber*	98

DOKUMENTARISCHES

Das Ergebnis ist alarmierend. Zu dem nachfolgend dokumentierten Aufruf	*Dr. Helmut von Kügelgen*	105
Fernseh-geschädigt. Aufruf gegen das Fernsehen für kleine Kinder. Resolution der Internationalen Vereinigung der Waldorfkindergärten zu Pfingsten 1973		107
Frühes Lernen und Einschulungsalter. Stellungnahme des Bundes der Freien Waldorfschulen im Juni 1970		108
Schule für Fünfjährige? Text einer Resolution an den Landtag von Baden-Württemberg		114
Aufgaben der Waldorfkindergärtnerin, ihre Aus- und Fortbildung		117
Anschriften der Waldorfkindergärten		128
Aus der Literatur zur Waldorfpädagogik mit besonderer Berücksichtigung des ersten Jahrsiebts		141

DAS MENSCHSEIN LERNEN! *Zur 8. Auflage von Plan und Praxis des Waldorfkindergartens*

Mitten unter uns, über die Erde verbreitet, in allen Zonen und Klimabedingungen, lebt ein Volk, das seine Botschaft nicht aussprechen kann, das sich in seiner Tätigkeit, im Spiel, auch ohne Dolmetscher versteht, die Kinder. Glaube, Liebe und Hoffnung aller Menschen knüpfen sich immer wieder an ihr Erscheinen. In wenigen Jahren verlassen die Kinder die Bewußtseinsstufen der Kindheit, ihr Kinderland, und tauchen unter in die Begrenzungen ihrer sozialen und völkisch-staatlichen Gegebenheiten. Die Kinder kämpfen nicht für ihre Rechte und ihren Lebensraum. Sie erscheinen mit ständig sich erneuerndem Vertrauen, mit unsagbarem Liebehunger und setzen voraus, daß wir Erwachsenen weise und gut sind und daß wir besitzen, was wir am Kinde lernen müssen: Selbstlosigkeit.

Die Gesinnung der Ausbeutung der Erde, ihrer Schätze und Lebewesen, ist ein Kennzeichen dafür, wie sehr der Mensch seine Aufgabe auf der Erde vergessen hat. Egoismus, Ehrgeiz, Erfolgsstreben beherrschen das Berufsleben, haben die Häuser in Wohnsilos, die Städte in kinderfeindliche Systeme verwandelt, die keinen Lebensraum bieten, in denen das Spielen nur in Winkeln und Gettos möglich ist. Das Auto und das Fernsehen, die verpesteten und vergifteten Elemente Luft, Wasser und Erde, der fotografierende Zuschauer und die Industrie des Tourismus, sie scheinen uns so notwendig, so fortschrittlich und liegen doch wie eine physische, seelische und geistige Giftwolke über dem Leben der Kinder. Gegen niemanden ist in unserem Jahrhundert so umfassend rücksichtslos, so grausam, trotz gutem Willen so verständnislos gehandelt worden wie gegen die Kinder. Der Begriff der Kindheit wurde seines Zaubers beraubt, das im Kinde zu schauende Bild des Menschen verzerrt und entwürdigt. Es geschah, weil letzten Endes im Kinde nur der unfertige, noch unproduktive, noch zu belehrende, für die Zwecke des Daseins erst zuzubereitende Erwachsene gesehen wurde. „In das Leben treten" heißt, die Kindheit und erste Jugend verlassen, um einen Beruf zu ergreifen und sich dem Wirtschaftsleben einzuordnen. Aber die Berufe entfernten sich immer mehr vom Menschsein, vom Leben. Die Mißachtung der Hausfrau und Mutter als „nicht berufstätig", obwohl sie einen anstrengenden, wohl den verantwortungsreichsten Beruf ausübt – aber eben „nur" einen menschlichen –, ist ein zweites Kennzeichen dafür, daß vergessen oder gar nicht bemerkt wird, was die unter uns lebenden Kinder für Menschen sind.

Drei Weltkriege haben in diesem Jahrhundert, das als das Jahrhundert des Kindes begrüßt wurde, den nationalen und wirtschaftlichen Egoismus, den Haß und die Lüge, die technische Entwicklung und die Unmenschlichkeit zu triumphierenden Gipfelleistungen aufgetürmt – und haben eine Jugendgeneration nach der anderen verschlissen: der Erste Weltkrieg mit Langemarck, Stahlgewittern und verlogener Kriegshetze; das Jahr 1933 und der Zweite Weltkrieg mit Bombenteppichen, Atombomben, Gefangenen- und Konzentrationslagern und wiederum dem Mißbrauch der Jugendkräfte der Begeisterung, der Opferbereitschaft und Hingabe; der dritte Weltkrieg tobt seit den sechziger Jahren mit Waffen und Gegenwaffen einer gigantischen Rüstung, aber nicht minder durch die Umweltvergiftung, bei der nicht zu bewältigenden Lagerung des Mülls vom Milliardengeschäft mit der Nukleartechnik, im Streß der Schulen, der Frühintellektualisierung der Kinder, im genußsüchtigen Verwechseln von Liebe und Sexualität, in Alkohol und Rauschgift, in den schreienden Rhythmen einer Musik, die nicht bändigt und veredelt, sondern entfesselt und das Bewußtsein lähmt, in Geiselnahme und Brutalisierung.

In den Waldorfschulen und Waldorfkindergärten haben wir immer wieder das Novaliswort wiederholt: Das Menschsein lernt das Kind nur am Menschen. Es wird Zeit, das Wort umzuwenden: *Das Menschsein lernt der Erwachsene nur am Kinde!* Beobachteten wir es wacher, so erfaßte uns Ehrfurcht vor der Welt, aus der ein Wesen kommt, um sich zu inkarnieren, um Entschlüsse zu verwirklichen und ein Schicksal zu ergreifen. Wir würden sein Vertrauen mit Selbstlosigkeit, seinen Liebehunger mit Opferbereitschaft, seinen Lernhunger mit Selbsterziehung und eigenem Streben beantworten. Wir würden bemerken, wie sehr unser Verhalten von Mensch zu Mensch, unsere Dankbarkeit und Leben gestaltende Bewußtheit sich der nachrückenden Generation einprägen. Die selbstverständliche, hingebungsvolle Nachahmung des Kindes, seine stillen, schöpferischen, nach Spiel und Handlung drängenden Kräfte würden uns herausfordern, Verinnerlichung, Liebe zur künstlerischen Betätigung, Engagiertheit im Beruf und Schulung unserer Willenskräfte zu üben. Der Rhythmus und die Feste des Jahres, der Sonntag und der Feierabend würden uns ernste Aufgaben stellen: Wie gewinnen wir wieder ein geistgemäßes Verhältnis zur Natur und Sternenwelt, wie geben wir den Festen und Feiertagen ihren Sinn zurück, was bedeutet religiöser Kult, Tisch- und Nachtgebet, was ist ein Leben, das Muße kennt und dem Erholen nicht Genuß oder Loslassen, sondern eine Beschäftigung mit den „unnützen" Werten der Menschlichkeit bedeutet?

Unsere Städte, unser Familienleben, unsere soziale Dienstleistungsgesinnung würden anders aussehen, wenn wir den uns nachahmenden Kindern gerecht werden wollten, wenn wir bereit wären, das Menschsein an und mit ihnen zu lernen. Eine neue Kultur, eine beseelte Psychologie, ein verwandeltes Wirtschaftsleben, ein anderer Umgang mit Rauschgift und Fernsehen stiegen herauf, wenn wir von dem Volk der Kinder lernen und mit ihm leben wollten.

In dieser Lage wurde ein „Jahr des Kindes" verkündet. War es ein verzweifelter Versuch der Umkehr zur „Selbstlosigkeit, dem Lebensquell der Menschheit" (Steiner)? Hat dieses Jahr nur an den Großmut und Reichtum appelliert, den Kindern auch etwas zu gönnen: schönere Schulhöfe, Spieloasen, mehr Süßigkeiten für mehr Kinder, häufigere und lockendere Fernsehsendungen, raffiniertere Mittel, um die Fernsehschäden zu kurieren, noch mehr Hygiene und Medikamente? Wurde das Land der Kindheit wirkungsvoller der Mode und dem Markt erschlossen? Und werden wir noch technischer durchrationalisierte Küchen und Lebensgewohnheiten entwickeln und alles das, was uns das Leben bequem macht, aber davor bewahrt, *uns zu wandeln*? Niemand hindert uns, geistig jung zu bleiben, ein Leben lang seelisch reicher zu werden, willenskräftig den Leib als Instrument der Seele zu betrachten. Unser Menschsein brauchen die Kinder!

Gewiß wird auch viel Gutes und Segensreiches gedacht, gesagt und wohl auch getan, aber das Notwendige geschieht erst, wenn sich der einzelne Mensch einsetzt für den neuen Johannesruf zur Sinneswandlung: *Lerne das Menschsein am Kinde, in ihm ist dir die geistige Welt nah gekommen!* Verwirkliche in Menschengemeinschaften das Handeln aus geistigen Impulsen im Kleinen und Alltäglichen in dieser michaelisch-apokalyptischen Zeitenstunde. In diesem Sinn will die Waldorfpädagogik ihren Beitrag geben und nicht nur zum Jahre des Kindes: die Familien, Kindergärten, Schulen noch ernster ausgestalten zu Kulturstätten der Erneuerung, – Erziehung begreifen als die Aufgabe, soziales Verständnis aus Menschenerkenntnis zu verwirklichen, – in diesem Sinne wollen wir *arbeiten*. Dann wird in Kindergärten und Schulen, in Schulgemeinschaften und Elternhäusern die Krippe des Menschenherzens gerichtet werden, um mit jedem Kinde *das Kind der Menschheit* in Liebe und Ehrfurcht zu empfangen.

v. K.

VORWORT ZUR 1. AUFLAGE

Die Institution Kindergarten mußte entstehen, weil die Familie in der Industriegesellschaft ihre Funktion als „soziale Mutterhülle" des kleinen Kindes immer weniger erfüllen konnte. Das Menschwerden des Menschen ist durch die biologische Geburt nicht garantiert; es verlangt immer dringender gezieltes Wollen und überlegtes Sich-Verhalten der Erwachsenen, Einrichtung einer zeitgemäßen Kinderstube und schließlich fachlich fundierte Institutionen: Die Kindergärten, Tagesheime, Krippen und Horte.

Aus den Kindergärten strahlt es wieder zurück in die Elternhäuser. Erwachsenenbildung, Elternschulen, Elternabende und Erziehungsberatung sind notwendig geworden, um bei versiegenden Traditionen und verwandelten Lebensverhältnissen eine Erlebnis- und Lernumwelt zu schaffen, in der die Kinder gedeihen können. Aus Erkenntnis und gutem Willen, aus freier Erzieherinitiative müssen Wohnraum und Spiel, Ernährung und Kleidung, Liebhabenkönnen und innere Beziehung zum Kinde neu aufgebaut werden. Im Zusammenwirken von Kindergarten und Elternhaus –, zwei Institutionen, die heute um Bestand und Selbstverständnis ringen –, im gegenseitigen Austausch von Grundsätzen und Erfahrungen muß die Sozialhülle gewoben werden, aus der ein gesundes Kind zur Schulreife heranwächst. Schulreifwerden gleicht einer „zweiten Geburt", das Erwachen in der neuen Welt einer größeren, schon von der Gesellschaft und ihren Anforderungen mitgeprägten Menschengemeinschaft in der Schule.

Der Kindergarten ist eine öffentliche Einrichtung, ob er fröbelsche Züge trägt, von Montessori oder von antiautoritärer Begeisterung beeinflußt wird oder ob er durch die Erziehungskunst Rudolf Steiners, d. h. durch die Waldorfpädagogik geprägt ist. Die Kinder aller Sozialschichten und Rassen, aller Konfessionen und Bildungsvoraussetzungen finden im Waldorfkindergarten Aufnahme – wenn ihre Eltern nur zur Zusammenarbeit bereit sind.

Was unterscheidet den Waldorfkindergarten von anderen öffentlichen Einrichtungen des vorschulischen Bereiches? Charakterisieren und Beschreiben ist besser als Definieren. So entstand dieser Almanach mit den verschiedenartigsten Beiträgen. Denn es verlangt die Auseinandersetzung mit Literatur und Denkart der wissenschaftlichen Pädagogik eine andere Sprache als die Erzählung der Kindergärtnerin von Tag- und Jahreslauf, von Spiel und künstlerischer Betätigung. Der Arzt oder die Eltern schildern von anderen Blickpunkten aus, was sie erfahren und bedacht haben – und wieder aus einer neuen Perspektive blickt der Ausbilder von Erziehern auf den Kindergarten hin, auf die eine Aufgabe: die gesunde Grundlage zu schaffen, daß Ichwerdung innerhalb sozialer Verantwortlichkeit geschehen kann.

Den Waldorfkindergarten kennzeichnet vielleicht an erster Stelle die erfahrene und erkannte Überzeugung, daß der Mensch das Menschsein nur vom Menschen lernt: daß das kleine Kind den Erzieher braucht, der mit ihm lebt, der sich auch geistig-seelisch mit dem Kindeswesen verbindet, der selber bis in das hohe Alter ein Werdender und sich Wandelnder bleibt. – Die Forderungen der Pädagogik müssen nicht an das Kind, sie müssen an den Erzieher gerichtet werden! Es geht nicht um methodische Systeme, vorgeprägte Programme und die Zwangsvollstreckung ihrer Erfolge – es geht darum, Leben zu erwecken, die Geburt der Individualität in einem gesunden Leib, in einer gesunden Seele vorzubereiten. Die Pläne werden an den Entwicklungsbedingungen des Kindes fort und fort weiterentwickelt, sie rechnen mit dem ganzen Lebenslauf und seiner unwiederholbaren, schutzbedürftigen, unendlich beeindruckbaren ersten Phase.

Den Erzieher im Waldorfkindergarten bestimmt die Ehrfurcht vor dem werdenden Menschen, mit dem man nicht experimentieren darf, dessen Lernen im Erleben mit allen Sinnen besteht, dessen Hingabe an das Spiel den Ernst und das Engagement vorbildet, mit dem er später im Beruf und in seinen persönlichen Verantwortungen stehen wird. Auf seiner Jahrestagung hielt der Verband evangelischer Sozialpädagogen eine Pressekonferenz ab: „In der Vorverlegung des Schuleintrittsalters durch die Einführung von Vorschulklassen oder durch den Einsatz von Lernmitteln im Kindergartenalter ist die Gefahr sichtbar geworden, daß die Entwicklung der Kinder ernsthaft beeinträchtigt wird." „Sehr kritisch äußerten sich die Sprecher des Verbandes über die Vorschulversuche." (Stuttgarter Zeitung vom 5. 1. 1973). So mehren sich die Stimmen derjenigen, die nicht nur mit abstrakter Erziehungswissenschaft umgehen, die mit den Kindern *leben*. Der Bund der Freien Waldorfschulen, die Elternschaften der deutschen Waldorfschulen und die Vereinigung der Waldorfkindergärten nahmen nach Erscheinen des „Strukturplanes für das Bildungswesen" öffentlich Stellung zur Frage „Frühes Lernen und Einschulungsalter". Das hier unter *Dokumentarisches* abgedruckte Votum fand weltweite Zustimmung. Auch diese Äußerung beschränkt sich nicht auf theoretische Auseinandersetzung und Deklamation, sie hält den Entwürfen und Programmen Erfahrung und Vorschläge aus fünfzigjähriger reflektierter Praxis entgegen.

Wir brauchen gewiß eine wissenschaftliche Durchdringung all unseres Tuns mit dem Kinde. Wir brauchen aber eine Wissenschaft, die sich dem ganzen Menschen, auch seinen kreativ-schöpferischen und seinen Willenskräften zuwenden kann. Die Wissenschaft vom Menschen, die Rudolf Steiner der Waldorfpädagogik zugrunde legte, berücksichtigt den Menschen als geistig-seelischleibliches Wesen. Sie trägt, wenn man sich mit ihr beschäftigt, die Kraft in sich, Liebe zu erwecken – sie führt zum „Handeln aus Erkenntnis", sie regt an, sich den Freiheitsraum der Erzieherinitiative zu erringen.

Die Dynamik von Plan und Praxis im Freiheitsraum pädagogischer Initiative – der Gesetzgeber sollte sie schützen, nicht reglementieren! Mögen Eltern und Erzieher durch diese Schrift angeregt werden, sich für ihre Erziehungsrichtungen zu aktivieren und mit neuer Liebe und Hinwendung Kinder zu beobachten. Mögen Parlamentarier und Regierungsbeamte die Gefahr sehen, wenn ungeeignete Formen des Bildungswesens auf den Vorschulbereich übertragen werden, zu Lasten der Kinder. Der mit den Rätseln des Menschwerdens vertraute Erzieher hört den dreifachen Zuruf des polnischen Pestalozzi Janusz Korczak:

Erkenne dich selbst!
Erziehe dich selbst!
Beobachte alles liebevoll und genau!

Wir Erwachsenen dürfen sie nicht enttäuschen, die Kinder, die sich uns anvertrauen, die nachahmend und emporblickend sich an uns aufrichten, um einmal über uns hinauszuwachsen in ihre eigene Zukunft. Korczak fordert den geistig-wissenschaftlich strebenden, herzhaft handelnden, seine Existenz einsetzenden Erzieher, wenn er zusammenfaßt: „*Ohne eine heitere, vollwertige Kindheit verkümmert das ganze spätere Leben.*"

Stuttgart, 6. Januar 1973   *Helmut von Kügelgen*

ÜBERBLICK

AUS DER MENSCHENKUNDE DES ERZIEHUNGSALTERS

Von Denkgewohnheiten und menschlichem Verhalten
Helmut von Kügelgen

„Letztlich möchten wir nicht verzichten, darauf hinzuweisen, daß der Mensch sich selbst, seine Ziele und seine Wertvorstellungen ebenso erforschen muß wie die Welt, die er zu verändern sucht. Beides erfordert nichtendende Hingabe und Anstrengung."
Exekutiv-Komitee des Club of Rome

In der Erforschung des Menschen und der Setzung von Wertvorstellungen konnten die Verfasser der ersten Studie des Club of Rome – „Grenzen des Wachstums, Bericht zur Lage der Menschheit" – nicht ihre Aufgabe sehen. Als sie 1972 zugleich in acht Weltsprachen ihren Bericht veröffentlichten, wollten sie „die politischen Entscheidungsträger in aller Welt zur Reflexion über die globale Problematik der Menschheit anregen", wie es Eduard Pestel in seinem Vorwort zur deutschen Ausgabe formulierte. Sie haben tatsächlich einen entscheidenden Anstoß dafür gegeben, daß die Energie- und Rohstoffkrise auf der als ein Endliches erfaßbaren Erde – mehr oder weniger exakt berechenbar – in das Bewußtsein der Weltöffentlichkeit eindrang. Und im Schlußkapitel, der „kritischen Würdigung" der eigenen Arbeit, war den Wissenschaftlern auch deutlich, daß ein harmonischer Gleichgewichtszustand der Weltwirtschaft, daß der Einschlag der Selbstlosigkeit und Vernunft in die sozialen, gesellschaftlichen und Machtverhältnisse, „ein außergewöhnliches Maß an Verständnis, Vorstellungskraft und politischem und moralischem Mut", „neue Denkgewohnheiten und grundsätzliche Änderung menschlichen Verhaltens" erfordert und daß Folgerungen nur „bei grundsätzlicher Änderung der Wert- und Zielvorstellungen des einzelnen, der Völker und auf Weltebene" gezogen werden können. Mit Recht empfanden die Autoren, daß eine „geistige Umwälzung kopernikanischen Ausmaßes für die Umsetzung unserer Vorstellungen in Handlungen erforderlich" sei, – und da taucht in den Schlußsätzen die Forderung nach einem seiner selbst bewußtwerdenden Menschen, nach einer umfassenden Menschenerkenntnis auf. Die „geistige Umwälzung", die von der Lage der Menschheit unabweisbar gefordert wird, ist leicht abzulesen und zu fordern; wie aber ist sie in kopernikanischem Ausmaß zu vollziehen? Diese Wende ist doch eine Erziehungsfrage! Ziele und Wertvorstellungen und das Wesen des Menschen müssen zuerst vom Erzieher „erforscht" und dann in „geistergreifender Gesinnung", wie es Rudolf Steiner formulierte, in Elternverhalten und Schulalltag umgesetzt werden, in brüderliche Einstellung im Berufs- und Wirtschaftsleben. Neue Denkgewohnheiten im Anschauen des Menschen machen neue Begriffe und Bewußtseinserweiterung notwendig.

Der Report des Club of Rome, der im Sommer 1979 erschien, forderte eine „intellektuelle Revolution"; er belegt mit Fakten und Zahlen die unmenschlich-hilflosen Zustände in wirtschaftlicher, sozialer und kultureller Hinsicht über die Völker der Erde hin – aber wieder können die Autoren nicht mehr als eine Analyse liefern: „Für die Ausbildung eines Soldaten wird 60mal mehr Geld ausgegeben als für die Ausbildung eines Kindes. Niemand hält das für vernünftig, aber niemand ist imstande, dies zu ändern... Den Schocks der Energiekrise sind viele Menschen kaum noch gewachsen. Lange lebte man in dem Irrglauben, Öl könne nicht knapp und Atomenergie nicht gefährlich werden... Das neue Lernen muß auch von denen, die heute lehren, erst gelernt werden... man sieht zu wenig voraus, welche Fülle von Veränderungen auf uns zukommt[1]". Die Autoren stellen fest, daß die Schule mehr tun müßte, als nur in die herkömmliche Arbeitswelt einzuführen, daß sie aber selbst diese Aufgabe nur unzulänglich löst: eine Prüfung jagt die andere und erzieht zum Wettbewerb und nicht zur Kooperation. Und wieder muß der Berichterstatter im „Spiegel" feststellen: „So überzeugend das neue Lernkonzept begründet wird, so dürftig sind die Versuche, konkret zu schildern, wie es verwirklicht werden soll."

Auf diesem Hintergrund scharfsinniger, begründeter, aber hilfloser Analyse, die das zentrale soziale Gegenwartsproblem – die Frage der Erziehung und die Erforschung des Menschen selbst, seiner Ziele und Wertvorstellungen – beschreiben, aber nicht lösen kann, wird die Leistung Rudolf Steiners in ihrer Zukunftsbedeutung sichtbar: der aus geistiger Einsicht gewonnenen Impulsierung auch die Wege zur praktisch-konkreten Ausführung im Einzelnen zu weisen. Die Analyse läßt sich aus eben den Denkgewohnheiten gewinnen, die zu den Niedergangserscheinungen geführt haben. Das Umdenken nicht, da ist die „nichtendende Hingabe und Anstrengung" der geistgemäßen Denkschulung als Weg des Einzelnen notwendig. So wird auch verständlich, warum Steiners Menschenkunde als Grundlage einer neuen Pädagogik und Medizin so langsam Eingang findet in die festgefahrenen Denkgewohnheiten des allgegenwärtigen Materialismus, warum seine Begriffe einer neuen Seelenkunde und einer geistergreifenden, geisteswissenschaftlichen Gesinnung es so schwer haben, der Naturwissenschaft das hinzuzufügen, was eine „geistige Umwälzung von kopernikanischem Ausmaß" bewirken kann. Aber es ist durch die Freien Waldorfschulen, durch die anthroposophische Medizin, Ernährungslehre und Landwirtschaft usw. ein Anfang gemacht: vom Menschen und seinem komplizierten leiblich-seelisch-geistigen Wesen ausgehend, Ideen nicht nur zu abstrakten Forderungen zu erheben, sondern Wege ihrer Verwirklichung zu praktizieren. Eine erste folgenreiche Erkenntnis zeigt den Menschen in seinem Erziehungsalter von Jahrsiebent zu Jahrsiebent durch „Geburten" schreiten, in denen sich sein viergliedriges Wesen bis zur „Ichgeburt" in der Mündigkeit erst nach und nach voll inkarniert. Im ersten Jahrsiebent, nach der physischen Geburt, sind die weisheitsvollen, organgestaltenden Bildekräfte, sind die seelischen Urteils- und Liebekräfte noch ganz und gar in die leibliche Existenz hineinverzaubert und setzen, wie Adolf Portmann es schildert, die

---

[1] Bericht im „Spiegel" vom 11. 6. 79 über den vor der Veröffentlichung stehenden Report von Prof. Malita (Bukarest), Prof. Botkin (Harvard-Universität, USA) und Prof. Elmandjra (Uni Rabat, Marokko).

Embryonalentwicklung fort: Diese vollzieht sich an der Bezugsperson, in einer *sozialen* „Mutterhülle". Eine Vorstellung von den architektonischen Wachstums- und Bildekräften erhält man, wenn man in das Pflanzenreich schaut, das nach wirkenden Schöpfungsgedanken aus der mineralischen Welt seinen Gestaltungsreichtum durch Leben und Vergehen aufbaut. Daß es diese Lebens-Bildekräfte, diese gesunden Wachstumskräfte sind, die zum Teil mit dem Erreichen der Schulreife frei werden, um nun als Gedächtnis- und Gedankenbildekräfte für das Lernen zur Verfügung zu stehen, ist bei Piaget und anderen Lernpsychologen zwar als Empirie beschrieben, aber nicht als Erkenntnis erfaßt. Rudolf Steiner prägt dafür den Begriff „ätherische Kräfte" und nennt ihren den Leib durchdringenden Kräfteorganismus den „Lebens- oder Ätherleib". Er beschreibt diese leibgestaltenden, übersinnlichen Kräfte, die wir mit dem Naturreich der Pflanzen gemeinsam haben, als die gesundmachenden Wachstumskräfte, aus deren Substanz aber die Gedanken gebildet werden in ihrer nicht sinnlichen, aber Sinnliches bewirkenden Kraft. Darum wird eine gedächtnismäßig-intellektuell beanspruchte Kindergruppe blaß, ermüdet, fängt an zu gähnen. Im Augenblick aber, in dem Phantasie, Kreativität, seelische Anteilnahme durch das Wort des Erwachsenen angeregt werden, röten sich die Wangen, strafft sich die Haltung. Mit Langeweile und trockener Abstraktheit oder mit lebendig-künstlerischer, begeisternder Darstellung greift der Erzieher und Lehrer tief in die Gesundheitsverhältnisse ein. Vor allem im ersten Jahrsiebt zieht jede frühzeitige Beanspruchung des intellektuellen Vermögens, alles Erklären und kritische Beurteilen, alle provozierte und geforderte Gedächtnisleistung Kräfte ab, die noch der leiblichen Gesundheit, der Ausgestaltung des physischen Organismus und der tätig-bewegten Entfaltung des Willens dienen sollen, des Willens in den Sinnen und in der Nachahmung des Kindes. Die Schulreife ist eine zweite Geburt, das Freiwerden der dem gedächtnismäßigen Lernen sich zuwendenden Lebens- und Wachstumskräfte. Noch im zweiten Jahrsiebent, bis zur Pubertät, arbeiten diese weisheitsvollen Kräfte am wachsenden Leib weiter, weswegen jede Langeweile, jede einseitige intellektuelle Überforderung die Kinder blaß und müde macht. Jeder Arzt kennt die gesundheitsschädigenden Folgen des schulischen Streß', die Neurosen und Ängste der Kinder, die nicht phantasievoll-künstlerisch, bildhaftbelebend und liebevoll angesprochen werden.

Damit ist auf ein pädagogisches Konzept hingewiesen, wie es die Waldorfschulen zu praktizieren bemüht sind: keine Noten und Ehrgeize, keine einseitige Intellektualität im Volksschulalter, sondern ein künstlerischer Atem auch in den mathematisch-naturwissenschaftlichen Fächern, bildhafte Sprache, Märchen und Mythen als Erzählstoff, Malen, Zeichnen, Musik, Rezitation, Theaterspiel, Bewegungskultur im Turnen und in der Eurythmie – der Lehrer als Erziehungs*künstler.*

Von Klasse zu Klasse, von Altersstufe zu Altersstufe braucht das Kind seine entsprechende Seelennahrung, denn es bereitet sich vor für die dritte Geburt. Im Verein mit den Wachstumskräften arbeiten die Seelenkräfte an der Umgestaltung des Leibes, die in dem Herausgestalten der Geschlechtsmerkmale sichtbar wird. Aber nicht nur der Körper wird durchsensibilisiert, es bilden sich am Interesse, an der Begeisterung die Fähigkeiten aus, sich liebevoll mit dem eigenen Tun, mit Sachgebieten, mit verehrten Menschen zu verbinden. Die umfassende Liebe- und Interessefähigkeit, das starke Gefühlsleben erwacht in der Erdenreife, wie Gedächtnis- und Gedankenkräfte mit der Schulreife frei werden. Wie im ersten Jahrsiebent die Frühintellektualisierung leiblich-organischen Schaden stiftet, so im zweiten Jahrsiebent die Frühsexualisierung und die seelisch-künstlerische Unterernährung. Die Brutalisierung,

Erotisierung und die keinen Sinn des Lebens wahrnehmende Seelenöde in und nach der Pubertät sind die Folgen.

Was an Seelenkräften zur Offenbarung drängt, hat der Mensch mit dem Tierreich gemeinsam, so wie er seine Lebenskräfte im Pflanzenreich, seine sichtbare Gestalt im Mineralreich anschauen kann. Rudolf Steiner prägt auch für diese uns mit dem Tierreich verbindenden seelischen Kräfte, die ebenfalls zunächst am Leibe mitgestalten, ihn übersinnlich durchdringen und unsere Gefühle und Empfindungen tragen, einen neuen Begriff – es sind die „astralen" Kräfte, die den „Organismus des Empfindungs- oder Astralleibes" bilden.

Das Seelisch-„Animalische", das mit der Pubertät zur „Geburt" kommt, zeigt den Menschen als *biologisches* Wesen leiblich den Naturreichen zugehörig. Das Tier hat die Möglichkeit, seine Triebe und Begierden innerlich zu empfinden, doch seine Sinne, seine Gliedmaßen gestalten sich einseitig danach aus, um den Partner oder die Nahrung über weite Strecken sicher zu erspüren. Die Weisheit aber erwacht nicht zum sinngebenden Selbstbewußtsein im Inneren des Tieres, sondern führt es über die Instinkte von außen zu seinem Daseins-Sinn und zu seiner Bestimmung auf Erden. Der Mensch aber findet seine Bestimmung erst, wenn er den freiwerdenden, nicht mehr am Leib gestaltenden Seelenkräften und seinem inneren Bewußtseinsraum Weisheit vermählt. Er muß über die Pupertät hinaus ein Lernender bleiben, um Liebe *und* Weisheit zu verinnerlichen und aus der Selbstbestimmung, Selbstverantwortung heraus seinen seelischen Mächten Richtung und Führung zu geben. Er besitzt, was ihn über die Naturreiche in die geistige Welt emporragen läßt: das Selbst, das Menschen-Ich. Er ist Natur- *und* Geistwesen.

So greift das geistige Ichwesen Mensch in das Naturwesen Mensch ein: Das Tier wird über seine Organe, durch die Instinkte weisheitsvoll belehrt, geführt – der Mensch muß als Individualität Sinn und Wert des Lebens von seinen Mitmenschen lernen. Die Kultur, die Seelen- und Geistesnahrung ist „täglich Brot". Regen sich im dritten Jahrsiebent die Schwingen der Seele zu eigenständigem Fluge, werden die Neigungen, Begeisterungen, Mitleiden und Mitfreude abgelöst von der sozialen Umwelt und als das Eigene ausprobiert und gestaltet, so erleben die jungen Menschen oft tumultuarische Stürme und lassen ihre Umwelt unter den Gärungen des Backfisch- und Flegelalters leiden. Es sind das aber die notwendigen Wehen der sich vorbereitenden „Ichgeburt", der Mündigkeit. Sie ist in den Altersstufen der Erziehung in rechter Weise vorbereitet, wenn sich das Ich im ersten Jahrsiebent in den gesunden Organen des physischen Leibes befestigte durch die schöpferische, im Spiel betätigte Nachahmung. Im zweiten Jahrsiebent befestigt sich das Ich im Ausgestalten seelisch-leiblicher Organe, die sowohl als sekundäre Geschlechtsmerkmale wie als Interesse- und Hingabefähigkeit erscheinen. Im dritten Jahrsiebent wachsen einerseits mit den Armen und Beinen die leiblichen Organe des Willens vollends aus, andererseits geht es nun um den Ausbau des geistigen Innenraumes zum persönlichen Schicksalsbesitz, geht es um die Befestigung des Ich im Selbstbewußtsein. Liebevolle, zur Nachfolge bildhaft-künstlerisch anregende „Autorität" führt das Kind zu seelischer Gesundheit im zweiten Jahrsiebent – freilassende Meisterschaft, frei gewählte Idealsuche führt den jungen Menschen zu Verantwortungsbewußtsein und Selbstfindung im dritten Jahrsiebent.

In dem Lebensprotokoll der Christiane F. und ihrer drogensüchtigen Gefährten („Wir Kinder vom Bahnhof Zoo", ein Sternbuch) wird von den Jugendlichen immer wieder ausgesprochen: „Wenn man aufhören will, muß man wissen wofür – ich weiß es nicht" oder „Mit 15 habe ich angefangen ... ich müßte was kennenlernen, wo ich mich daran festhalten kann, etwas, woran ich glauben kann, dann könnte ich es vielleicht schaffen." – Ziele und Wertvorstellungen, Hingabe an sinngebenden Lebensinhalt muß das Verhalten der Erwachsenen im ersten Jahrsiebent so gut als möglich vorleben und im zweiten entzünden, das macht Leib und Seele gesund und bringt mit der Pubertät den erdenreifen, urteilsfähigen und sich selbst und den Dingen und Menschen, der Erde und der Menschheit verantwortungsvoll begegnenden Jugendlichen hervor.

Das von Geburt zu Geburt schreitende Erwachsen-werden des Menschen geschieht – vom Mutterleibe an – unter Beteiligung des geistigen Ichwesens, das seine Menschenwürde mitbringt und sein Schicksal. Die Erziehung hilft, daß es sich in den leiblich-seelisch-geistigen Hüllen gesund inkarniert. Dem Ich aber können wir nur in Ehrfurcht begegnen. Seine Einzigartigkeit würdigen wir dadurch, daß wir es langsam für das Schwerste und Höchste vorbereiten: den rechten Gebrauch der Freiheit und Selbstbestimmung. Das leiblich-seelische Naturwesen und das seelisch-geistige Wesen des Menschen fügen sich ineinander. Alle Krisen, alle Dramatik, alles Ringen mit Krankheit und Genesung in Kindheit und Jugend ist auf diesem Hintergrund anzuschauen. Das Seelische ist einerseits psycho-somatisch in den Leib verwoben, es erhebt sich andererseits psycho-pneumatisch zur Wesensgestalt. Jede der seelischen Fähigkeiten des Menschen zeigen beides, die leibliche Organgebundenheit, um in Erscheinung zu treten, und das immanente Aufstreben in die Sphäre geistiger Erfüllung: Denken, Fühlen und Wollen treten mit der Mündigkeit aus der Erziehung in die Selbsterziehung, das Steuer der Schicksalsführung geht im vierten Jahrsiebent in die eigenen Hände über. Die Erfahrungen der drei Jahrsiebente Erziehungsalter werden umgeschmolzen und zum Fundament der eigenen Lebensgestaltung.

Schauen wir noch einmal auf die prägbarste Phase des Lebenslaufes, auf das erste Jahrsiebent zurück. Warum wurzeln die meisten Krisen des späteren Lebens – die Krise der Lebensmitte, das Erreichen des „Schwabenalters" mit 40, 42 Jahren, die Krise um 50 oder im 63., 65. Lebensjahr – warum wurzeln physische Krankheiten, seelische Depressionen und Trübungen, oder die Schicksalsverwirrungen der späteren Epochen des Lebens so oft in frühen Kindheitserlebnissen oder einfach im Verhalten der Erwachsenen, die einen damals umgaben? Menschenkundlich angesehen ist es leicht verständlich: Das kleine Kind bringt mit seinem Wesen aus der Welt vor der Geburt oder vor der Empfängnis Lebenswillen, Willen oder Intentionalität mit. Man sollte diesen in allen Organbewegungen (Atem, Kreislauf, Kehlkopf, Peristaltik, Strampeln...) tätigen Willen eigentlich nicht „Motorik" nennen. Denn die Energie dieses Motors ist das Fähigkeiten mitbringende Menschen-Ich. Im Bewegungsdrang, in der Nachahmung, im Spiel offenbart sich dieser ichhafte, obwohl seiner selbst erst nach und nach bewußt werdende Wille. Die Sinneswahrnehmung ist von diesem Willen durchzogen, die Nachahmung ist voll willenshafter Hingabe, aber in zunehmendem Maße phantasievoll, „kreativ", schöpferisch. Im Spiel des Kindes, das mit dem Aufrichten, Gehenlernen, Adaptieren der Sprache beginnt, arbeitet sich das in ständiger Bewegung befindliche Kind seine leiblichen Organe aus. Die Fingerbewegung wirkt sich unmittelbar plastizierend auf das Sprachzentrum im Gehirn aus, das räumliche Sehen entwickelt sich durch Bewegung im Raum, die sinnvolle, beherrschte Geste des Erwachsenen wird innerlich nachbewegt und arbeitet an der Gesundheit der inneren Organe – ein Zornausbruch kann Durchfall, Stottern, erste Kreislaufschäden hervorrufen, besonders wenn er sich häufig wiederholt. Liebe und Freude brüten einen gesunden Organismus des Kindes aus, Lüge und Enttäuschung, Nervosität und Rücksichtslosigkeit das Gegenteil. Die Wurzel der späteren Krisen liegt oft im ersten Jahrsiebent, weil alle Erfahrung in den Leib und seine Organe eingebaut wird und weil dieser Leib in der Tätigkeit (Spiel, Bewegung, Nachahmung) zum Organ des inneren Haltes, zum Organ des Willens angelegt wird.

Der größte Widersacher eines gesunden Heranwachsens im ersten Jahrsiebent muß, das wird wohl aus allem bisher Gesagten verständlich, das Fernsehen sein. Es reicht dem zur Bewegungslosigkeit verurteilten Kind Vorstellungen statt Lebensrealität. Es erstickt den Willen zum Spiel; das Kind bedarf – wie immer von der Medienpädagogik empfohlen wird – der Erklärungen, damit es nicht mit den schockierenden Eindrücken allein gelassen und getäuscht wird; Erklärungen gehören aber, prinzipiell gesprochen, nicht in dieses Lebensalter! Das Fernsehen raubt dem Kinde den lebendigen, nachahmenswerten Umgang mit seinen nächsten Menschen. Es liegt weiter auf der Hand, daß die Willensnatur des Kindes Auslauf, Tanz und Tummeln, Schaukeln und Balancieren und bei all dem die menschliche Zuwendung braucht. Seine Sinne müssen nicht nur im Spiel, sie müssen auch in der Bekleidung, Ernährung und bei allen einfachen, natürlichen Gegenständen Wahrhaftiges erleben, natürliche Qualität. Die Sprache des Erwachsenen, die Art, wie er sich hören läßt, sollte von dem Bewußtsein geprägt sein: Die Würde des Kindes ist die Würde des Menschen, der an mir seine Sprache als Ausdrucksmittel der seelischen Erfahrungen lernt.

Die „geistige Umwälzung kopernikanischen Ausmaßes" kann jeder in seinem Verhalten, das er vor Kindern oder Kindern gegenüber an den Tag legt, sofort und jetzt und hier einleiten. Die Gesundheitsfrage, die soziale Frage, die Auferstehung aus Denkgewohnheiten und Kulturniedergang: in der Erziehung, in der Selbsterziehung können wir jeden Augenblick mit Lösung und Heilung dieser Fragen beginnen: das Kind, wenn wir in ihm den ganzen Menschen sehen, fordert unser menschliches Verhalten heraus. Wenn wir vor dem Schicksalsrätsel eines Kindes stehen, in Ehrfurcht es empfangen, liebevoll es aufnehmen und in Freiheit den jungen Menschen in seine eigenen Lebensentschlüsse entlassen, wird in uns aus Einsicht und Erkenntnis das warme Interesse am Kinde, die Liebe zum Menschen erwachen.

Zu dem „neuen Lernen" und dem „Erforschen des Menschen selbst", das die Autoren des Club of Rome fordern, gehört wohl noch ein Letztes: die Frage, woher wir das Kindeswesen empfangen, dem wir durch die Vererbung einen Leib und durch unser Verhalten eine seelische Hülle geben. Das Ichwesen Mensch empfangen wir aus der geistig-himmlischen Welt; es bringt Fähigkeiten und ein Schicksal mit, die nur sein Eigen sind. Wissenschaft, Kunst und Religion schließen sich in uns zusammen zu erneuertem Erkenntnisstreben, zu einem Gestaltungswillen, der das Schöne einfügt in unsere Lebenskunst, zu moralischem Mut. So beginnen wir, mit uns selbst die Welt zu verändern – und gewinnen durch das vertiefte Anschauen des Kindes die Kraft, auch die Welt mit ihren ökologischen und gesellschaftlichen Nöten zu verändern.

Aus: Von der Würde des Kindes, Sonderheft der „Erziehungskunst", Heft 7/8 1979

VORSCHULERZIEHUNG AUS DEN ANFORDERUNGEN DES KINDES

Dr. Ernst Michael Kranich

Zur Situation

Die vergangenen Jahre haben im Hinblick auf die vorschulische Entwicklung und Erziehung unserer Kinder vor allem zwei Tatsachen deutlich gemacht. Einmal, daß es in der vorschulischen Erziehung nicht um irgendwelche Einzelprogramme gehen kann, sondern um eine bewußtere und intensivere Berücksichtigung der kindlichen Gesamtpersönlichkeit als bisher. Gerade die ziemlich rationalistischen Aufklärer, die die Hauptaufgabe in einer besseren intellektuellen Trainierung der Kinder sehen wollen, haben das kaum beachtet; sie haben reichlich Kritik an den bestehenden Einrichtungen geübt, bezeichnenderweise aber einen entscheidenden Punkt vergessen – nämlich die eigenen Vereinfachungen.

Außerdem hat sich gezeigt: Die Not auf dem Gebiet der vorschulischen Erziehung ist der Ausdruck davon, daß die soziale Frage heute fast ebenso ungelöst ist, wie vor einem halben Jahrhundert. Hunderttausende von Kindern – besonders von Arbeiterkindern – können unter dem Einfluß der verarmten Lebensformen in unserer Industriegesellschaft die in ihnen liegenden seelischen und geistigen Anlagen, d. h. ihr persönlich-individuelles Wesen, nur sehr begrenzt entfalten. Die soziale Ungleichheit in unserer Gesellschaft wird hier zu einer tiefen Ungerechtigkeit in der Unterdrückung des kindlichen Menschen und damit menschlicher Entwicklung überhaupt. So ist es richtig, die Wirkungen der hemmenden Einflüsse durch eine kompensatorische Erziehung noch vor Beginn der Schule so weit wie möglich auszugleichen. Man sollte sich aber den Blick auf den gesamten Umfang der Aufgabe nicht durch übertriebene Hoffnungen verstellen. In den USA, wo seit Mitte der sechziger Jahre ein umfangreiches Programm kompensatorischer Vorschulerziehung durchgeführt wird, mußte man nämlich folgendes feststellen: Daß Kinder durch eine besondere Förderung, z. B. in mehrwöchigen Ferienkursen, in ihrer Aufgeschlossenheit, in ihrer Sprache und ihren Kenntnissen Fortschritte machten, daß die Fortschritte aber nach einiger Zeit unter dem Druck des Milieus wieder ausgelöscht waren[1]. Wer sich heute zu dem Projekt vorschulischer Erziehung bekennt, ist deshalb nur glaubwürdig, wenn er grundsätzlich darüber nachdenkt, wie die Struktur unserer Gesellschaft verändert werden muß, und auch gewillt ist, auf eine solche Veränderung unserer Gesellschaft hinzuarbeiten.

Konsequenzen aus bisherigen Erfahrungen

Es wird sich nun darum handeln, die Bedingungen für die Gesamtförderung der kindlichen Persönlichkeit herauszuarbeiten. Zunächst ein kurzer Blick auf einige Resultate der Forschung, die Grundsätzliches erhellen und auf grundlegende Probleme von vornherein hinweisen. 1968 war man z. T. noch der Überzeugung, man könne die Kinder in ihren geistigen Anlagen z. B.

---

[1] Trouillet „Vorschulerziehung in den USA", Weinheim und Berlin 1970.

durch ein Lesetraining fördern – besonders unter Berufung auf eine Arbeit des Amerikaners Bloom[2]. Diese Auffassung hat sich inzwischen als Illusion herausgestellt – aber nicht nur das. Über den damals vielgenannten Duisburger Frühleseversuch berichtet Schmalohr, der die wissenschaftliche Auswertung dieses Versuches leitete, einige recht nachdenkenswerte Resultate. Dabei ist zu beachten, daß es sich um überdurchschnittlich begabte Kinder (IQ = 125) gehandelt hat. Bei diesen Kindern fand man nach 1 1/4 Jahren keinen Anstieg der Intelligenz (IQ = 119 am Ende des Versuches). Trotz ihrer hohen Intelligenz haben nur unterdurchschnittlich wenige Kinder das Lesen gelernt. Vor allem waren auch bei den Kindern, die lesen gelernt hatten, erhebliche Abstriche zu machen, was ihre Ausdauer und ihre Konzentrationsleistung anging[3].

Eine ähnliche Beeinflussung des kindlichen Lernverhaltens kennen wir auch aus den Berliner Vorklassenversuchen, wo man allerdings zunächst meinte, es sei durch das Leseprogramm eine Förderung der Intelligenz eingetreten. Es stellte sich aber heraus, daß die Kinder in anderen Gruppen ohne ein solches Programm den gleichen Fortschritt gemacht hatten.

Aber: was bedeutet die „Beeinträchtigung von Ausdauer und Konzentration"? Gerade jene seelischen Kräfte, durch die der Mensch aus eigener Kraft eine Leistung vollbringen kann, sind geschwächt. Es ist also keine Förderung, sondern eine Schwächung der Persönlichkeit eingetreten. Die Konsequenz dieser Schwächung kann man erst ermessen, wenn man bedenkt, wie sehr die geistige Leistungsfähigkeit eines Menschen gerade von seiner willentlichen Aktivität in der Konzentration und Ausdauer abhängt.

Damit sei auf ein allgemeines Problem hingewiesen: Man muß bei der Planung vorschulischer Bildungsinhalte gewissenhafter vorgehen, als es vielfach geschieht! Es ist heute eine Forderung wissenschaftlicher Gesinnung, das Kind viel sorgfältiger in die Planungen miteinzubeziehen. Verschiedene Vorschulplaner gehen so vor, daß sie nach bestimmten Grundsätzen ein Programm ausarbeiten, das sie dann den Kindern vorsetzen. Und erst an der Veränderung, die die Kinder unter dem Einfluß dieses Programms erleiden, wird seine Brauchbarkeit festgestellt. Dieses Herumexperimentieren mit Kindern ist aus verschiedenen Gründen fragwürdig. Außerdem ist es auch wissenschaftlich recht unergiebig. Die Tests, die uns heute zur Verfügung stehen, erfassen nämlich nur die Oberfläche; was im Kinde im Bereich seiner sich entwickelnden Persönlichkeit vorgeht, bleibt völlig im dunkeln. Es gibt heute keinen Test, der die Lernvorgänge wirklich erfaßt. Seit Jahren bemüht sich in der Bundesrepublik als einzige Gruppe ein Forscherteam am Max-Planck-Institut für Bildungsforschung in Berlin um die Erstellung eines solchen Tests. Die Aussagen über die Resultate der Experimente betreffen also den Kern der pädagogischen Fragestellungen nur sehr am Rande. Dagegen kommt man aber ziemlich weit, wenn man sich der Mühe unterzieht, die Gesetzmäßigkeiten der Persönlichkeitsentwicklung und die Inhalte eines Programms genau zu untersuchen. Dann ergeben sich recht sichere Aussagen. So konnte man schon vor Jahren voraussagen, was bei dem Lesetraining herauskommen würde: Nämlich keine Intelligenzförderung – weil das Lesenlernen mit der Übernahme einer Konvention, aber nicht mit Denken oder Intelligenz zu tun hat – und eine Veränderung der Persönlich-

---

[2] B. S. Bloom „Stability and Change in Human Characteristics", 3. Aufl. New York, London, Sydney 1966.
[3] E. Schmalohr „Erkennungsstudien zum Erfolg des Frühlesens" in hrg. Arbeitskreis Grundschule „Begabung und Lernen im Kindesalter" S. 235.

keitsanlagen – weil das Kind mit fünf Jahren eine andere Art des Welterlebens hat, als sie beim Lesenlernen gefordert wird[4].

Fragwürdige neuere Konzepte

Besonders unter dem Einfluß des bekannten Harvard-Psychologen J. Bruner[5] und in Anlehnung an zwei amerikanische Curriculum-Projekte – der "Science Curriculum Improvement Study" und dem Programm der American Association for the Advancement of Science – sollen auch in der Bundesrepublik Kinder schon mit vier Jahren, besonders aber nach dem vollendeten fünften Lebensjahr, in die naturwissenschaftliche Weltbetrachtung eingeführt werden. Nach den Vorschlägen des Strukturplans[6] will man in der Schule das Lernen viel stärker als bisher auf die Wissenschaften ausrichten, und also auf diesem Wege die vorschulische Erziehung mit der Schule verklammern. Vor allen Dingen möchte man vor dem siebten Lebensjahr, wenn sich im Kinde bestimmte Grundformen des Erkennens, die sogenannten kognitiven Stile, ausbilden, diese Ausbildung in eine Richtung lenken, die mit den Methoden und Inhalten wissenschaftlichen Denkens und Forschens übereinstimmt.

Das Kindgemäße soll lediglich in der Einfachheit der Programme bestehen, der geistige Kern aber der gleiche sein wie in der wissenschaftlichen Forschung. Die Kinder sollen da z. B. folgendes lernen:

1. Beobachten
2. Experimentieren
3. Zuordnen
4. Erkennen und Gebrauch von Raum- und Zeitbeziehungen
5. Erkennen und Gebrauch von Zahlen und Zahlenbeziehungen
6. Messen
7. Erfahrungsaustausch
8. Schlußfolgern
9. Vorhersagen

Das ist das gesamte Verhaltensrepertoire eines ausgebildeten Naturwissenschaftlers. So sollen Kinder z. B. das Wachstum von Pflanzen messen, sie sollen experimentieren, indem sie Pflanzen z. B. nicht gießen und als Folge das Verwelken konstatieren; sie sollen schlußfolgernd den Begriff des notwendigen Nährstoffes bilden. Ebenso will man, um noch ein anderes Beispiel herauszugreifen, dem Kind das heliozentrische, kopernikanische Weltbild beibringen[7]. Das Kind ist aber mit fünf Jahren in seiner Welterfahrung ganz von den unmittelbaren Eindrücken bestimmt. So ist es auf einem Spaziergang, wo es die Kirche hinter den Häusern sieht, unter dem unmittelbaren Eindruck der Überzeugung: „Die Kirche läuft ja auch!" Und wenn es stehen bleibt: „Jetzt steht sie!" Wir werden noch sehen, wie auf diesem Welterleben die kindliche Entwicklung ganz wesentlich beruht. Und da soll das Kind nun eine Weltansicht ausbilden, nach der die Sonne nicht mehr über den Himmel wandert, sondern an einem bestimmten Punkt im Weltraum steht, um den sich die Erde und die Planeten, die das Kind noch gar nicht kennt, bewegen.

---

[4] E. M. Kranich „Pädagogische Projekte und ihre Folgen", 2. Aufl. Stuttgart 1971.
[5] J. Bruner „Der Prozeß der Erziehung", Berlin u. Düsseldorf 1970.
[6] Deutscher Bildungsrat – Empfehlungen der Bildungskommission „Strukturplan für das Bildungswesen", 1. Aufl. Stuttgart 1970.
[7] F. Scheidt „Aneignung eines gegenwartsnahen Grundwissens – im Zusammenhang mit Beobachtungen und Experimenten" in hrg. Arbeitskreis Vorschule „Dokumentation Vorschulkongreß 1970", Velber o. J. S. 110.

Das wird mit Notwendigkeit zu einer Zwiespältigkeit der Weltauffassung führen, weil das Kind seine unmittelbare Erfahrung nicht mit der abstrakt gelernten zusammenbringen kann.

Eine andere Wirkung ist aber wichtiger. Man kennt in der Psychologie die Wirkung bestimmter Begriffe und Begriffssysteme. Sie bestimmen unsere Weltauffassung und bewirken, daß wir die Welt überhaupt nicht mehr offen und unmittelbar betrachten. Das experimentierend-messende Vorgehen führt zur quantitativ-kausalen Betrachtung. Dabei weiß gerade der Wissenschaftler, wie sehr seine Ergebnisse von seiner Methode abhängen und daß durch die kausal-analytische Methode nur ein kleiner Ausschnitt der Natur aufgehellt wird. Damit er mit seinem Forschen geistig weiterkommen kann, braucht er vor allem einen Zugang zur Natur, der weiter ist – und das ist *das Erleben*. Gerade ein Mensch mit tiefer und weiter Erlebniskraft gewinnt aus dieser die stärksten Anstrengungen und Anstöße für sein Denken und Forschen. Wenn man die Kinder aber in der Zeit, in der sich ihre Erlebnisfähigkeit überhaupt erst entfalten muß, mit ihrem Bewußtsein auf den engen Teilbereich der quantitativ-rationalen Betrachtung einengt, dann muß auch das Erleben durch diese Einengung eine verkümmerte Ausbildung erfahren. Damit wird eine der wichtigsten Quellen für die Ausbildung des menschlichen Geistes verschüttet. Deshalb sagte der bekannte Basler Zoologe A. Portmann vor Jahren: *„Die Vorherrschaft der theoretischen Funktion hat die geistige Entwicklung gewaltig gehemmt und hat in der Erziehung eine wenig beachtete Atrophie des Empfindungs- und Gefühlslebens gebracht, die einer der ärgsten Schäden unserer Zeit ist."* [8]

Dabei hat das ganze Unternehmen bei genauer Betrachtung ziemlich wenig mit Wissenschaft zu tun. Denn Wissenschaft besteht nicht in einer Reihe äußerer Verhaltensweisen – ebensowenig wie das Lesen im Anstarren eines Buches. Wissenschaft beginnt erst, wenn das Tun aus einer bewußten Fragestellung entspringt, vor allen Dingen, wenn gezielte Planung und kritische Reflexion auf die Tragfähigkeit der Planung und des Tuns vorliegt. Nun wird man einem fünfjährigen Kinde wohl kaum die Fähigkeit überschauender, kritischer Überlegung und Überprüfung zuschreiben können. Auf diese Weise wird man das Kind lediglich zu einem rein äußeren Nachmachen anleiten und entscheidend die Entwicklung der geistigen Persönlichkeit beeinflussen. Das ist keine Prophetie, sondern eine nüchterne Prognose aus der Kenntnis psychologischer Gesetze.

So kommt es bei der Vorschulerziehung, bzw. bei der geplanten Einrichtung einer Klasse für die fünfjährigen Kinder, gar nicht auf das an, was immer nachdrücklich betont wird, daß nämlich die Form des Lernens nicht der Form des Lernens in den jetzigen 1. Klassen entsprechen soll, und daß nicht die Inhalte der jetzigen 1. Klasse vorgelegt werden sollen. Denn es ist relativ gleich, ob die geschilderten Inhalte in Schulbänken oder durch andere Unterweisungsformen gelernt werden. Das wird am Effekt kaum etwas ändern. Es ist richtig, daß wir so, wie es z. B. im Strukturplan für das Bildungswesen heißt, ein größeres Gewicht auf das „frühe Lernen" legen müssen, weil es die Basis für alles spätere Lernen und alle spätere Entwicklung bildet. Man kommt aber in einen unlösbaren Konflikt, wenn man die Planung so betreibt, daß man vorhandene Inhalte aufgreift und für das frühe Lernen modifiziert. Man gerät nämlich in das Dilemma, daß man geistige Bildung und Persönlichkeitsbildung betreiben will, in der Praxis aber andere Resultate erhält.

---

[8] A. Portmann „Biologie und Geist", Basel, Wien 1963 S. 251.

Der anthropologische Ansatz – was heißt „frühes Lernen"?

Das Lernen des Kindes ist in hohem Maße von einigen Besonderheiten des kindlichen Bewußtseins bestimmt. Der Erwachsene tritt der Welt so entgegen, daß er sich später in der Erinnerung willkürlich ein Bild des Gesehenen und Erlebten machen kann. Das beruht darauf, daß wir als Erwachsene mit einer von innen geführten Bewußtheit die Umwelt betrachten. Wir heben uns dabei deutlich innerlich als Eigenwesen von den Dingen ab. Das gerade ist dem Kinde nicht möglich. Dies ist auch der Grund, weshalb es den Einflüssen aus dem Milieu viel stärker ausgeliefert ist als der Erwachsene. Dadurch hat die vorschulische Entwicklung und Erziehung ein so großes Gewicht. Diese Situation bestimmt das Kind bis etwa zum siebten Lebensjahr. Diesem siebten Lebensjahr kommt in der Psychologie, in der Psychiatrie und in der Physiologie eine besondere Bedeutung zu. Es liegt ein reiches Material vor, das darauf hinweist, daß das Lernen, die Erlebnisse und die Entwicklung vor diesem Lebensalter eine andere und einschneidendere Bedeutung haben als nachher. So liegen, um nur ein markantes Beispiel herauszuheben, die Ursachen für psychische Erkrankungen wie die Neurosen und Psychosen, also für schwere Störungen im Persönlichkeitsgefüge, zu 80 bis 85 Prozent in „Erfahrungen und Erlebniskonstellationen der ersten sieben Lebensjahre".[9] Ebenso sind Störungen der kindlichen Entwicklung, die sich in der Folge von mangelnder menschlicher Ansprache als Hospitalismus ergeben, nach dem siebten Lebensjahr nicht mehr auszugleichen.

Das Kind ist bis zum Alter von sechs bis sieben Jahren – und zwar gilt das für Kinder in den verschiedensten Ländern wie der Schweiz, den USA, in Japan, auf Formosa usw. in gleicher Weise – nicht in der Lage, sich willkürlich seine früheren Erlebnisse als Erinnerungsbilder wieder wachzurufen. So kann sich ein fünfjähriges Kind auf die Frage der Eltern, wo man gewesen sei, unter Umständen überhaupt nicht daran erinnern, daß es noch vor einer Stunde im Tierpark war, wo es mit Freude die Bären, Elefanten und Giraffen gesehen hat. Wenn es jetzt aber vielleicht gerade einen Hund sieht, steigt, wie von außen angerufen, unwillkürlich die Erinnerung auf. Man kann in vielen Situationen beobachten, wie das Erinnern und das Vorstellen bis etwa zum siebten Lebensjahr der Willkür noch entzogen sind. Das Kind ist mit seinem Wahrnehmen und Erleben so stark an seine Umgebung hingegeben, daß ihm die seelischen Vorgänge in seinem Inneren noch verdeckt sind. Deshalb ist es noch nicht in der Lage, durch innere Bewußtheit selbständige Vorstellungen zu bilden.

Durch diese seine Hingabe erlebt das Kind die Welt in einem viel höheren Umfang als der Erwachsene physiognomisch-wesenhaft. Und da sich unter dem Eindruck dieser Erlebnisse im Kind die Welt seiner Gefühle und Stimmungen, also ein ganz entscheidender Bereich der Persönlichkeit, entwickelt, muß man darauf achten, daß das Kind solche Dinge stark in sich aufnimmt, die ein reiches und tiefes Innenleben anregen können. Hier ist die Natur von großer Bedeutung, ebenso die Welt der Farben und Töne. Die Gegenstände der technischen Welt und technisches Spielzeug führen dagegen zu einer ziemlich armen und oberflächlichen Gefühlswelt. Zusammen mit dem Wahrnehmen und inneren Erleben entwickelt sich im Kinde aber auch das Verstehen. Es lernt verstehen, was die Bäume, was die Tiere, ebenso was die Gebrauchsgegenstände und ihre Funktion sind; und in diesem Verstehenlernen entfalten sich das Denken und die Intelligenz des Kindes.

---

[9] H. Strotzka „Einführung in die Sozialpsychiatrie", Hamburg 1965, S. 51.

Indem sich so beim Kinde das Wahrnehmen, das Erleben und das Verstehen im Zusammenhang entwickeln, entsteht eine wesentliche Basis für alle weitere Persönlichkeitsbildung.

Der Persönlichkeitscharakter eines Menschen beruht ganz entscheidend darauf, daß sein Denken auf die Tatsachen bezogen ist, daß sein Erleben sich immer neu von den Dingen anregen und erweitern läßt, daß seine Gedanken nicht abstrakt neben seinem Erleben stehen und aus dem Erleben Anregungen für das Denken hervorgehen. Es ist also beim vorschulischen Lernen ganz entschieden darauf zu achten, daß das Denken und die Intelligenz nicht aus ihrer inneren Verbindung mit dem Erleben, d. h. aus dem Zusammenhang der kindlichen Persönlichkeit herausgelöst werden, wie das z. B. bei der mathematischen Früherziehung und der Arbeit mit den sogenannten logischen Blöcken geschieht[10].

Mit der Frage nach dem Lernen berühren wir zugleich die Frage nach der Entwicklung, denn *alles Lernen bedeutet Entwicklung*. Wenn das Kind die Sprache seiner Umgebung erlernt, wenn der Jugendliche einen Beruf erlernt oder der Erwachsene in seinem Beruf etwas Neues lernt, bedeutet das immer eine Entwicklung. Der besondere Charakter der aus dem Lernen resultierenden Entwicklung liegt in dem individuellen Charakter bzw. in der Tatsache, daß sie ganz aus dem willentlichen Bemühen hervorgeht. Was da erreicht wird, ist gerade nicht Wirkung von genetisch verursachten Vorgängen, sondern Abdruck der menschlichen Individualität. Der Mensch hebt sich hier über den Bereich der Vererbung hinaus. Nach dem, was wir gerade gesehen haben, ist das Kind unter sieben Jahren nicht in der Lage, seinem Lernen Vorstellungen als Ziele zugrunde zu legen wie der Erwachsene – weil es solche unabhängigen Vorstellungen eben noch gar nicht kennt. Es ist für sein Lernen auf das angewiesen, was es in seiner Umgebung wahrnimmt. Was es dort an Bewegung, Gebärde und Sprache erlebt, nimmt es in sein willentliches Tun auf und versucht es in seiner Tätigkeit auszugestalten. Das geschieht bei dem geringen Selbstbewußtsein des Kindes unreflektiert. So gestaltet es in seinem Tun die Sprache seiner Umgebung aus und lernt sprechen, es gestaltet in seinen willentlichen Bemühungen Bewegungen – wie z. B. den Gang des Vaters – aus und lernt dabei das Gehen. Dieses unreflektierte willentliche Ausgestalten dessen, was in der Umgebung erlebt wird, ist das *Wesen des nachahmenden Lernens*. Nitschke hat dieses Nachahmen in einer Studie als motorisches Mitvollziehen beschrieben[11]. Das Nachahmen ist die Grundform des kindlichen Lernens bis zum siebten Lebensjahr. Das hat als erster Steiner[12] dargestellt und dann Piaget in der Mitte der vierziger Jahre[13].

Wenn man also von den für das Lernen grundlegenden Tatbeständen ausgeht, von der Lerndisposition, von der Auffassungsgabe und dem Charakter des Selbstbewußtseins des Kindes, gibt es keinen Grund, die vorschulische Erziehung, so wie es heute geplant wird, in zwei Teile auseinanderzutrennen, nämlich in den Elementarbereich der Drei- und Vierjährigen und in die Eingangsstufe des Primarbereiches für die Fünf-und Sechsjährigen.

Wir müssen die beiden wesentlichen Seiten dieses *nachahmenden Lernens* kurz hervorheben. Was das Kind nachahmend aus der

---

[10] E. M. Kranich „Mathematische Früherziehung als psychologisch pädagogisches Problem", in „Der Schweizer Kindergarten", Heft 3, 1970.
[11] A. Nitschke „Das verwaiste Kind der Natur", Tübingen 1962, S. 101.
[12] R. Steiner „Die Erziehung des Kindes vom Gesichtspunkt der Geisteswissenschaft" (1907) in „Die Erziehung des Kindes/Die Methodik des Lehrens", 2. Aufl., Stuttgart 1966.
[13] J. Piaget „Nachahmung, Spiel und Traum" (1945), Stuttgart 1969.

Umgebung aufnimmt, prägt es in seinem Körper aus – ebenso wie im Laufe der kindlichen Entwicklung ja auch in der Haltung, im Mienenspiel, in den Bewegungen und Gebärden immer deutlicher, reicher und prägnanter das innere seelische Dasein des Kindes im Körper auflebt. Der Leib des Kindes nimmt dabei einen immer mehr durch die seelischen Erlebnisse und das nachahmende Lernen seelisch geprägten Charakter an. Man sieht in der leiblichen Gestalt und im körperlichen Verhalten die Abdrücke innerer Prozesse. Und in diesen Prozessen wirkt beim Nachahmen der kindliche Wille. Das ist insofern für die Erziehung bedeutsam, als der Wille der stärkste Ausdruck der menschlichen Persönlichkeit ist. Wenn es also bei der vorschulischen Erziehung darum gehen soll, die kindliche Persönlichkeit zu fördern, wie es auch im Strukturplan gefordert wird, so können wir das vor allen Dingen dadurch erreichen, daß wir in allem Lernen das Nachahmen fördern, d. h. die spontan von innen sich entfaltende willentliche Aktivität. Das ist völlig unautoritär, Nachahmen kann man nie befehlen. So hat man denn auch festgestellt, daß Kinder gerade auf Grund des unautoritären nachahmenden Lernens im Gegensatz zu einem autoritär aufgedrängten Verhalten eine besondere innere Selbständigkeit und Persönlichkeitskraft entwickeln.

Auf dieser Grundlage kann man nun die vorschulische Erziehung so beschreiben bzw. entwerfen, wie sie sich aus den Anforderungen des Kindes ergibt. Dabei kann vor allem auf die Praxis und die Erfahrungen der Waldorfkindergärten hingewiesen werden. Es genügt nicht, ein Lern- und Spielangebot zu machen; es geht darum, die Umgebung des Kindes so zu gestalten, daß das, was das Kind aus dieser Umgebung aufnimmt, seine Entwicklung fördert und im Einklang steht mit den Bedingungen für die spätere Entfaltung seiner Persönlichkeit.

Der Einfluß der Erzieherpersönlichkeit auf die Persönlichkeitsentwicklung

Der wichtigste Faktor, der in fast allen Darstellungen über Vorschulerziehung merkwürdig dürftig behandelt wird, ist die Persönlichkeit der Erzieher, die Eltern und Kindergärtnerinnen. Dabei weiß man, wie tief gerade die Persönlichkeit der Erwachsenen auf das Kind wirkt. In den Bewegungen, Gebärden und sonstigen Äußerungen manifestiert sich für das Kind der seelische Charakter des Erwachsenen. So nehmen Kinder, wie wir aus vielen Beobachtungen wissen, z. B. die lustlos-schlaffe Art der Bewegungen, die traurig-deprimierte Wesensart oder die unfreundlich-gereizte Art des Erwachsenen in ihr eigenes Verhalten auf. Dabei können sich Schlaffheit und Depression so stark im Kinde ausprägen, daß sie sich bis in die vegetativen Funktionen wie Nahrungsaufnahme und Verdauung auswirken. Die nervöse Zerfahrenheit einer Mutter kann von ihrem Sohn durch die nachahmende Assimilation so stark ausgelebt werden, daß er in der Schule trotz guter Begabung nicht tragbar ist. Das alles sind Wirkungen, die für das Kind eine ganz erhebliche Hemmung und Belastung für seine weitere Entwicklung bedeuten.

Es gibt noch schwerwiegendere Dinge wie z. B. die Inkonsequenz des Erwachsenen. Es handelt sich etwa um solche widersprüchliche Äußerungen, in denen das Kind aufgefordert wird, es solle sich auf den Schoß setzen, der Ton der Aufforderung aber eine abweisende Nuance hat; oder wo das Kind erlebt, wie zwischen Erwachsenen unter der Schicht glatter verbaler Äußerungen dauernd Konflikte ausgetragen werden. Das Kind wird innerlich zwischen dem, was es den Worten nach hört, und dem, was es fühlend erlebt, gespalten. Da sich das Kind an beides unmittelbar

hingibt, wird es innerlich im Gefüge seiner sich entfaltenden Persönlichkeit in einen Zwiespalt und eine Unsicherheit gerissen. Das führt als Anlaß später nicht selten zu Schizophrenie[14]. Einen schwerwiegenden Einfluß hat auch die Unwahrheit der Erzieher. Aus diesen Gründen ist die *Selbsterziehung der Erzieher* an keiner Stelle mehr geboten als im Bereich der vorschulischen Erziehung. Nur ein freundlicher, heiterer, interessierter, tatkräftiger und aufrichtiger Mensch wirkt positiv auf die Kinder.
Es kommt also im Bereich der Vorschulerziehung darauf an, daß die erwachsenen Erzieher nicht nur das Richtige und Gute wissen, wie das bis zu einem gewissen Grade in der Schule ausreichen könnte, sondern das Gute und Richtige auch in ihrer Existenz verkörpern, damit es die Kinder wahrnehmen können. Das bildet dann das tragende Fundament für alle inhaltlichen Vorhaben der vorschulischen Erziehung aus.

Diese Tatsachen hat man bisher bei der *Diskussion um die Vorschulpflicht,* für die sich am 9. Februar 1971 auch die Bund-Länder-Kommission nach ziemlich heftigen Auseinandersetzungen entschieden hat, nicht berücksichtigt[15]. Bei der Auseinandersetzung um das Für und Wider der Vorschulpflicht[16] sieht man nur die Alternative: Eltern*recht*, also keine Pflicht – oder Herstellung einer allgemeinen Chancengleichheit, also Pflicht.
Dabei beachtet man aber nicht die geschilderten Bedingungen für die Persönlichkeitsentfaltung. Das ist die „terra neglecta" in der Vorschuldiskussion. Es geht nicht nur um das Entweder-Oder von Elternrecht und Chancengleichheit, sondern um das noch fundamentalere *Recht des Kindes auf Persönlichkeit*. In diesem Zusammenhang muß man die Frage aufwerfen: Wie ist es mit den Kindern, die sich spontan weigern, in einen Kindergarten oder eine Vorschulklasse zu gehen? Nach den Einsichten, die wir heute haben, ist es gerade in der Zeit, in der die Kinder so stark von der Umgebung abhängig sind (also bis zum siebten Lebensjahr), unter Umständen besser, wenn sie nicht hingehen müssen. Also gerade vom Kinde und von der Frage der Persönlichkeitsentwicklung her dürfte es – natürlich bei intensivem Ausbau und Verbesserung der Einrichtungen – nur eine freilassende und freiheitliche Regelung geben.

Sprachförderung durch Nachahmung

Bei der inhaltlichen Gestaltung der vorschulischen Erziehung ist an erster Stelle die Sprachförderung zu behandeln. Für diese liegt der entscheidende Ansatz gerade im nachahmenden Lernen der Kinder. Das hat aber zur Voraussetzung, daß die Erzieher selber eine reiche und grammatisch differenzierte Sprache sprechen. Deshalb wird darauf an den Waldorf-Kindergärten so großer Wert gelegt. Und da für das Aufnehmen der Sprache gerade für die Kinder der unmittelbare personale Kontakt von besonderer Bedeutung ist, erzählen die Kindergärtnerinnen den 20 bis 25 Kindern ihrer Gruppe oft kleine Geschichten oder Märchen. Ob die Geschichten nur gehört werden oder ob ein Puppenspiel (Stock- oder Handpuppen, Marionetten) noch tiefer in das Miterleben einführt, die Sprache prägt sich dem Kinde so stark ein, daß es von sich aus aktiv das Ganze oder Teile wiedergeben kann, z. B. zu Hause beim Spielen. Es ist dann sehr viel auch in

---

[14] H. Berndt „Zur Soziogenese psychiatrischer Erkrankungen" in hrg. A. Mitscherlich u. a. „Der Kranke in der modernen Gesellschaft" Köln, Berlin 1967.
[15] vgl. betrifft Erziehung 3/1971, S. 11.
[16] vgl. „Strukturplan für das Bildungswesen", S. 126.

der geistigen Auffassung gewonnen, wenn ein Kind von fünf Jahren zu so logisch differenzierten Wendungen kommt wie „aber vielleicht manchmal". Wenn die Kinder aufgrund dieses Zuhörens dann ein „zwar" oder ein „aber" richtig anwenden, steckt in solchen konzessiven oder disjunktiven Aussagen eine wesentlich differenziertere geistige Operation als bei dem Trainingsprogramm mit den logischen Blöcken von Dienes.

Das Erzählen ist für die Sprachbildung günstiger als das Vorlesen oder gar die Verwendung von Radio und Schallplatten. Denn bei diesen technischen Medien befindet sich das Kind in einer abstrakten, unnatürlichen Situation, weil ihm die Sprache primär menschliche Äußerung ist und die Wahrnehmung von Sprache zugleich Wahrnehmung bestimmter menschlicher Qualitäten bedeutet.

Nun hängt Sprache beim Kind eng mit Bewegung und Gebärde zusammen. Deshalb gewinnt man einen starken fördernden Einfluß auf die Sprachentwicklung der Kinder durch darstellende Spiele. Bei diesen spielt die Kindergärtnerin alle Rollen mit, was besonders auf die drei- und vierjährigen Kinder in ihrem Nachahmen stark anregend wirkt. Wenn dann ein solches Spiel wie ein Krippenspiel im Advent, ein Dornröschenspiel im Sommer oder ein Sieben-Raben-Spiel im Herbst wiederum durch mehrere Wochen täglich gespielt wird und die Kinder im Laufe dieser Zeit mehrere Rollen spielen, entwickelt sich durch den aktiven Mitvollzug im Zusammenhang mit Bewegung und Gebärde die Sprache der Kinder. Es ist ganz erstaunlich, wie Kinder dann zu Hause die ganzen Stücke spielen und dramatisieren.

Förderung von Denken und Intelligenz

Diese Art der Sprachförderung hat einen sprachlich viel höheren Wert als die weitverbreitete Form des Sprachtrainings mit den Sprachtrainingsmappen[17]. Bei diesen geht es nur begrenzt um Sprachförderung, sondern vor allem um Benennung und Beschreibung von Bildern, Aussagen über Bilder und Anwendung des bereits vorhandenen Sprachverhaltens. Dem fehlt weitgehend die Ausbildung des inneren Gefüges, das die Sprache erst zur Sprache macht. Von linguistischer Seite ist dieses Sprachtraining ungenügend, während die grammatisch differenzierte und in den Konjunktionen, Adjektiven und Adverbien reiche Sprache, die das Kind im Erzählen hört und in den Spielen dramatisiert, gegenüber der Sprache des Kindes eine vollständigere Sprache ist.

Eine andere wesentliche Aufgabe ist die Förderung des kindlichen Denkens und der kindlichen Intelligenz – und zwar unter Vermeidung einer Intellektualisierung der Kinder und einer Loslösung der Intelligenz aus dem Persönlichkeitszusammenhang, wie das bei den logischen Spielen eintritt[18]. Hierbei muß man drei verschiedene Bereiche unterscheiden, wenn man wirklich fundiert etwas erreichen will. Zunächst ist es wichtig, daß die Kinder, so wie sie vorbildliche Menschen und eine ungekünstelte reiche Sprache wahrnehmen, in ihrer Umgebung *Sinnvolles erleben*. Das ist bei Handlungen der Fall, bei denen für das Kind der zweckmäßig-sinnvolle Zusammenhang zwischen den einzelnen Teilprozessen einsichtig werden kann. Also wenn das Kind sieht, wie ein Erwachsener im Garten arbeitet und beim Pflanzen zunächst ein kleines Loch macht, dann die Pflanze hineinsetzt, das Loch mit Erde anfüllt, festdrückt, gießt usw. Oder wenn es

---

[17] K. Schüttler-Janikulla „Sprachtraining und Intelligenzförderung im Vorschulalter", Oberursel Ts., o. J.
[18] vgl. E. M. Kranich „Mathematische Früherziehung..." a.a.O.

sieht, wie die Mutter oder Kindergärtnerin wäscht, ein Handwerker einen Tisch herstellt. Gerade an diesem Punkt kommt der vorschulischen Erziehung heute eine immer größere Aufgabe zu; denn in dem Maße, in dem unsere technische Zivilisation Handlungen durch Maschinen ersetzt, auch im Haushalt, wird für das Kind seine wahrnehmbare Umgebung sinnentleert. Deshalb legen die Waldorf-Kindergärten großen Wert darauf, daß die Kindergärtnerin neben den Kindern gerade solche *überschaubare Handlungen* durchführt – z. B. Waschen, Backen, auch handwerkliche Tätigkeiten, Nähen, Brotbereitung vom Dreschen über das Mahlen des Kornes bis zum Backen und vieles andere. Es geht hier nicht um eine romantische Handwerksideologie oder ähnliches, sondern um Anschauungen, an denen das Kind im Erfassen des Zusammenhanges in seinem Denken und in seiner Intelligenz angeregt wird. Das wird ergänzt durch Besuche von Handwerkern, Bauern usw. Wenn die Kinder nun das, was sie so erleben und verstehen, nachahmend im Spiel ausgestalten, so ist *das kindliche Tun von Sinn und Intelligenz geordnet* und durchdrungen. Die Intelligenz lebt da nicht, wie bei verschiedenen anderen Vorhaben zur kognitiven Förderung, losgelöst im Kopf des Kindes, sondern in der willentlichen Tätigkeit und im Erleben, d. h. mit der Persönlichkeit des Kindes verbunden. Das Kind durchdringt sich auf diese Weise als Mensch mit dem Denken und der Intelligenz.

Ein wesentliches Mittel für die Entfaltung des produktiven Denkens und der Intelligenz ist beim Spielen unter der Bedingung gegeben, daß die Kinder aus ihren bisherigen Erlebnissen reiche Anregungen haben und daß das Material, das ihnen zur Verfügung steht, ihre Tätigkeit nicht einschränkt. Wenn dann ein Kind nicht aus Würfeln oder anderen einfach geometrisch geformten Klötzen, die schon durch ihre Gleichförmigkeit ziemlich langweilig und in ihrer Verwendbarkeit vorgeprägt sind, sondern aus unregelmäßigen Hölzern und Klötzen, wie man sie bekommt, wenn man dicke Äste oder kleine Baumstämme zersägt, einen Turm oder ein anderes Gebäude baut, so muß das Kind immer neue Probleme lösen. Es befindet sich da in einer interessanten Situation, weil nichts vorgegeben ist. Wenn ein Kind mit solchen zum Teil recht unregelmäßigen Klötzen zu bauen anfängt, kommt es in immer neue Situationen, indem etwas abgestützt werden muß, indem etwas ausgesucht werden muß. Wenn das Kind ein Gebäude aus solchen Dingen aufbaut, muß es oft von Situation zu Situation neue Probleme produktiv lösen, ohne dafür Anleitungen zu haben.

Es wird heute viel vom *Lernen problemlösender Verfahren* gesprochen. Dieses ist die beste Möglichkeit, das Kind in eine Situation zu bringen, in der es im Tätigkeits- und Erlebniszusammenhang sein Denken und seine Intelligenz *betätigt*. Es ist eindrucksvoll, was Kinder leisten können, wenn sie nicht zu sehr vorgefertigte Materialien haben; wenn sie kein Puppentheater haben, sondern ihr Puppentheater selber herrichten, wenn kein Haus da ist, sondern aus einfachstem Material gebaut wird. Gerade dadurch, daß nichts mechanisch verläuft wie z. B. bei dem Zusammenstecken der LEGO-Bausteine, kann das Kind auf seiner Stufe eine geistige Lebendigkeit entwickeln, die durch keines der vorhandenen Programme möglich wird. Man muß sich allerdings dazu entschließen, alles fertige Gerät weitgehend aus dem Kindergarten zu entfernen, damit die Kinder ihr Puppentheater, ihre Häuser usw. selbst aus einfachem Material herstellen können. Bei diesen Spielen entwickeln die Kinder ganz beiläufig eine Wachheit im Auffassen und Unterscheiden der Formen.

Wenn man nicht auf halbem Wege stehenbleiben will, muß man einen dritten Bereich berücksichtigen. Denken und Intelligenz haben nämlich eine psychologische Grundlage, die oft vergessen wird. Denken und Intelligenz manifestieren sich nicht, wie oft irrtümlich gesagt wird, im Feststellen von Unterschieden, sondern gerade im *Erfassen von Zusammenhängen*. So denkt man, wenn man sich den Zusammenhang zwischen der Winkelsumme und der Gestalt eines Fünfecks bewußt macht. Ebenso ist es ein Zeichen von Intelligenz, wenn ein Kind unmittelbar erfaßt, wie man einen Tisch wenden muß, damit man ihn durch eine schmale Tür hindurchbringt – also wenn es den Zusammenhang von Gestalt und Öffnung begreift. Wenn man im Vorstellen steif ist und deshalb nicht die verschiedenen Möglichkeiten übersehen kann, ist man in diesen Situationen unintelligent. Bis in die höchsten wissenschaftlichen Leistungen setzt die Intelligenz eine *Beweglichkeit des Vorstellens* voraus. In der Psychologie spricht man von der fluency, von der Flüssigkeit der Vorstellungen. Es ist also wichtig, einen solchen Einfluß auf das Vorstellungsvermögen des Kindes auszuüben, daß sein Vorstellen nicht fest und starr wird, sondern eben diese innere Dynamik gewinnt und prozessual bleibt.

Hier gibt es eine Möglichkeit, auf die Steiner bereits 1907 aufmerksam gemacht hat [19]. Da das Kind bis zum siebten Lebensjahr noch keine frei verfügbaren Vorstellungen hat, kann man das Vorstellen auch nicht direkt erzieherisch beeinflussen. Es gibt nur einen indirekten Weg, indem man die Gegenstände, mit denen das Kind vor allen Dingen umgeht, also besonders sein *Spielzeug*, in den Formen nicht bis in das Detail, sondern nur *andeutend ausgestaltet*. Dadurch wird das Kind veranlaßt, an den Puppen, den Tieren usw. das, was nur in der Andeutung vorhanden ist, in seiner Vorstellung zu ergänzen. Da wird eine denkbar einfache *Puppe* durch das Vorstellen, durch die Phantasie zu einem Kinde, dann zu einem König. Gerade dadurch, daß der Gegenstand nicht die naturalistische Wiedergabe eines Kindes oder eines Königs ist, kann das Kind ganz im inneren Prozeß seine Vorstellungsaktivität entwickeln. Da fixiert sich das Vorstellen gerade nicht in einer äußeren Endform. Eine ähnliche Wirkung auf das Vorstellen des Kindes erreicht man durch Spielzeug, bei dem Tiere oder Handwerker Bewegungen ausführen. Hier wird durch die äußere Wahrnehmung die innere Beweglichkeit angeregt.

So findet man durch ein genaues Studium der im Kinde sich abspielenden seelischen Prozesse die Möglichkeit, ohne alle Abstraktion, der Stufe des Kindes entsprechend, von der sinnerfüllten Anschauung aus gezielt die geistigen Fähigkeiten heranzubilden. Hier müßte heute, wo soviel von Verantwortung in der vorschulischen Erziehung gesprochen wird, eine intensive Aufklärungsarbeit einsetzen. Es wäre nämlich dringend erforderlich, daß sich auf dem *Spielzeugmarkt* einiges veränderte. Vor allem das karikaturhafte Spielzeug ist sehr nachteilhaft, weil es der ausgearbeiteten Form durch die Verzerrung noch einen besonderen affektiven Nachdruck gibt.

An anderer Stelle soll noch auf die Bedeutung der musisch-künstlerischen Bildung eingegangen werden, also auf das Malen mit Aquarellfarben, auf die rhythmische Erziehung, das Singen, das Musizieren mit der Leier, die Eurythmie usw.

---

[19] R. Steiner „Die Erziehung des Kindes..." a. a. O.

Schulpflicht für Fünfjährige?

In diesem skizzenhaften Überblick soll noch kurz einiges zur Frage der Gruppierung und über die besondere Situation der Fünfjährigen gesagt werden. Denn diese Probleme gehören ins Zentrum der heutigen Diskussion um die Vorschulerziehung und die Vorschulpflicht.

Die fünfjährigen Kinder heben sich in einigen charakteristischen Zügen von den vier- und dreijährigen Kindern ab. Sie haben schon konkretere Vorstellungen von dem, was sie wollen, z. B. was sie spielen wollen. Und sie führen ihre Absichten auch ziemlich konsequent durch. Dadurch entwickeln sich als neue Fähigkeiten in ihrem Tun vor allen Dingen Konsequenz, Ausdauer und Konzentration, also eine von innen kommende willentliche Führung. In den Bewegungsabläufen entwickeln sich die Feinmotorik und die Geschicklichkeit. Das Kind lernt seinen Willen differenziert zu führen. So kann man an einer ganzen Reihe von Tatsachen ablesen, wie das Kind durch diesen nun stärker von innen sich entfaltenden Willen einen mehr persönlichen Charakter erhält. Durch diesen stechen die Fünfjährigen deutlich aus der Gruppe der jüngeren Kinder hervor. Diese werden viel mehr noch von den momentanen Eindrücken in ihrem Tun und Spielen bestimmt. Für die besondere Entwicklung gerade der fünfjährigen Kinder sind dagegen zwei Tatsachen von besonderer Wichtigkeit:

Erstens kann das Kind seine *willentlichen Kräfte* um so reicher und gründlicher ausbilden, je mehr Anregungen es für sein Tun und Spielen durch die Erlebnisse der vorangehenden Jahre hat. Wenn Kinder, besonders Einzelkinder, erst mit fünf Jahren in den Kindergarten kommen, sind sie z. T. recht arm an solchen Erlebnissen, und die Aktivität, die sie nun entwickeln, geht dadurch, daß sie sich nicht in sinnvollem Tun entfaltet, nicht selten in aggressives Verhalten über.

Zweitens braucht gerade der Wille für seine Entwicklung die Spontaneität. Durch äußere Zwänge wie Lernzwänge wird ihre spontane Aktivität zurückgedrängt bzw. eingeschränkt. So tritt als Resultat die geschilderte Schwächung von Ausdauer und Konzentrationsleistung auf. Deshalb sollte man eben gerade auch die fünfjährigen Kinder davor bewahren, sich in gezielte Lernprogramme einfügen zu müssen. Auch die durch Freundlichkeit und Überredung verdeckten Lernzwänge sind – Lernzwänge.

Unter diesen Gesichtspunkten stimmt es äußerst bedenklich, wenn in Baden-Württemberg erwogen wird, die Eingangsstufe des Primarbereichs, also die Schule für die Fünf- und Sechsjährigen, so zu gestalten, daß die Kinder das Zweijahrespensum unter Umständen in einem Jahr absolvieren können. Man muß sich ernsthaft fragen, ob da nicht die alte Leistungsschule verbrämt durch eine Hintertür wieder hereinkommt. Ebenso ist es kaum zu verstehen, daß nach den Vorstellungen des Strukturplans entgegen allem besseren Wissen, ebenfalls bereits in der Eingangsstufe für die „Vermittlung der Kulturtechniken wie Lesen, Schreiben und Rechtschreiben aus dem gemeinsamen Unterricht Lehrgänge ausgegliedert werden, in denen die Kinder ohne Rücksicht auf das Alter nach dem erreichten Leistungsstand gruppiert werden"[20]. Das widerspricht sogar den sonstigen Prinzipien der Vorschulplaner[21].

---

20 „Strukturplan für das Bildungswesen", S. 138.
21 W. Schulz „Vorklassenplanung im Zielkonflikt" in hrg. Arbeitskreis Vorschule „Dokumentation Vorschulkongreß", 1970 Velber o. J.

Zusammenfassend muß man also feststellen:

Wenn die vorschulische Erziehung, die wir heute in einem viel bewußteren und breiteren Umfang brauchen, nicht zum Gegenteil von dem, was man anstrebt, führen soll, sind zunächst präzise Begriffe erforderlich. Es genügt nicht, von frühem Lernen im allgemeinen zu sprechen; man muß das Wesen dieses frühen Lernens im *nachahmenden Lernen* sehen.

Auf diesem nachahmenden Lernen ist die vorschulische Erziehung aufzubauen, ohne daß man unentwegt auf Inhalte des schulischen Lernens hinschielt und *anstelle des Kindes die Wissenschaft zum Maßstab nimmt.* Das verlangt bis zum siebten Lebensjahr eine völlig eigenständige Konzeption der vorschulischen Erziehung gegenüber dem schulischen Lernen.

In diesen Bereich gehören *keine festen Lernprogramme,* die durch ihren autoritären Charakter das spontane Tun und Lernen der Kinder und ihre Persönlichkeitsentwicklung beeinträchtigen. *Schulisches Lernen* ist erst am Platz, wenn das Kind vom siebten Lebensjahr an, durch den Erwachsenen angeregt, Vorstellungen zu Zielen seines Lernens machen kann.

Der Besuch der vorschulischen Einrichtungen muß freilassend sein, wenn die Persönlichkeitsbildung des Kindes in jedem Fall gewährleistet werden soll.

WIE EIN KIND ZU HANDLUNGEN VERANLASST WIRD
Elisabeth M. von Grunelius

Ist es schon bei Kindern im Volksschulalter so, daß sie oft zu unserer Überraschung anders reagieren, als wir erwartet hätten, so noch weit mehr bei Kindern in der Zeit, bevor sie zur Schule kommen. Je jünger die Kinder sind, desto größer ist der Abstand zwischen ihrer Bewußtseinshaltung und der unsrigen. Weil das Kind einem mit so intelligentem Blick entgegenkommt, ist man versucht, das nicht zu beachten und von ihm zu verlangen, daß es uns in unserer Bewußtseinshaltung folgt, anstatt es in seiner Welt zu belassen. Die seelische Entwicklung ist an die leibliche gebunden; diese muß sich erst konsolidieren, sich ihre Struktur bilden. Je mehr wir darauf achten, desto mehr werden wir unseren Aufgaben gegenüber dem Kinde gerecht.

Stellen wir uns einmal vor, wie jemand zu einer Handlung veranlaßt wird, und vergleichen wir dabei den Vorgang bei einem Erwachsenen und einem Kinde. Nehmen wir dazu ein konkretes Beispiel. An einen Erwachsenen werde zum Beispiel herangetreten, er möge etwas für wohltätige Zwecke tun. Dabei wird ihm von einem vorliegenden Bedürfnis gesprochen werden und den entsprechenden Mitteln, dieses zu befriedigen. Man erzählt zuerst, um welchen Notstand es sich handelt, und strebt dann danach, ihn für die Sache zu erwärmen, zuletzt ihn zur Mitarbeit aufzurufen. In dem Vorgang lassen sich drei Schritte unterscheiden. Der erste ist informatorisch und vermittelt Vorstellungen und Begriffe. Der zweite spricht eine gefühlsmäßige Beteiligung an, und der dritte ist auf den Willen gerichtet, denn er soll eine Handlung anregen. Die Reihenfolge ist: erstens *Denken*, zweitens *Fühlen*, drittens *Wollen*. Dieselbe Reihenfolge läßt sich in ganz verschiedenen Lebenssituationen immer wieder auffinden. Man denke zum Beispiel an den Vorgang beim Verkauf einer Ware. Zuerst wird die Ware erklärt und ausgeführt, welche Vorteile das angebotene Produkt zu bieten hat. Damit wird versucht, ein persönliches Bedürfnis dafür aufzuzeigen, und zuletzt, eine Bestellung zustande zu bringen. Somit hat man wieder erstens Denken, zweitens Fühlen und drittens Wollen.

Lassen wir nun ein Vorgehen an uns vorüberziehen, in dem ein Kind zu einer Handlung veranlaßt wird. Zunächst wird mit Erklärungen über eine vorliegende Situation begonnen, dann erfolgen Appelle, was man dabei von einem „guten Kinde" erwartet, und zuletzt soll es eben handeln.

Nur zu oft kommt jedoch im entscheidenden Moment ein „Nein" – ausgesprochen oder unausgesprochen –, und die Sache endet mit einer Enttäuschung. Dann wird Belohnung oder Bestrafung eingesetzt, also ein äußeres Machtmittel, und damit auf das eigentlich Erzieherische verzichtet. Das Kind wird veranlaßt, unter Druck von außen zu handeln, aus Begierde nach einer Belohnung oder aus Furcht vor Strafe, wird also darum gebracht, aus seinem eigensten Wesen heraus, aus Liebe zur Sache selbst zu handeln.

Um sich klarzumachen, warum das Verfahren beim Kinde nicht gemäß ist, beachte man die Schlüsselstellung, die darin ein bestimmter *Begriff* einnimmt, nämlich der des „guten Kindes". Wir als Erwachsene haben erfahren, wie unerträglich das Leben werden kann, wenn im Verhältnis zwischen Menschen etwas von dem fehlt, was in dem kleinen Wörtchen „gut" eingeschlossen ist. Unsere Begriffe sind Endergebnisse langjähriger Erfahrung, dadurch aber haben sie für uns Bedeutung gewonnen, und sie können als Sprungbrett zu Handlungen dienen. Im Kinde aber fehlt den Begriffen solcher Erfahrungshintergrund, und so kommt ihnen nur eine schwache Motivkraft für Handlungen zu. Einmal hörte ich ein kleines Mädchen sagen: „Wie sieht ein gutes Kind aus, ist es blond?" Millionen Kinder wachsen heute mit Geboten und Verboten, mit Belohnung und Strafe auf. Dabei bleibt jedoch unbeachtet, daß das kleine Kind nicht aus Begriffen heraus handelt. Seine Handlungen schließen sich so unmittelbar an Sinneseindrücke an, die es aus der Umgebung aufnimmt oder aus Vorgängen im eigenen Körper wie Hunger und Durst, daß es eine Belastung bedeutet, wenn man von einem Kind verlangt, daß es bei seinem Handeln sich immer erst an Gebote und Verbote erinnern soll!

Hätten wir im Kinde nicht etwas anderes zur Verfügung, was an Stelle der versagenden Begriffe einträte, so wäre eine Erziehung dieses Alters ohne autoritativen Druck kaum durchführbar. Dieses andere können wir der Beobachtung an Kindern entnehmen. Selbst Kinder, die recht widerspenstig und ungeduldig sind, wird man gelegentlich antreffen, wie sie in richtiger Andacht einem Handwerker bei der Arbeit zusehen. Sie stehen längere Zeit ganz still dabei und setzen sich zur Wehr, wenn sie jemand wegholen will. Hat man dabei selbst die Tätigkeit des Handwerkers genau beobachtet und in der Folgezeit auch das Spiel des Kindes, so tritt einem oft mit geradezu erstaunlicher Deutlichkeit entgegen, wie das Spiel bis in feinste Details die Tätigkeit des Handwerkers wiederholt. Hat das Kind zum Beispiel einem Schreiner zugesehen, der Nägel einschlägt, und spielt dann Schreiner, so führt es nicht nur ein Nägeleinschlagen im allgemeinen durch, wie es bei einem begrifflichen Erfassen der Tätigkeit der Fall wäre, sondern das ganz bestimmte Nägeleinschlagen dieses ganz bestimmten Schreiners. Ob der Hammer schwer oder leicht war, ist in der Geste des Spiels mitenthalten, aber auch, ob der betreffende Schreiner seinen Hammer mit einer gewissen Bedächtigkeit führte oder ob er dabei mehr draufgängerisch war. Da erscheint im Spiele der gleiche Griff nach dem Hammer, das gleiche Aufheben, die gleiche Art von Schwung, von Entspannung oder Ermüdung, der ganze menschliche Hintergrund zugleich mit dem Arbeitsvorgang. Das Beobachten des Kindes war kein passives Dabeisein, sondern ein sehr aktiver Prozeß. Mit Worten beschreiben könnte das Kind all die Einzelheiten nicht, die es gesehen hat, sie sind unmittelbar in sein Leben und Tun übergegangen. Während ihrer ersten sieben Lebensjahre haben Kinder ein unmittelbares Einfühlungsvermögen in die Tätigkeiten und Ausdrucksgebärden der sie umgebenden Menschen. Selbst ihre Muttersprache eignen sie sich damit an. Das Kind lernt durch eine feine, unmittelbare und natürliche Nachahmung. Selten sagen einem die Kinder, wie sie es machen. Aber einmal überraschte mich ein kleines Mädchen mit der Bemerkung: „Ich kann selbst meine Schuhe binden. Weißt du, wie ich es gelernt habe? Ich habe meiner Schwester zugeschaut. Wenn ich etwas lernen will, braucht man es mir nicht zu sagen. Ich schaue einfach zu, und dann kann ich es."

In der Art, in welcher das Kind von seiner Umgebung angesprochen wird, liegt eine völlige Umkehrung gegenüber dem Vorgang, wie er sich bei Erwachsenen abspielt. Beim Kinde gilt die Reihenfolge:

1. Miterleben einer Handlung, wobei direkt der Wille angesprochen wird.
2. Wiederhervorbringen der Handlung im Spiele, womit ein gefühlsmäßiges Sichverbinden mit der Handlung stattfindet.

3. Aufleuchten von Interesse für die Handlung, Aufsteigen von Fragen über dieselbe, das Ins-Bewußtsein-Treten der Beobachtungen, was zuletzt zu Vorstellungen und Begriffen führt.

Die zusammenfassende Gegenüberstellung beim Erwachsenen und beim Kinde ergibt:

Erwachsener	Kind bis zum 7. Lebensjahr
1. Übermitteln von Informationen durch Vorstellungen und Begriffe; Appell an das Denken.	1. Miterleben von Handlungen; direktes Ansprechen des Willens.
2. Herstellen einer persönlichen Beziehung; Ansprechen des Fühlens.	2. Gefühlsmäßiges Nacherleben und Sichverbinden mit der Handlung.
3. Aufforderung zur Handlung; Aufrufen des Willens.	3. Erwachen von Interesse; Aufleuchten von Vorstellungen und Begriffen.

Die Reihenfolge von Denken, Fühlen und Wollen kehrt sich dabei um:

Erwachsener: 1. Denken, 2. Fühlen – 3. Wollen.
Kind bis zum 7. Lebensjahr: 1. Wollen – 2. Fühlen – 3. Denken.

Diese Gegenüberstellung gibt einen Schlüssel zur Erziehung in den frühen Kinderjahren. Nicht ein Diskutieren mit Kindern, nicht ein Herantreten mit Erklärungen und Begründungen wird den Naturgegebenheiten dieses Alters gerecht, sondern ein Gelegenheit-Geben, daß Kinder Handlungen von Erwachsenen miterleben können, die ihnen eine Orientierung im Leben vermitteln. Mit dem, was wir vor dem Kinde im täglichen Leben tun, nicht mit dem, was wir ihm sagen, sind wir in erster Linie seine Erzieher. Wenn unser Tun von den Idealen des Guten, Schönen und Wahren durchdrungen ist, werden wir auch den Kindern den Weg zu diesen Idealen bereiten.

Erziehen durch Nachahmung stellt wesentlich stärkere Anforderungen an die Erwachsenen als Erziehen durch Autorität – oder als die Versuche, durch antiautoritäres Verhalten zu erziehen.

Aus: Erziehung im frühen Kindesalter, S. 11 ff., Verlag Die Kommenden, Freiburg 1964.

LEBENSKUNDE IM VORSCHULALTER

Dipl.-Ing. Fritz Koegel

Das Kleinkind treibt im eminentesten Sinne Lebenskunde; muß es doch in die Gegebenheiten der materiellen Welt hineinwachsen und sich mit ihr auseinandersetzen. Diese Aufgabe des Kindes wird heute aber durch die Umwandlung der Erde durch den Menschen und durch die Mechanisierung der Arbeit in einem hohen Maße behindert. Diese Situation fordert von dem Erzieher besondere Anstrengungen. Er hat – auf den Gegebenheiten der Entwicklungsstufen und den Lebensbedingungen des heranwachsenden Kindes aufbauend – für eine Umwelt zu sorgen, die es dem Kinde ermöglicht, in menschengemäßer Weise auch in die Welt hineinzuwachsen, die durch Technisierung undurchschaubar geworden ist.

Die erste Berührung mit der Welt hat das Kind in dem Augenblick seiner Geburt, wenn es im wahrsten Sinne des Wortes das Licht der Welt erblickt, den ersten Atemzug verrichtet und die erste Erdennahrung in Form der Muttermilch zu sich nimmt. Betrachtet man den Körper des Neugeborenen, so wird einem sein Modellcharakter unmittelbar bewußt. Alles ist in der Anlage da, aber nichts im individuellen Sinne geprägt; auch der Körper ist in gewissem Sinne noch Umwelt. Die Individualität des Menschen muß dieses Modell erst in ihrem Sinne ausformen. Das kann an einem Vergleich der Gesichtszüge eines Neugeborenen mit dem eines alten Menschen, der gerade die Erde verlassen hat, zum starken Erlebnis werden: Jenes wurde noch von keiner Rune des Lebens gezeichnet, alles ist rund und glatt, ohne Spuren der Arbeit, dieses trägt in jedem seiner Züge, in jeder Furche die Prägung der Individualität, spiegelt ihre Taten, ihre Leiden, die Ziele, die sie sich auf der Erde setzte, in einer das ganze Leben zusammenfassenden ruhevollen Überschau.

Die Ausformung des Modells zu einem seiner Individualität gemäßen Werkzeug ist das Ergebnis der Arbeit in den ersten sieben Jahren, der ersten Entwicklungsphase des heranwachsenden Kindes[1]. Hierbei beginnt dann auch sofort die Auseinandersetzung mit den Gesetzen der Mechanik, denen alle materiegebundenen Körper unterliegen.

Erwachsenen ist es eine Selbstverständlichkeit, daß sie einen Gegenstand im Raum zielsicher greifen können. Welche komplizierte Mechanik dabei zu beherrschen ist, wird einem bewußt, wenn man das drei bis vier Monate alte Kind bei seinen ersten Greifübungen beobachtet. Wie oft faßt es daneben, bis es gelernt hat, alle Freiheitsgrade seiner Arm-, Hand- und Fingergelenke ausnützend, einen Gegenstand im Raume – z. B. eine in seinem Korbwagen vor ihm hängende Holzkugel – sicher zu greifen. Ein zweiter wesentlicher Schritt im Erfassen der Körpermechanik bedeutet das Aufrichten, das Einspielen in die komplizierte Gleichgewichtslage des stehenden Menschen. Wie schwierig das ist und welche Intensität des Übens diese aufrechte Lage verlangt, zeigt die Beobachtung des Kindes und eine kurze Überlegung über die mechanischen Gleichgewichtsverhältnisse des

---

[1] Rudolf Steiner, „Die Methodik des Lehrens und die Lebensbedingungen des Erziehens", 5 Vorträge gehalten in der Freien Waldorfschule in Stuttgart vom 7. bis 13. April 1924, 2. Vortrag, GA 308.

menschlichen Körpers. Nachdem das Kind gelernt hat, mit zwei bis drei Monaten seinen Kopf zu heben, mit fünf bis sechs Monaten sich zum Sitzen aufzurichten, kommt – nach der Zwischenphase des sich kriechend Fortbewegens – der Augenblick, in dem es sich z. B. am Gitter seines Bettchens aufrichtet: Das Kind zieht sich hoch, steht – strahlt über seinen Erfolg –, läßt das Gitter los, kämpft einige Augenblicke schwankend um sein Gleichgewicht und fällt. Warum ist das so schwer, stehen wir Erwachsenen doch so sicher? Ein Versuch überzeugt uns aber rasch davon, daß unser Stand gar nicht so sicher ist: Wenn wir uns mit geschlossenen Füßen aufrecht hinstellen und uns auf unsere Fußgelenke konzentrieren, stellen wir fest, daß wir nie statisch in Ruhe stehen. Wir pendeln dauernd – wenn auch in geringem Maße – in einer kreisenden Bewegung um unsere Schwereachse herum. Und das will gelernt sein! Das erfahren wir an dem unermüdlichen Üben des kleinen Kindes, am Bemühen, dieses labile Gleichgewicht – der Schwerpunkt des ausgewachsenen Körpers liegt in der Gegend des Beckens – zu beherrschen.

Der nächste Schritt des Kleinkindes vollendet das Eingliedern in die Statik und Dynamik der materiellen Welt: Es lernt gehen. Das erfordert ein sicheres Beherrschen dieser labilen Gleichgewichtslage, denn der Vorgang wird eingeleitet, indem man seinen Körper in der Gehrichtung aus der Schwereachse herauskippt und den kippenden Körper durch wechselweises Vorsetzen der Füße auffängt. Gleichzeitig muß dabei darauf geachtet werden, daß das Gleichgewicht nach den Seiten gehalten wird. Beherrscht der kleine Mensch diesen mechanisch komplizierten Vorgang, hat er den Erdenraum erobert. Er kann sich in ihm frei bewegen, und er hat seine Hände durch das Aufrichten zu der ihnen gemäßen Betätigung freigesetzt.

Auf die innere Bedeutung dieser Phase der kindlichen Entwicklung weist Jean Piaget mit den folgenden Worten hin: „Die frühe Kindheit ist für die geistige Entwicklung von grundlegender Bedeutung. Sie bildet die Basis jeder konstruktiven geistigen Tätigkeit." Er meint damit, die Fähigkeit, sich später geometrische und physikalische Erkenntnisse erwerben zu können, beruhe auf der durch Wahrnehmung und Bewegung erfolgten Eroberung des Raumes im ersten Lebensjahr, also in der Phase, die wir beschrieben haben[2].

Damit bestätigt Piaget Rudolf Steiner, der darauf aufmerksam macht, daß diese am eigenen Körper erfahrene Auseinandersetzung mit den Dimensionen des Raumes sich im zweiten Lebensjahrsiebt in die seelische Fähigkeit, Geometrie zu treiben, geometrische Gesetze zu erfassen, umwandele. Ein Gleiches gilt für das Erfassen der Statik und Dynamik, in die der stehende und gehende menschliche Körper eingegliedert ist[3]. Es ist also das, was wir äußerlich an intensivem Auseinandersetzen mit der Mechanik der Welt in dieser Phase des Kleinkindes erleben, gleichzeitig ein intensiver innerer geistiger Prozeß.

So, wie sich das Kind durch Aufrichten und Gehenlernen den äußeren Raum durch das Auseinandersetzen mit dessen Gesetzen erobert, tastet es sich nun in der nächsten Phase durch das Sprechenlernen in den „Sprachraum" seines Volkszusammenhanges hinein. Beim Aufrichten und Gehenlernen nimmt

---

[2] Jean Piaget und Bärbel Inhelder, „Psychologie der frühen Kindheit" in „Handbuch der Psychologie" herausgegeben von David und Rosa Katz, Stockholm; Basel, Stuttgart 1960.

[3] Rudolf Steiner, „Die Erneuerung der pädagogisch-didaktischen Kunst durch Geisteswissenschaft", 14 Vorträge, gehalten in Bern 1920, 1. und 2. Vortrag, GA 301.

das Kind seine Umgebung als Leitbild und ahmt z. B. das Gehen seiner Eltern, seiner Geschwister nach. Ebenso ahmt es die Laute nach, die es in seiner Umgebung hört. Die Mutter – man spricht nicht umsonst von Muttersprache – spielt dabei eine wichtige Rolle. Ein Kind, auf dem Schoß der Mutter sitzend, beobachtet aufmerksam, bis in die Lippenbewegung hinein, ihr Sprechen, ja, es tastet manchmal sogar ihre Lippenbewegung mit dem Fingerchen ab. Dann versucht es, die gehörte und in der Bewegung erfaßte Lautabfolge selbst zu artikulieren: Dabei entsteht zuerst ein ähnliches Klangbild, das durch intensives Üben allmählich dem gehörten angeglichen wird. Auch diesem äußerlich zu beobachtenden Lernvorgang entspricht ein innerer seelischer Vorgang: Das Kind lebt sich in die seelischen Verhaltensweisen seines Volkszusammenhanges ein, wie sie in der Muttersprache ihren charakteristischen Ausdruck finden.

In einem dritten Schritt entwickelt das Kind an dem Umgang mit der Sprache das Denken. Es verbindet zuerst nur Gefühle mit den nachgeahmten Lauten. Man beobachte, mit welchem Genuß Kinder schwierige Worte, z. B. die Markenbezeichnung eines Handelsartikels, deren Sinn sie gar nicht erfassen können, aus reiner Freude an ihrem Klang übend vor sich hinsprechen. Dann aber werden die Worte allmählich Bilder oder Zeichen der Dinge, der Eigenschaften, des Tuns seiner unmittelbaren äußeren Umgebung. Die Begriffe, die das Kind in dieser Phase seiner Entwicklung bildet, sind noch nicht festgelegt. So kann das Zeichen „Wauwau" nicht nur den Hund, sondern alles sich Bewegende, einschließlich Straßenbahn und Auto bedeuten. Sie werden aus der Anschauung gebildet. Z.B. gab ein Kind seinem Wunsch, den Telefonhörer zu bekommen, durch die Worte Ausdruck: „Maier haben!" Es hörte doch täglich, daß beim Läuten seine Eltern den Hörer abnahmen und sich mit „Maier" meldeten. In dieser Ebene des Anschaulich-Bildhaften bewegt sich das anfängliche Denken, in dem die Logik noch keine Rolle spielt. Aber das Kind wächst durch das Entfalten dieser Seelenfähigkeit über den Volkszusammenhang hinaus, in den der ganzen Menschheit hinein, der ein gleichartiges Denken eigen ist.

Die erste Phase der Kindheit ist ungefähr mit dem dritten Jahr abgeschlossen: Das Kind kann sich im Raum jetzt frei bewegen, durch die Sprache mit seiner Umwelt in Kontakt treten und mit seinem anfänglichen bildhaften Denken die äußere Welt erfassen, sie „begreifen". Für unser Thema „Lebenskunde" ist dabei von großer Bedeutung, WIE, in welcher Weise das Kind dies vollzieht. Im Zusammenhang mit der Besprechung des Gehen- und Sprechenlernens wurde auf die Bedeutung der „Nachahmung" schon hingewiesen. Zur Nachahmung gehören notwendigerweise die Umgebung, die nachgeahmt werden kann, und eine Sinneswahrnehmung, die alles bis in die Details genau aufnimmt. Beides, der Trieb nachzuahmen, in die Bewegungsgesten seiner Umgebung hineinzuschlüpfen, und das minuziöse Aufnehmen durch die Sinne sind beim Kinde im ersten Lebensjahrsiebt stark ausgeprägt. Ja, man kann sagen, das Kind lebt unter dem Zwang, beides zu tun. Das erlebt jeder Erwachsene, der mit Kindern im Vorschulalter zu tun hat. Dazu ein Beispiel: Ein Dreijähriger spielt in der Ecke eines Zimmers, in dem seine Mutter mit einigen Gästen Kaffee trinkt. In einer Gesprächspause rühren fast alle Erwachsenen gleichzeitig in ihren Tassen. Durch die eintretende Stille aufmerksam gemacht, schaut der Kleine auf, beobachtet fasziniert die Bewegungen des Herumrührens, kommt näher, packt einen Löffel und rührt mit solcher Wucht und Hingabe in der ihm nächsten Tasse, daß – bevor sein Tun bemerkt wurde – kein Tröpfchen mehr in der Tasse und die Tischdecke nicht mehr zu retten ist.

35

Ein ungezogenes Kind? Nein, ganz bestimmt nicht, es hat nur das getan, was es in dieser Phase seiner Entwicklung tun muß: In die Bewegungsgesten seiner Umgebung hineinzuschlüpfen, sie nachzuahmen. Aber noch etwas anderes können wir diesem Beispiel ablesen, das Spiel ist – im Unterschied zu der Arbeit des Erwachsenen – nicht in die äußere Zweckmäßigkeit der Welt eingeordnet. Im Spiel will das Kind sein „Tätigseinwollen" im Nachahmen der Arbeit der Erwachsenen ausleben. In welchem Maße das der Fall ist, zeigt das folgende Beispiel: Ein dreieinhalbjähriges Mädchen, das sich beim Spiel gestoßen hat und weint, wird von einem Erwachsenen von seinem Schmerz abgelenkt, indem er einen kupfernen Aschenbecher zum Tönen bringt, dabei beide Zeigefinger hebt und „horch!" sagt. Das Kind beruhigt sich dadurch rasch, und der Erwachsene vergißt diesen Vorfall. Einige Tage später spielt das Kind mit dem Aschenbecher. Es packt ihn sorgfältig in ein Tuch ein, nimmt einen seiner Bauklötze, schlägt damit an das Bündel, hebt beide Zeigefinger und ruft: „Horch!" – Dem Kind war es also nur um die Bewegungsgesten des an den Aschenbecherschlagens, das Heben der Zeigefinger, das „Horch"-Sagen zu tun. Der Ton, der Zweck des Tuns des Erwachsenen – konnte durch das Einpacken des Aschenbechers in ein Tuch gar nicht entstehen.

In diesem Zusammenhang weist Rudolf Steiner auf den Ernst und die gleichsam religiöse Hingabe hin, mit der das Kind an sein Spiel hingegeben ist. Das Spiel des Kindes ist also kein nutzloser Zeitvertreib, es ist – man verstehe das recht – harte Arbeit, die jedoch mit großer Intensität und Freude betrieben wird. Im Spiel setzt sich das Kind, die äußeren und inneren Verhaltensweisen seiner Umgebung nachahmend, mit der Welt auseinander, erobert sie – so könnte man sagen – durch sein willentliches Tun.

Aufgabe des Erziehers ist es demnach, dem Kinde eine Umgebung zu schaffen, die ihm in jeder Hinsicht Leitbild sein kann. Das ist heute nicht einfach, denn die Mechanisierung der Arbeit verhindert in hohem Maße, daß die Arbeitswelt des Erwachsenen Erfahrungswelt des Kindes werden kann. Dazu Beispiele aus den von Rudolf Steiner angeführten lebenskundlichen Gebieten, dem Ackerbau, dem Handel, dem Gewerbe, der Industrie:

Betrachten wir die Hand eines alten Bauern. Er steht in seiner Kornkammer, er greift in den Haufen der Körner und läßt ihren goldgelben Strom prüfend durch die Finger rieseln. Diese Hand erzählt die Geschichte eines harten Lebens, von der schweren Arbeit, die jedes Jahr aufgebracht werden muß, um vom Herrichten des Ackers bis zum Einbringen des Kornes alles durchzuführen, was der Boden, die Pflege der Pflanzen, das Ernten und Dreschen usw. erfordert. Nimmt man noch dazu, daß der Bauer alle Arbeit in Einklang mit den Jahreszeiten, den Elementen, dem gesamten Rhythmus der Natur bringen muß, kann man ermessen, welches Erfahrungsfeld ein in dieser Weise von seiner Arbeit geprägter Mensch für das Kind sein kann.

Dagegen verläuft heute das Werden von auf Großflächen gezogenen Getreidekörnern, z. B. des kanadischen Weizens, in anderer Weise: Sie werden von einer Maschine gesät; und das reife Getreide wird in einem Arbeitsgang maschinell geschnitten und gleichzeitig gedroschen. Maschinell verladen wandern die Körner in die Mühle, und das dort gewonnene Mehl wird vollautomatisch zu Brot verarbeitet und verpackt. Erst beim Auspacken des Brotes aus der Cellophanhülle werden die „Körner" zum erstenmal von einer Menschenhand berührt.

Ohne die Mechanisierung landwirtschaftlicher Arbeitsabläufe

zu werten, zeigt dieses Beispiel, daß das Erfahrungsfeld des Kindes durch die Technisierung eingeengt wird.

Was erlebte ein Kind früher in einem Kolonialwarenladen alten Stils? Beim Öffnen der Tür ertönte der Dreiklang einer Glocke, und schon der würzige Geruch der Salzgurken in einem offenen Faß, gemischt mit dem der Zimtstangen, eröffnete eine ganze Welt. Vor dem Ladentisch standen einige Frauen aus der Nachbarschaft und unterhielten sich über Dinge, deren Sinn das Kind nicht verstand. Gebannt aber beobachtet es den Kaufmann, wie er aus einer Schublade Zucker in eine Tüte füllt, sie auf die Waage stellte und so lange Zucker zugab, bis die Tüte die Waage in Bewegung setzte und dem Gewichtsstein auf der anderen Seite das Gleichgewicht hielt. Dann faßte er die Tüte an ihrem offenen Ende mit beiden Händen, nahm sie von der Waage herunter, setzte sie einige Male kräftig auf die Tischplatte und wickelte dann flink und geschickt das Ende ein, bis die Tüte ein sauberes, faltenloses Päckchen war. „Wer das auch könnte!" Dazwischen dirigierte er das Gespräch der Frauen und bereicherte es durch einige brandneue Vorkommnisse. Er rechnete schnell und sicher die Posten zusammen und warf das Rausgeld mit geschicktem Schwung auf die Tischplatte. Kurz, er war für das Kind der König über ein Reich unerhörter Schätze, die er nach Bedarf verteilte. Den Menschen als Verteiler der Waren in diesem Sinne zu erleben, gibt der Selbstbedienungsladen nicht her, und während die Autorität des Kaufmanns die Begehrlichkeit des Kindes dämpfte, wird diese hier durch das Zurschaustellen aller Artikel bewußt angeregt und das Kind überfordert. Auch hier verengt die Rationalisierung das Erfahrungsfeld des Kindes.

Am Rande des Dorfes stand die Schmiede, an der die Kinder immer vorbeigingen, wenn sie zum Einkaufen geschickt wurden. Was gab es da alles zu sehen! Einmal wurde ein Pferd beschlagen, dann wieder packte sie das Gruseln, wenn sie im Winter in der Dämmerung erlebten, wie die Feuerflammen fauchend aus dem Kamin schlugen. Am schönsten aber war es, bei offener Tür dem Meister zuzuschauen: Mit aufgekrempelten Ärmeln, durch den Lederschurz geschützt, stand er vor dem Amboß und formte durch die rhythmischen Schläge seines Hammers das weiß-orange glühende Eisen, das der Geselle in der Zange hielt. Auch der Schmied war für das Kind ein König in seinem Reich. Seine durchschaubare Arbeit und die Prägung seines Wesens durch diese waren ein reiches Erfahrungsfeld für das Kind.

Heute gibt es diesen Beruf kaum mehr, und das Gebiet der industriellen Fertigung ist durch Arbeitsteilung, Rationalisierung und Automation auch für den erwachsenen Laien undurchschaubar geworden. Diese Einengung des kindlichen Erfahrungsfeldes kann nur mit viel Phantasie und Improvisationskunst im Elternhaus und Kindergarten ausgeglichen werden. Das setzt aber beim Erzieher voraus, daß er sich mit dem altersspezifischen Spielverhalten des Kindes in den drei Phasen des ersten Jahrsiebts vertraut macht.

Wir haben entwickelt, welche Bedeutung die drei ersten Jahre im Leben des Kindes haben, in denen es Gehen, Sprechen und Denken lernt. Dabei spielt die Kraft der Nachahmung, das willentliche Hineinschlüpfen in die Gesten seiner Umgebung eine entscheidende Rolle. Das gilt für alle drei Phasen des ersten Jahrsiebts, und erst in der Schulzeit gegen das neunte Jahr hin klingt diese Fähigkeit langsam ab. Wodurch unterscheiden sich dann diese drei ersten Abschnitte des kindlichen Lebens?

In der ersten Phase beginnt die Individualität des Menschen, den ererbten Leib zu ihrem Werkzeug zu formen; das kommt im siebten Jahr zu einem gewissen Abschluß. Der Leib erhält ihre Prägung. Sie paßt sich dadurch den irdischen Bedingungen an. Alles, was das Kind tut, vollzieht sich in diesem Abschnitt – auch wenn es schon gehen kann – in engem Zusammenhang mit den Menschen seiner nächsten Umgebung. Von der Kraft der Nachahmung getrieben, arbeitet es neben seiner Mutter her, was sie auch gerade im Haushalt tun mag; es hilft mit großem Eifer beim Putzen, beim Aufräumen, beim Vorbereiten des Kochens, beim Tischdecken usw., immer so, daß es in die Bewegungsgesten der Mutter hineinschlüpfend, diese nachahmt. Dabei zeigt es noch keine Ausdauer. Es bleibt – tritt z. B. eines seiner Spielzeuge in sein Gesichtsfeld – an diesem hängen, und es verbindet mit seinem Tun nicht den Zweck, dem die Arbeit der Mutter dient. Dem Kleinen, der eifrig bemüht ist, sein Staubsaugerrohr an der Stelle des Teppichs zu führen, an der das von der Mutter geführte Rohr sich gerade befindet, ist es völlig gleichgültig, daß sein Rohr gar nicht angeschlossen ist, also gar nicht saugen kann.

Im vierten Jahr kündet sich die zweite Phase des ersten Jahrsiebts an, das Kind beginnt, sich etwas von seiner Umgebung zu lösen, und es beginnt durch die erwachende Kraft der Phantasie, sich im Spiel neu mit ihr zu verbinden, sich mit ihr auseinanderzusetzen. Dabei ist es von großer Bedeutung, daß diese erwachende Kraft der Phantasie sich frei entfalten und betätigen kann. Sie ist die Kraft, die neben oder vielmehr in Verbindung mit der Nachahmung dem Spiel die Bedeutung des notwendigen und legitimen Lernprozesses in diesem Alter verleiht. Die Phantasie motiviert das Kind, Erfahrungen auf allen Gebieten zu machen. Z. B. regt die Höhlung zwischen zwei Wurzeln eines Baumes das Kind an, ein Zwergenhaus zu bauen. Schnell werden aus der Umgebung kleine Ästchen gesammelt, in die richtige Länge abgeknickt, und bald ist die Höhlung zu einem kleinen Häuschen aus Ästen und Baumrinden erweitert, auch ein Zaun, der einen kleinen Garten umschließt, wurde nicht vergessen. Kaum ist das Werk vollendet, bevölkert eine Zwergenfamilie das Häuschen, deren Tun und Lassen das Leben des Kindes, seiner Geschwister und seiner Eltern spiegelt.

Was hat das Kind erfahren? Den Duft und tastend die Qualität des Humus, der sich zwischen den Wurzeln gebildet hat; es erfuhr beim Brechen der Ästchen etwas von den Elistizitätsverhältnissen verschiedener Holzarten; es setzte sich beim Bauen mit statischen Gesetzen auseinander, und es übte beim Spiel mit der Zwergenfamilie soziale Verhaltensweisen ein.

Dieses Beispiel sagt gleichzeitig auch aus, von welcher Art das Spielzeug in diesem Alter sein sollte; so einfach wie möglich! Ein unbearbeitetes Stück Holz regt je nach den Umständen die Phantasie des Kindes in vielfältiger Weise an, es kann beim Nachspielen eines Märchens in Verbindung mit einem Stück Tuch eine Prinzessin mit Krone und Schleier sein, beim Bauen im Sandkasten ein Lkw, der keuchend eine Last von Steinen transportiert, und es kann noch vieles andere mehr sein. Wie stark fixiert dagegen z. B. ein genau nachgebildeter Daimler-Benz-Lkw das Kind auf ein abgegrenztes Erfahrungsfeld; er wird nie die Phantasie des Kindes motivieren, ihn in eine Prinzessin zu verwandeln.

Diese leicht anzuregende Phantasie und das starke durch die Sinne mit der Umgebung Verbundensein verhelfen dem Kind zu einem reichen Erfahrungsschatz, bedingen aber auch, daß das Spiel-Thema rasch wechselt. Der Erwachsene, der über die scheinbare Unkonzentriertheit sich sorgt, sollte bedenken, daß sie eine notwendige Begleiterscheinung dieser Phantasiephase ist.

Das ändert sich in der dritten Phase. Darüber hat Piaget[4] aufschlußreiche Versuche durchgeführt. Z. B. zeigte er vier- bis fünfjährigen Kindern zuerst paarweise einen roten und einen blauen und dann den blauen mit einem gelben Stab. Sie stellten die Farben fest und, daß der blaue größer als der rote und der gelbe größer als der blaue Stab sei. Gefragt – nachdem die Stäbe weggenommen waren –, ob der gelbe Stab größer oder kleiner als oder gleichgroß wie der rote Stab sei, wollten sie die beiden Stäbe nebeneinander sehen. Ohne die Stäbe vor Augen zu haben, konnten sie die Frage nicht beantworten. Um das siebte Jahr herum können die Kinder diesen Vergleich dann innerlich vollziehen. Manchmal sprechen Kinder über eine neu gewonnene Fähigkeit. So berichtet Klara Hattermann[5] von einem sechsjährigen Kind, das diesen Augenblick der Verinnerlichung erlebt und beschreibt: „Ich kann den Mann (der vorher vorbeigegangen war) immer noch sehen, wenn ich will; ich stelle ihn dann vor meine Augen."

Wahrgenommenes kann also als innere Vorstellung – ohne es real vor sich zu haben – vor die Seele gestellt, und Vorstellungen, z. B. der angeführten Stabpaare, können im Innenraum des Bewußtseins vergleichend angeschaut werden. Es ist für die gesunde Entwicklung des Kindes bedeutsam, dieses beginnende Vorstellungsvermögen der Initiative des Kindes zu überlassen, d. h. im phantasievollen Willensbereich. Diese neue Fähigkeit verändert das Spiel des Kindes, es kann nun – im Gegensatz zu der Phantasiephase – geplant und zielstrebig durchgeführt werden. Z. B. können Kinder durch mehrere Tage hindurch mit dem Bau einer Stadt beschäftigt sein. Immer wieder muß umgeplant und verändert werden, weil entweder der Marktplatz zu klein für die Unterbringung aller Verkaufsstände am Markttag ist oder die Straßen zu eng sind, um die Fülle des Verkehrs zu bewältigen.

In dieser Darstellung des Spielverhaltens im Vorschulalter blieb die Frage offen: Welche Rolle spielt darin die Maschine, z. B. auch die Mechanisierung der im Haushalt zu verrichtenden Arbeiten? Das Spiel mit natürlich Gewachsenem – man denke an den Bau des Zwergenhauses im Wald – öffnet dem Kind eine reiche, in ihren Qualitäten erfahrbare lebendige Welt. Mechanisierte Arbeit dagegen ist nur mit dem Intellekt Erwachsener zu durchschauen. Wer aber wollte von der geplagten Hausfrau verlangen, daß sie deshalb auf ihre dienstbaren mechanischen Helfer verzichtet? Es wird dabei immer auf die Phantasie der Mutter ankommen, inwieweit sie dem Kinde die Möglichkeit bietet, nachahmend mitzuarbeiten. Das zeigte das Beispiel, in dem ein nicht angeschlossenes Staubsaugerrohr dem Kleinen zur „Mitarbeit" verhilft.

Aber auch sonst spielt die „Maschine" im Leben des Vorschulkindes eine Rolle. Es fährt mit der Straßenbahn, sieht die Autos auf der Straße, beobachtet an einer Baustelle den Kran bei der Arbeit, erlebt im Bahnhof Lokomotiven. Ist das nicht eine für das Kind unfaßbare, angsteinflößende Welt, sollte das Kind nicht möglichst davon ferngehalten werden? Nun, die Beobachtung zeigt, daß Kinder diese Maschinen als zum Leben gehörig in ihr Spiel einbeziehen; und es ist auch nicht vorrangig die Maschine, die das Kind beschäftigt, sondern der Mensch.

Dafür ein Beispiel: In der Zeit, in der die amerikanischen Besatzungstruppen noch den Verkehr auf unseren Straßen be-

---

[4] s. Fußnote 2.
[5] Klara Hattermann, „Werdestufen der frühen Kindheit", in „Das Kind in den ersten sieben Jahren", Sonderheft der „Erziehungskunst", Heft 5–6/1969.

herrschten, wurde ein Sechsjähriger täglich von einem Erwachsenen in den Kindergarten begleitet. Eines Tages meinte das Kind, es könne ohne hinzusehen sagen, ob der von hinten kommende Lkw von einem Neger gefahren werde oder nicht. Und tatsächlich, die Voraussagen stimmten mit hundertprozentiger Sicherheit. Erst nach Tagen – in denen sich der Kleine königlich über das Danebenraten des Erwachsenen amüsierte – fand dieser die Lösung des Rätsels: Eine Neger-Kompanie stellte die Fahrer für vierradgetriebene Lkw. Das für diesen Typ notwendige zweite Differential verursachte durch ein leises Pfeifen eine geringfügige Änderung des Geräusches dieser Wagen. Das hatte der Kleine mit wachen Sinnen aufgenommen und dem Neger zugeschrieben. – Der Mensch, der die Maschine beherrscht, ist es, der das Kind interessiert!

Derselbe Kleine verließ eines Morgens sauber gewaschen und in fleckenlosem Weiß gekleidet die Wohnung, um auf der gegenüberliegenden Wiese zu spielen. Die Mutter wußte ihn dort gut aufgehoben. Als er hungrig und müde zum Mittagessen erschien, war das einzige Weiße an ihm das Weiß der Augäpfel. Hemd, Hose, Haut, Haare, alles war schmutzig grau. Aber, er war restlos glücklich. Unter den Wasserstrahlen der Dusche, als ihm der „Wolfspelz" ausgezogen wurde und Haut und Haare allmählich die ihnen eigene Farbe wieder annahmen, erzählte er voller Dankbarkeit von einem sehr lieben Mann. Offensichtlich hatte ein Motorwalzenfahrer seinem begehrlichen Kinderblick nicht widerstehen können, und er war den ganzen Vormittag auf der Walze mitgefahren. Noch in der Badewanne stehend, zog er hier einen Hebel, drehte dort an einem imaginären Rad, und man sah förmlich den Fahrer vor sich, wie er, seitlich auf die Straße schauend, ruhig, gelassen und sicher dieses Ungetüm über den zu walzenden Straßenstreifen lenkte. Auch hier ist der Mensch das Maßgebende, das Verhaltensmuster des Kindes.

Solche Erlebnisse sind aus der Erfahrungswelt des Kindes nicht wegzudenken, sie machen ihm die dienende Funktion der Maschine erlebbar, sie zeigen ihm den Menschen als Herrscher über diese dem Kinde noch unverständliche Welt. Auf der anderen Seite darf man nicht übersehen, daß die Mechanisierung wichtige Arbeitsfunktionen verdeckt, die man dem Kinde zugänglich machen sollte. Das Kind, das seiner Mutter hilft, Geschirr in die Spülmaschine einzuräumen, müßte auch ab und zu, neben der Mutter auf einem Schemel stehend, mit den Händen in das warme Wasser patschen dürfen und erleben, wie der Teller, von dem es kurz vorher gegessen hat, durch das Wasser und die Bearbeitung der Bürste sauber und blank wird. Welche Summe von Erfahrungen wird den Kindern vermittelt, wenn sie in der Adventszeit nicht nur zusehen dürfen, wie ihre Mutter mit geschickten Händen Weihnachtsgebäck herstellt, sondern selber backen, den Teig auswalzen und die Ausstechformen bedienen dürfen. Am besten, sie haben dafür ihr eigenes, ihren Möglichkeiten angepaßtes Werkzeug. Dabei ist der Wirkungsgrad ihres Tuns unwichtig – ein beträchtlicher Teil des Teiges wandert ungebacken in ihre Mägen –, wichtig ist, daß sie von der Herstellung des Teiges über das Auswalzen, Ausstechen, den Backofen laden bis zum Herausnehmen des duftenden Gebäckes im Nachahmen diesen ganzen Arbeitsprozeß miterleben können. Auch im kleinsten Garten, ja in den Blumenkästen auf dem Balkon, beim Ziehen von Topfpflanzen im Zimmer hat das Kind Gelegenheit, mitzusäen, zu pflegen, zu gießen, das Keimen, Wachsen, Blühen und Fruchten mitzuerleben.

So gibt es eine Fülle von Möglichkeiten, dem Kinde Einsichten zu vermitteln, die durch die Mechanisierung von Arbeitsvorgängen undurchsichtig wurden. Viel hängt dabei von der Wahl des geeigneten Spielzeuges ab. Man denke, was in der Zeit der Selbstbedienungsläden an einem Kinder-Kaufladen alles erfahren werden kann; wie wichtig es ist – man denke an das Backen, an das Arbeiten im Garten oder an den in seiner Freizeit an der Hobelbank werkenden Vater –, anstelle mechanischen, die Phantasie des Kindes nicht motivierenden Spielzeugs ihm seinen Möglichkeiten angepaßtes Werkzeug zu schenken. Auch wenn das unbequem ist und der auf Hochglanz sauber gehaltenen Wohnung etwas von ihrem Glanz nimmt. In diesem Sinne fordert das Vorschulalter heute Eltern, die bewußt aus der Einsicht in die Entwicklungsphasen des Kindes handeln[6].

Das Kind im Vorschulalter – so wurde gezeigt – ist ganz Sinnesorgan und in der Nachahmung an seine Umwelt hingegeben. In welchem Maße diese und der in der Umgebung des Kindes handelnde Mensch seelische Verhaltensweisen prägend beeinflussen und bis in die Entwicklung der leiblichen Organe des Kindes und deren Funktionen bestimmend hineinwirken, sei noch an einigen Beispielen gezeigt:
Der Kinderkliniker Alfred Nitschke beschreibt den Fall eines fast dreijährigen Mädchens, das wegen einer Gehbehinderung ihm vorgestellt wurde. Die Untersuchung an Bein und Hüfte ergab nichts Krankhaftes. Schließlich stellte es sich heraus, daß es den Gang seines kriegsverletzten Vaters, den es sehr liebte, bis in solche Einzelheiten nachahmte, daß auch die durch die Prothese bedingte nach außen drehende Bewegung seines linken Beines beim Gehen erkennbar war.
In einem anderen Fall wird ein fast zehn Monate altes Mädchen, das durch Erbrechen und Durchfall elend und mager geworden war und kaum mehr zur Nahrungsaufnahme bewegt werden konnte, durch einen Wechsel des seelischen Klimas, der äußeren Umgebung und durch das Beschäftigen mit anderem Spielzeug geheilt. Zu Hause war die Atmosphäre von der schweren Sorge der Mutter um ihr Kind belastet, im Krankenhaus verbreiteten die Schwestern eine fröhlich-heitere Stimmung, und das Einzelkind kam hier mit anderen Kindern in Berührung. Eine entscheidende Rolle spielte das Spielzeug des Kindes, das es mitgebracht hatte. Es war ein großer, grotesk geformter Hase mit schlaffen hängenden Gliedmaßen und großen melancholischen Augen. Dieses Tier war zu Hause fast der einzige Umgang des von der Welt isolierten Kindes gewesen. Es war in die äußere Haltung und in die melancholische Stimmung dieses Tieres hineingeschlüpft. Nachdem der Hase gegen ein vom Kind rasch akzeptiertes fröhliches, aufrechtes Lämmchen ausgetauscht war, änderte sich schon nach wenigen Tagen das Verhalten der kleinen Patientin: sie aß mit Appetit und wurde ein fröhliches, heiteres und gesundes Kind[7].

Heinz Herbert Schöffler berichtet aus eigenem Erleben: In einem heilpädagogischen Heim schreibt der Betreuer Noten für ein Chorsingen auf, die einzelnen Stimmen sich innerlich vor-

---

[6] Es sei in diesem Zusammenhang auf die Veröffentlichungen der Internationalen Vereinigung der Waldorfkindergärten, 7000 Stuttgart 1, Haußmannstraße 46, hingewiesen.

---

[7] Alfred Nitschke in der Aufsatzsammlung „Das verwaiste Kind der Natur", Tübingen, 2. Auflage 1968.

stellend. Zehn schwer geschädigte Epileptiker, die in demselben Raum – jeder ohne Kontakt zur Außenwelt oder zu den Kameraden in einer Welt für sich lebend – anwesend waren, fangen plötzlich an, jeder für sich, jeder eine andere Melodie, laut zu singen[8].

Durch das Hineinschlüpfen in die äußeren und in die seelischen Gesten seiner Umwelt wirken sich diese, den Aufbau der leiblichen Organe und deren Funktionen fördernd oder sie hemmend, aus, und man kann ermessen, was eine liebevollheitere Umgebung für die körperliche, seelische und geistige Entwicklung des Kindes in diesem Alter bedeutet.

Welche erwachsenen Partner wählen sich Kinder im Vorschulalter aus? Stellung, Rang, Titel, intellektuelle Fähigkeiten beeindrucken sie nicht im geringsten, aber Menschen, die in Geduld ihnen die Möglichkeit bieten, sie ihre Arbeit nachahmend zu begleiten, wählen sie zu ihrem König. Z. B. kam ein Fünfjähriger nach Hause und erzählte von einem lieben, lieben Mann und konnte sich nicht genug tun, mit Verehrung, Liebe und Dankbarkeit von ihm zu sprechen. Was hatte diese Gefühle bei dem Kinde geweckt? Etwas zum Naschen, Bonbons, Schokolade? Ein kleines Stückchen Schokolade hatte er wohl bekommen, aber es war ihm völlig unverständlich – das betonte er immer wieder – warum. Durfte – das war sein Ausdruck – er ihm doch helfen, Brennholz abzuladen. Dieses war noch nicht gespalten, sondern die Stämme waren nur in der den Holzscheiten entsprechenden Länge abgesägt; der Transport des Holzes bedeutete für den Kleinen daher eine schwere körperliche Arbeit!

---

[8] Dr. med. Heinz Herbert Schöffler, „Das Frühlesen aus ärztlicher Sicht", in „Erziehungskunst", Heft 3–4/68.

Rudolf Steiner weist auf die Bedeutung hin, die diese im Kinde langsam wachsende, in die Nachahmung einströmende Dankbarkeit für die Entwicklung des Kindes und für das Einleben in eine soziale Gemeinschaft hat. Das zuerst sich an die nächste Umgebung wendende Gefühl der Dankbarkeit – das man unmittelbar am Kinde erlebt – kann sich später zu einer die ganze Welt umfassenden Dankbarkeit auswachsen, auf der echte Religiosität sich gründet. Rudolf Steiner nennt die Dankbarkeit die erste von drei sozialen Grundtugenden, die in diesem ersten Lebensabschnitt des Kindes, im Vorschulalter, in der Seele veranlagt werden müsse[9].

Fassen wir zusammen: In den drei Phasen der Vorschulzeit formt sich die Individualität des Menschen den aus der Vererbungsströmung stammenden Leib zu ihrem, den Bedürfnissen angepaßten Werkzeug und prägt ihm ihren Stempel auf. Im ersten Abschnitt werden durch das Aufrichten und Gehenlernen der äußere Raum, durch das sich entwickelnde Sprechen der Sprachraum des Volkes und durch das anfängliche bildhafte Denken der allen Menschen vorbehaltene geistige Raum in einem ersten Ansatz erobert. In der zweiten Phase motiviert die erwachende Kraft der Phantasie das Kind, nachahmend die Welt im Spiel zu erfahren. Und die dritte ist durch eine starke Verinnerlichung geprägt: Das Spiel läuft nun auch nach einem vorgefaßten Plan ab; die Wahrnehmungen können vom Kinde als innere Vorstellungen wieder heraufgeholt werden; doch sollte der Erwachsene sich hüten, dieses sich schöpferisch bildende Vermögen, das in der freien Betätigung die leiblichen Organe erst ausgestaltet, vor allem das zentrale Nerven-

---

[9] s. Fußnote 3.

system, durch intellektuelle Lernprozesse hervorzulocken und zu gebrauchen. Bestimmend für den gesamten Abschnitt der Vorschulzeit sind die Kraft der Nachahmung und eine Umgebung, die das Kind in vielfältiger Weise anregt, sich mit ihr auseinanderzusetzen. Die Mechanisierung verdeckt dabei heute ein weites Erfahrungsfeld des Kindes: die menschliche Arbeit. Das fordert vom Erwachsenen Phantasie, Kenntnis der kindlichen Entwicklungsstufen und ein Bewußtsein davon, in welchem Maße die Umwelt bis in die Entwicklung des Leibes hinein prägend einwirken kann. Von seiner Initiative hängt es ab, daß das Kind in menschengemäßer Weise in seine Umwelt hineinwachsen kann, d. h. Lebenskunde in rechtem Sinne treibt. Mit der Aussage eines sechsjährigen Kindes sei dieser Blick in das Vorschulalter abgeschlossen. In der besinnlichen Stunde, wenn es Zeit für Kinder ist, ins Bett zu gehen, philosophierte der Kleine beim Ausziehen darüber, wem er gehöre. „Dir?", sagte er zu seinem Vater, und sein Gesicht spiegelte die Zweifel wider, die er hegte. „Nein, dir gehöre ich nicht!" Weitere Kleidungsstücke fielen. „Ich gehöre dem lieben Gott?" meinte er. Aber auch dieser Gedanke befriedigte ihn nicht. „Nein, dem gehöre ich auch nicht!" Die letzten Hüllen fielen, und mit beiden Händen sich auf den Bauch klatschend kam ihm die Erleuchtung. „Ich gehöre mir ganz allein!" rief er aus und bekräftigte damit, daß er seine Vorschulzeit abgeschlossen hatte.

Aus: Erziehungskunst, Heft 5, 1976
Verlag Freies Geistesleben, Stuttgart

AUS DER PRAXIS DES WALDORFKINDERGARTENS

ERZIEHUNG IN DER ALTERSGEMISCHTEN GRUPPE
Freya Jaffke

Mit diesem Beitrag soll ein Beispiel gegeben werden, wie gezielte Vorschulerziehung auch dann – ja gerade dann – durchführbar ist, wenn sich die Kindergruppe nicht nur aus einem Jahrgang (fünf- und sechsjährige Kinder), sondern aus drei bis vier Jahrgängen zusammensetzt (drei-, vier-, fünf- und sechsjährige Kinder). Freilich hängt viel von der Phantasie und inneren Beweglichkeit des Erwachsenen ab, inwieweit er die notwendigen Differenzierungen in bezug auf die verschiedenen Altersstufen meistert und die unterschiedlichen Bedürfnisse der Kinder befriedigt.

Wie in einer großen Familie leben die Kinder solch einer altersgemischten Gruppe zusammen. Sie lernen voneinander und helfen sich gegenseitig, wie das unter Gleichaltrigen kaum gegeben und nötig ist. Auch ist es eben durchaus lebensmäßig, wenn zum Beispiel die Dreijährigen erleben, daß die Sechsjährigen Dinge tun dürfen, die ihnen noch vorbehalten bleiben, und umgekehrt, daß den Dreijährigen manches nachgesehen wird, was bei den Sechsjährigen nicht geduldet werden könnte.

Will man in der Vorschulzeit den Grundstein für spätere Lebenstüchtigkeit legen, so kann man nichts Besseres tun, als die Kinder an der Mannigfaltigkeit des Lebens lernen zu lassen. Jedoch ist es die Aufgabe des Erwachsenen, aus der Fülle des Lebens das auszuwählen, was der jeweiligen Entwicklungsstufe besonders förderlich ist. Andererseits wird er versuchen, Verfrühungen (besonders auf intellektuellem Gebiet) so zu beeinflussen, daß die Entwicklung nicht einseitig voranschreitet.

Die Art und Weise, wie ein Kind vom Leben lernt, offenbart sich in seinem Drang, an allen Tätigkeiten oder Vorgängen seiner Umgebung teilnehmen zu wollen, unmittelbar mitzumachen oder sie nachahmend im Spiel selbst zu vollziehen. Das ist aber nur möglich, wenn diese Tätigkeiten angeschaut und im Lebenszusammenhang erlebt werden können. Folglich ist es die Aufgabe des Erziehers, soviel wie möglich an täglich notwendigen Arbeiten in den Kindergartenplan aufzunehmen. Zum Beispiel: *Häusliche Arbeiten*, wie kochen, backen, spülen, waschen, bügeln, fegen, wischen, Blumenpflege. *Spielzeugherstellung und -pflege:* dazu gehören unter anderem: sägen, raspeln, schnitzen, leimen, Reparaturen aller Art, nähen, stopfen. *Gartenarbeit:* graben, säen, pflanzen, gießen, jäten, mähen, ernten. Hinzu kommen *Erlebnisse auf Spaziergängen*, zum Beispiel: Müllautos, Straßenbauer, Holzfäller, Kaminfeger, die Frau in der Heißmangelstube, die Arbeiter in der benachbarten Gärtnerei.

Bei alledem kommt es nicht auf die Menge der Erlebnisse in erster Linie an, sondern darauf, daß die Kinder sowohl die

Arbeit als auch die Menschen, die sie verrichten, in ihrem Verhalten *erleben* können, wie sie die Arbeitsgänge nacheinander ausführen, wie sie Hand in Hand arbeiten, sich gegenseitig helfen. Alles das wird vom Kind nicht mit dem Verstand in wertender, beurteilender oder reflektierender Weise, sondern mit seinem ganzen hingebungsfähigen Wesen aufgenommen. Dadurch werden Impulse für eigenes Tun und Üben geweckt und gleichzeitig die den Leib aufbauenden und bildenden Kräfte in vielfältiger Weise angeregt.

Für den Erzieher ergeben sich daraus Richtlinien für die Methodik in der Vorschulzeit. Er wird selbst vielseitig arbeiten im Zusammensein mit den Kindern, und zwar in sinnvoller, lebensnotwendiger Weise, so daß die Kinder in ihrem Tun diese Arbeit unmittelbar aufgreifen und nachahmen können; er wird also nicht vorschulisch etwa in Lebenskunde unterrichten. Das Gezielte der Methode besteht in einer wohldurchdachten, dann auch zeitlich wohldotierten Gelegenheitsbildung, die aber offenläßt, 1. was das jeweilige Kind nachahmend ergreift, 2. wie das Kind je nach Alter (von drei bis sieben Jahren) die Tätigkeit nachahmt, 3. welche Folgen im Entwicklungsfortschritt des einzelnen Kindes durch die Nachahmung erwachsen.

Es erübrigen sich dadurch weitgehend extra eingerichtete Beschäftigungsstunden, in denen die Kinder angehalten werden, *jetzt* und nicht später, *dieses* und nichts anderes, *so lange* und nicht länger oder kürzer *zusammen mit diesen Kindern* und nicht etwa allein in einer Ecke zu tun.

Die Nachahmefähigkeit und Differenzierung auf diesem Gebiet ist abhängig von ganz bestimmten Voraussetzungen:

1. von der Gestaltung der Nachahmungswelt durch den Erwachsenen

2. vom Lebensalter des Kindes innerhalb der ersten sieben Jahre

3. von der Eigenart und Individualität jedes Kindes.

An den folgenden Beispielen verschiedener Arbeitssituationen (in einer Gruppe mit dreiundzwanzig Kindern im Alter von drei bis sechs Jahren) sollen die Ausführungen anschaulich werden. Solche Arbeiten geschehen während der freien Spielzeit der Kinder und fügen sich somit organisch in den Tages- und Wochenrhythmus des Kindergartens ein.

Wir bekamen vom Gärtner eine frischgeschlagene Birke geschenkt, aus der wollen wir uns neue Hölzer zum Bauen sägen. Die fünf- und sechsjährigen Buben nehmen gleich die meterlangen Stammstücke, legen Tücher darunter und schieben sie als Eisenbahn über den Boden durch zugehängte Tische (Tunnels). Andere Sechsjährige bauen sich aus den dünnen Ästen ein Fenster mit Vorhängen und dahinter ein gemütliches Stübchen. Nun spanne ich einen dicken Ast in die Hobelbank ein und setze die Spannsäge an. Gleich sind wieder die Fünf- und Sechsjährigen mithelfend dabei und wetteifern miteinander, wer am meisten ins Schwitzen kommt. Nach einer Weile beginnen Jan und Markus, beide sechsjährig, sich mit hintereinander gestellten Tischen durchs ganze Zimmer eine Eisenbahn zu bauen, in die die Drei- und Vierjährigen auf Befehl des Schaffners als geduldige Fahrgäste ein- und aussteigen. Plötzlich merken die Großen, daß das Geräusch der Säge sehr wohl zu ihrer Eisenbahn dazu paßt, und so vereinbaren wir, aufeinander zu achten. Erst langsam, dann schneller, dann wieder langsam, dann Pause. Mit hochroten Köpfen schauen die Lokführer aus ihrem Fenster zur Hobelbank hinüber und verfolgen mit großer Spannung, wie schnell sich die Säge durch das Holz hindurcharbeitet. Kurz bevor der Klotz herabfällt, scheint es, als hielten sie den Atem an, um im nächsten Augenblick mit einem Jubelruf, der den Stationsnamen enthält, wieder kräftig auszuatmen. Der Schaffner treibt die Fahrgäste zur Eile an, weil er merkt, daß die Sägepausen nicht sehr lange dauern.

Unter der Hobelbank sammeln eifrige Hände das Sägemehl in Holzschalen. Markus, vierjährig, nimmt es als Futter für sein Pferd, Gernot, vier, läßt es im Zimmer schneien, Tanja, fünf, bäckt daraus einen Geburtstagskuchen und verziert ihn mit Obstkernen aus dem Kaufladen. Neben den Holzstücken, die noch zersägt werden sollen, stehen Mathias, Aurelia und Susanne, alle vierjährig, und meinen: „Hier kannst du eine Brücke draus machen, und das würde eine gute Kaffeekanne, und wenn du hier absägst, wird es ein Häuschen mit Kamin; und guck mal, das sieht aus wie ein Hund." Einige längere Äste finden sie als Flöte, Geige und Cello geeignet, musizierend ziehen sie damit durchs Zimmer. Kurz darauf tragen sie die Äste zu zweit geschultert und bieten aus den dazwischen hängenden Körben „Apfelsinen" zum Verkauf an. Aber damit ist die Vielfalt der Verwendungsmöglichkeiten ihrer Äste noch nicht erschöpft. Sie dienen noch als Wanderstock, als Skistöcke und schließlich – mit einem Häkelband versehen – als Pfeil und Bogen.

Neben der Hobelbank steht Georgia, dreijährig, mit einem Puppenkind unter dem Arm. Sie erwartet immer wieder aufs neue entzückt den Augenblick, in dem ein Stück Holz abgesägt ist, hinunterfällt oder von einem größeren Kind geschickt aufgefangen wird. Zwischendurch bringt sie einzelne Klötze zu Helge, sechs, und Michael, sechs, die in der Bauecke mit Rinden und großen Hölzern ein Haus bauen.

Nachdem die Sägearbeit für diesmal beendet ist, werden die übrigen Stämme hinausgetragen, die Hobelbank an die Wand geschoben, das Werkzeug aufgeräumt und das Sägemehl zusammengefegt.

Es ist nun Zeit zur Frühstücksvorbereitung. Es gibt Müsli, und die Äpfel müssen dafür geschält werden. Stephan, drei, steht neben mir und freut sich an den langen Schalen, die man essen darf. Er geht dann ins Puppenhaus und erzählt den anderen Kindern: „*Wir* haben schon die Äpfel geschält." Cornelia und Aurelia, beide vierjährig, möchten auch so eine lange Schale schälen, kommen aber kaum einmal um den Apfel herum. Gelegentlich haben sie es schon fertig gebracht, einen ganzen Apfel zu Ende zu schälen, und die große Befriedigung reichte für mehrere Wochen aus. Sie ahmen gern die Tätigkeit im phantasievollen Spiel nach, indem sie zum Beispiel ein gehäkeltes Band um einen Holzklotz gewickelt zur Apfelschale, ein Rindenstück zum Messer werden lassen. Die „Arbeit" damit ist schnell fertig, und die Phantasie hat die Möglichkeit, sich anderweitig an den gleichen Gegenständen zu engagieren, indem sie nun aus dem Band eine Seeumgrenzung, aus der Rinde ein Schiffchen macht, oder das Band um ein großes Rindenstück gewickelt zu einem Saiteninstrument, Kantele, werden läßt. Jan, Antje und Michael, alle sechsjährig, bemerken, daß ich den Apfel schneckenförmig abschäle und daß daher die Schale so lang wird. Sie können es in gleicher Weise und hören nicht eher mit dem Schälen auf, als bis alle Äpfel geschält sind. – Während der ganzen Zeit war Ulrike, sechs, mit Nähen beschäftigt. In einem Körbchen hat sie sich Nadelkissen, Schere, Fingerhut und Stoffreste mit in ihre „Wohnung" genommen. Sie hat sich ein kleines Zipfelpüppchen geknotet und dazu zwei Kissen genäht. Durch nichts hat sie sich aus der Ruhe bringen lassen, auch nicht durch Dietmar, fünf, der sie mehrmals aufgefordert hatte, sich in seiner Schusterwerkstatt ein Paar Fellschuhe anpassen zu lassen.

Dieser kleine Einblick in eine Spiel- und Arbeitssituation einer altersgemischten Kindergruppe zeigt schon, wie verschieden die einzelnen Kinder an der Arbeit des Erwachsenen beteiligt sind, wie sie sich ihrem Alter entsprechend dazu verhalten und wie viele Differenzierungsmöglichkeiten entstehen können. Dabei lassen sich drei sehr unterschiedliche Entwicklungsstufen erkennen, deren Kenntnis notwendige Voraussetzung für die Anregung der Kinder ist. Denn spielen und sinnvoll tätig sein, muß heute von sehr vielen Kindern erst wieder gelernt werden, besonders dann, wenn sie erst mit fünf Jahren in den Kindergarten kommen und vorher nicht Gelegenheit hatten, phantasievoll zu spielen.

In der ersten Entwicklungsstufe, die bei manchen Kindern am Anfang der Kindergartenzeit noch ausklingt, ist ein häufiger Wechsel im Tun zu beobachten. Sie schauen zu, helfen mit, lassen sich von größeren unter Umständen in ein Spiel miteinbeziehen, versinken für Augenblicke in ein eigenes, alles um sie herum vergessendes Spiel. Auch bei den Vierjährigen ist das Tun durch einen häufigen Wechsel bestimmt, aber nun durch die sich herausbildende, oft das Kind übersprudelnde Phantasie. Voraussetzung dafür ist jedoch weitgehend ein Spielzeugangebot, welches so einfach gehalten ist, daß es sowohl phantasieanregend wirkt, als auch mehrere Verwandlungen ermöglicht. Nach dem fünften Lebensjahr, wenn das Kind mehr und mehr über Vorstellungs- und Erinnerungsfähigkeit verfügt, ordnet sich das spontane Tun allmählich in ein zielvolles. Meist liegt vor dem Spiel, zu dem sich mehrere gleichaltrige Kinder zusammenfinden, eine Vornahme, die folgerichtig durchgeführt wird. Das schließt nicht aus, daß immer wieder auch spontane Einfälle die Situation des Spieles völlig verändern können. Zielgerichtet und ausdauernd ist es normalerweise immer.

Berücksichtigt man als Erzieher die hier nur kurz skizzierten altersbedingten Handlungsweisen der Kinder, so können auch schwierige Situationen leichter bewältigt werden. Dies soll an der Schilderung des Aufräumens nach der Freispielzeit anschaulich werden.

Die Drei- und Vierjährigen sind dabei entweder neben dem Erwachsenen mittätig oder „sinnlos" tätig, da sie den Zusammenhang und Zweck der Tätigkeit noch nicht ganz durchschauen. Sie tragen unter Umständen in bester Absicht Dinge, die eben an ihren Platz gestellt wurden, an einen anderen Platz.

Die Vier- und Fünfjährigen helfen eifrig mit, machen aber aus dem Aufräumen oft ein Spiel und brauchen häufig einen Zuspruch. Dem Kind gemäß ist es, wenn es uns gelingt, ihn in ein Bild zu kleiden, wie zum Beispiel: „Du könntest jetzt mal der Hüterbub sein, der alle Tiere von der Weide in ihren Stall bringt", an Stelle des abstrakten Befehls: „Räume mal die Tiere in das Regal." Wenn Vier- und Fünfjährige zum Beispiel Bauhölzer einräumen, Tücher zusammenfalten oder Stühle an ihren Platz bringen, so geschieht das oft, durch ihre reiche Phantasie angeregt, auf sehr originelle Weise. Die Tücher werden langsam über die Tischkante gezogen oder mit einem umgedrehten kleinen Hocker „gebügelt", wie es die Mutter zu Hause mit der Bügelmaschine oder dem Bügeleisen macht. – Die Stühle werden vielleicht geschultert getragen, weil sie gerade vom „Schreiner" gebracht werden, oder in einer Reihe als Zug vor sich hergeschoben. Die Bauhölzer werden zum Beispiel auf eine schräg an den Korb gestellte große Rinde gelegt, über die sie nach ihrem Anheben in den Korb rutschen, weil die Aufräumer gerade Kippauto oder Schiffsverlader sind.

Die fünf- und sechsjährigen Kinder können sich schon vom Spiel distanzieren und eine von ihnen geforderte Tätigkeit selbständig ausführen. Sie wählen sich entweder einen Bereich, den sie zum Aufräumen allein übernehmen wollen, oder fragen den Erwachsenen nach einer Aufgabe. Sie achten im allgemeinen sehr darauf, *wie* der Erwachsene seine Arbeit tut und versuchen, es genausogut und sorgfältig zu machen. Zum Beispiel exaktes Tücherfalten oder Ordnen der Körbe in der Bau- oder Kaufmannsecke. Sie überschauen schon durch jahrlange Gewohnheit die Arbeitsfolge und -logik und können selbständig dem Erwachsenen dabei zur Hand gehen. So holen sie schon, wenn die Bauecke fast fertig aufgeräumt ist, den Besen und die Kehrschaufel zum Ausfegen.

Für alle Tätigkeiten, die in einer Kindergruppe das tägliche Zusammenleben bestimmen, ließen sich solche Differenzierungen der verschiedenen Altersstufen darstellen. Jedes Kind kann normalerweise in solch einem Gruppenzusammenhang die ihm angemessenen Entwicklungsschritte vollziehen. Unschätzbar ist bei gemischten Altersgruppen auch die bildende Wirkung der Kinder untereinander. Die Sorge, daß etwa die fünf- und sechsjährigen Kinder in einer altersgemischten Gruppe nicht zu ihrem Recht kämen – an ihrer Fortentwicklung gehindert würden –, ist nur dann berechtigt, wenn die jeweilige Gruppe mehr als zwanzig bis dreiundzwanzig Kinder umfaßt und durch die Räumlichkeiten ein Spielen in der geschilderten großzügigen Weise nicht möglich ist. Neben den äußeren Gegebenheiten aber hängt alles von der inneren Aktivität des Erwachsenen ab, mit der er seine Arbeit verrichtet. Denn auch das ist von den Kindern wahrnehmbar und deshalb nachahmbar und bewirkt, daß die Kinder eigene Initiativen entfalten lernen.

Im späteren Leben des Kindes wird viel davon abhängen, welcher Art die Erlebnisse in den ersten sechs bis sieben Lebensjahren waren. Denn was auf dieser frühen Entwicklungsstufe keimhaft veranlagt wird, muß auf einer späteren Stufe auf die eine oder andere Weise zum Vorschein kommen. So können Fähigkeiten aber auch Mangelerscheinungen auf den verschiedensten Gebieten auftreten. Ein Beispiel: Ein Kind, das sinnvolle und durchschaubare Handlungsabläufe nachahmend aus seiner Umgebung hat aufnehmen dürfen, wird als Herangewachsener über entsprechende Fähigkeiten auf der Ebene des Verstandes verfügen, zum Beispiel über Logik im Gedankenleben. – Alles das, was ein Kind am arbeitenden Erwachsenen wahrnehmen und nachahmend selbst betätigen kann, wie Sorgfalt, Achtsamkeit, Ordnung, sinnvolle Folge des Arbeitsganges, begleitet es mit intensivem Erleben. Damit macht es in tieferen Schichten Erfahrungen, die später vom Bewußtsein ergriffen werden können und zu einer selbständigen, zielgerichteten Lebensgestaltung verhelfen. – Ein Kind wird aufmerksamer und konzentrierter dem Wort des Lehrers folgen können, wenn es die Möglichkeit hatte, in jeder Hinsicht vielseitige Geschicklichkeit, besonders seiner Glieder, zu erlangen. Dadurch wird es fähig, seine Bewegungen zu beherrschen. Es kann dann äußerlich ganz zur Ruhe kommen und mehr und mehr die innere Aktivität steigern. – Selbstverständlich gibt es neben Fähigkeiten, die sich, wie angedeutet, verwandeln, auch solche, die sich linear steigern.

Die Arbeit des Erwachsenen und die Umwandlung der Arbeit durch das Spiel der Kinder wurde hier geschildert. Das künstlerische Tun (Eurythmie, Malen, Plastizieren, Musizieren), das Erzählen und das Spiel im Freien sind selbstverständlich ebenso wichtige Bestandteile in der gesamten Erziehungsarbeit, und es könnte auch an jeder dieser Betätigungen ihr spezifisch bildender Wert und die Differenziertheit nach den verschiedenen Altersstufen aufgezeigt werden.

Aus: Die Menschenschule, Mai 1971

KINDERGARTEN-TAGESLAUF

I

Rudolf Hauschka berichtet in seiner Biographie „Wetterleuchten einer Zeitenwende", daß er Rudolf Steiner gefragt habe, was Leben sei, worauf ihm dieser die Antwort gegeben habe: „Studieren Sie Rhythmen, Rhythmus trägt Leben."
Unter den verschiedenen Gesichtspunkten, die für die Gestaltung des Kindergartenvormittags maßgebend sind, ist das Element des Rhythmus ein wesentliches. Rhythmus verlebendigt Erstarrungstendenzen, gleichzeitig wohnt ihm auch eine gliedernde und formende Kraft inne, die im Chaos gestaltet und ordnet. Brauchen unsere Kinder nicht beides: die Anregung der phantasietragenden Lebendigkeit und die ordnende Beruhigung einer an Sinnesüberflutung leidenden Seele?
Durch die rhythmische Gestaltung des Kindergartenvormittags wird versucht, beide Rhythmuswirksamkeiten pädagogisch fruchtbar werden zu lassen. Auf Zeiten, in denen die Kinder in anregender Spielumgebung bevorzugt ihren eigenen Impulsen nachgehen, folgen solche, in denen die Erzieherin das Geschehen gestaltet und führt. Die rhythmische Gliederung des Lebens im Kindergarten wird eine Antwort auf die sozialen Verhältnisse, die unterschiedlichen Anfahrtswege der Kinder usw. sein. Ein Beispiel sei skizziert: Es ist 8.00 Uhr. Einzelne oder auch kleine Gruppen betreten den Raum. Die Kindergärtnerin sitzt schon am ‚Küchentisch' und bereitet das 2. Frühstück vor: heute werden Äpfel geschält fürs Müsli. Sie ist in dieser Zeit, wie die Mutter, beschäftigt mit allen nötigen Haushaltstätigkeiten, z. B. der Pflege und Herstellung des Spielzeugs oder den Vorbereitungen der Feste. Aus der Vielzahl möglicher Arbeiten wählt sie diejenigen aus, die einfach und überschaubar sind und von den Kindern gerne nachgeahmt werden, wie das Waschen, Bügeln, Nähen, Brotbacken und Bereiten des Frühstücks.
Laura, 3½ Jahre, kommt heute zögernd herein. Sie geht an den Tisch, an dem die Kindergärtnerin sitzt, begrüßt sie und schaut ihr bei der Arbeit zu. Nach einiger Zeit nimmt sie einen Schäler und beginnt unaufgefordert mitzuarbeiten. Ihr Eifer wächst, sie bekommt rote Backen und begeistert sich zusehends an der eigenen Arbeit.
Andere Kinder (4-5 Jahre) verkleiden sich gerne mit Tüchern und Schleiern, wickeln und füttern ihre Puppenkinder und tragen sie spazieren. Andreas (5½) Familie kam von einer Ferienreise mit dem Schiff zurück. Die Fahrt war so beeindruckend und erlebnisreich, daß sie jetzt über längere Zeit täglich in Spiel umgesetzt wird. Schon morgens beim Schuhewechseln im Flur werden die ankommenden Kinder stürmisch aufgefordert, mitzuspielen und bestimmte Rollen zu übernehmen. Kommt die Spielgruppe in den Kindergartenraum, werden noch verfügbare Ständer, Bretter, Stühle, Tücher, Seile und Wäscheklammern unter großen Anstrengungen herbeigeschafft, um ein Gefährt zu bauen, in dem viele Kinder Platz haben und eine sinnvolle Aufgabe finden. Es werden Fahrkarten gemalt, Kajüten gebaut, sogar ein großes Schwimmbecken gibt es an Bord des Schiffes; einige Kinder bereiten die Speisen zu, und andere servieren sie im Restaurant. Es ist ein vielseitiges Tun und Treiben in dieser ersten Zeit am Morgen. Die Kinder sind aus sich herausgegangen, haben sich gegenseitig angeregt, phantasievolle Spiele sind entstanden.

Dabei ist die Kindergärtnerin einerseits der ruhende Pol in diesem ganzen Geschehen, aber sie begleitet auch wachsam und interessiert alles, was in den verschiedenen Spielecken und dicht zugebauten Häusern ihrer Kinder geschieht. Konfliktsituationen oder das Auftreten stereotyper Verhaltensweisen lassen sie aufmerksam werden und sich dem betreffenden Kind zuwenden; sie kommt dann zu Besuch in ein Haus oder geht mit auf die Reise, um aus der Situation neue Impulse für das Spiel zu geben.

Jetzt kommt der Zeitpunkt, in dem die Kindergärtnerin das sich allmählich auflösende Spielgeschehen zu gestalten beginnt, indem sie ihren eigenen Tätigkeitsbereich ordnet. Einige Kinder bemerken das, und ein allgemeines Aufräumen beginnt. Die Größeren sind schon selbständige Helfer und übernehmen es gern, z. B. Puppenkinder allein zu versorgen. Im Kaufladen werden Kastanien, Steine und Wäscheklammern sortiert, Tücher müssen gefaltet und Bänder gerollt werden, und es kommt alles immer wieder an den gleichen Platz.

Wenn der Raum gefegt ist und die Kinder im Waschraum waren, versammeln sie sich zum gemeinsamen rhythmischen Spiel. In manchen Kindergärten geht diesem rhythmischen Spiel ein sogenannter Morgenkreis voraus, in dem ein gebetartiger Spruch gesprochen und ein Morgenlied gesungen wird. In vielen Kindergärten geschieht das jedoch zum Abschluß des gesamten Vormittags.

Zum Reigen werden nun, dem Geschehen des Jahreskreislaufes entsprechend, Verse und Lieder als Bewegungsspiele gestaltet. Dabei kommt es darauf an, daß die Kinder jede Geste des Tätigseins innig aufnehmen und nachahmen. So gehen wir z. B. in der Spätsommerzeit wie der Bauer aufs Feld, um zu ernten. Wir mähen das Getreide und bringen die Ernte ein: aus den Bauern werden trabende Pferde, die den Wagen ziehen, Knechte, die das Korn dreschen und Müller, die es zu Mehl mahlen. Dann fliegen wir als Vogelschar übers Feld und picken die letzten Körner auf. Jedes Kind kann ganz freigelassen je nach Altersstufe in dieses lebendige Bewegtsein tief eintauchen.

Auch das gemeinsame Frühstück hat beruhigenden und versammelnden Charakter. Ein kleiner Spruch läßt uns noch einmal kurz innehalten, bevor wir beginnen. An dieser Stelle wird die Pflege des dankbaren Hinwendens zu den Dingen besonders deutlich, was ja als innere Haltung alles Tätigsein der Kindergärtnerin durchzieht. Während des Frühstücks bekommen die Kinder auch schon manche Impulse für die zweite Freispielzeit. Wenn erzählt wird, was alles im Garten zu tun ist, wollen die einen gleich beim Unkrautjäten helfen, die anderen besprechen miteinander, was sie draußen im Sand bauen werden.

Jetzt sind die Kinder gekräftigt und streben wieder nach draußen. Im Garten kommt es darauf an, daß sie erleben, wie der Erwachsene die Erde pflegt, woran sie gerne Anteil nehmen. Sie spielen auch im Sand, laufen Stelzen, springen als Pferde über die Wiese oder üben sich im Klettern und Balancieren.

Zum Schluß des Vormittags tritt wieder das sammelnde Element in den Vordergrund, da sich die Kinder sonst zu sehr verausgaben würden. Das Zur-Ruhe-Kommen, das Zuhören wird gepflegt, indem den Kindern Gelegenheit geboten wird, in die Bilderwelt der Märchen hineinzulauschen. Die Kindergärtnerin erzählt über eine längere Zeit jeden Tag dasselbe Märchen. Dabei können seine Gestalten in der Kinderseele lebendig werden und sie bereichern.

So gliedert sich der Vormittag in zwei größere Zeitspannen, in denen sich die Kinder ihrem Alter entsprechend betätigen können: morgens möchte sich das Kind zunächst seine Umwelt erobern. Erlebnisse der vergangenen Tage steigen in ihm wieder auf, und es freut sich, diese im Spiel nachvollziehen und vertiefen zu können.

Ein Kind dieses Alters begnügt sich nie mit einer einmaligen Erfahrung, es liebt die Wiederholung. So stärkt sich unbewußt sein Wille, und auf diese Willenserziehung ist ja der ganze Tageslauf im Kindergarten hinorientiert. Der Wille aber braucht auch die immer wiederkehrenden Anregungen von außen. Das wird im Nachahmungsbedürfnis sichtbar und ist zugleich Ausdruck des noch nicht selbständigen Gefühls- und Gedankenlebens, mit dem erst der Erwachsene seine Aktivität von innen her lenkt. Je mehr die Kindergärtnerin ihre Arbeit liebt und sie gern ausführt, um so freudiger können die Kinder ihre Anregungen aufgreifen. Sie gestaltet den Ablauf des Tages so, daß die Kinder wirklich dazu kommen, alle ihre Sinne zu gebrauchen, ihrer Altersstufe gemäß aktiv und tätig zu werden und sich dabei zugleich in gute Gewohnheiten einzuleben.

Zur Aktivierung und Belebung des Tätigkeitsdranges ist es wichtig, künstlerische Betätigungen anzubieten, z. B. das Malen mit Wasserfarben, die Eurythmie, das Plastizieren mit Bienenknetwachs. Oft werden solche Anregungen jeweils einmal in der Woche in den Vormittag einbezogen, weil es jeder Kindergärtnerin gerade hier darum geht, Rhythmus und Wiederholung als helfend-heilendes Element für die Gestaltung des Lebens in ihrer Kindergruppe anzuwenden.

Soweit es die sozialen und familiären Verhältnisse nur erlauben, legt der Kindergarten Wert auf die Zusammenarbeit mit dem Elternhaus, ja auf eine Unterstützung der engen Beziehung der Kinder zu ihren Eltern oder nächsten Erziehern in der häuslichen Atmosphäre. Die vielfältigen Anregungen des Kindergartens wirken besonders dann gesundend, wenn sie von jedem Kind ganz individuell am Nachmittag im Spiel mit Geschwistern oder Freunden verarbeitet werden können.

Ein solcher Tagesablauf im Kindergarten ist heute allerdings oft nicht mehr so selbstverständlich. Kinder mit Märchenkassetten und Fernsehgewohnheiten fallen dadurch auf, daß sie nicht spielen, d. h. nicht von sich aus tätig werden können. Ein sich entfaltendes Spiel wird gestört durch lautes Nachmachen von Motorengeheule und andere Stereotypien. Oft dauert es Monate, bis sich solche Kinder in das Gruppenleben einordnen.

Hier ist die gute Zusammenarbeit mit den Eltern in der Regel eine große Hilfe. Ja es ist wichtig, daß die Kindergärtnerin sich für jedes einzelne Kind ihrer Gruppe interessiert und seine Entwicklung begleitet. So kann es ihr durch kontinuierliche geduldige Arbeit gelingen, eine Atmosphäre zu schaffen, die harmonisierend und kräftigend auf die Kinder wirkt, in die sie jeden Tag freudig eintauchen wollen.

Monika Ley

II

Rudolf Steiner spricht in seiner „Allgemeinen Menschenkunde" den Satz aus: „Vollständig erfüllt wird dasjenige, was wir wollen, doch erst werden, wenn wir einmal so weit sind als Menschheit, daß auch die Eltern verstehen werden, daß schon in der ersten Epoche der Erziehung besondere Aufgaben der heutigen Menschheit gestellt sind." Diese besonderen Aufgaben wahrzunehmen, ist unser Ziel.

Sehen wir hin auf einen normalen Kindergartentageslauf in der Zeit von 8.00 bis 12.00 Uhr, wie er sich aufteilt in: Freispiel, Rhythmisches, Frühstück, Spaziergang oder Freispiel im Freien und Märchen.

In diesem Tagesablauf wirkt als Mitte die Kindergärtnerin; was sie denkt, fühlt und will, strahlt aus auf die ankommenden Kinder: Sie wollen! Die Mitte wirkt formbildend auf dieses Wollen, nicht im Fordern, sondern im Sein; was im Sein sich erfüllt, strahlt aus in die Handlungen, das Kind bemerkt sie und *will das auch tun*.

Daraus ergibt sich das Grundlegende für die Erziehung in den ersten sieben Jahren: *Vorbild und Nachahmung*.

Was die Kindergärtnerin tut und wie sie es tut, wirkt entscheidend auf die Entwicklung des Kindes.

Der Kindergarten ist ein großer Haushalt. Wie die Mutter kocht, bäckt, wäscht, bügelt und stopft, fegt und putzt, so geschieht es auch hier. Singen gehört zur Arbeit. Wasserfarben und Wachskreiden stehen zum Malen bereit, die Nähkörbchen sind begehrt. Für tüchtige Handwerker ist eine Werkbank da. Bunte Baumwolle lockt zum Fingerhäkeln, Knüpfen und Flechten; die kleinen Webrahmen holt man gern herbei. Mit bunt gefärbter Schafwolle werden Bilder gelegt. Im Garten stehen Rechen und kleine Hacken. Vor Festen erfüllt das freudige Vorbereiten den Raum.

Der Tagesablauf beginnt mit dem Freispiel. Wie gestaltet sich eine solche Freispielzeit? – In dieser Zeit wirkt das Vorbild bewußt freilassend. Die Kindergärtnerin arbeitet, sie führt ihre Arbeit konsequent durch. Nehmen wir einmal an, sie näht.

Die Kinder kommen in den Raum, sie werden von dem Geschehen angezogen, sie sehen zu, einige ergreifen sofort Nadel und Faden, ein Kind springt in eine Spielecke, holt ein Tuch und näht mit dem Finger; ein anderes bügelt ein Tuch mit einem Holzstück, faltet es in einer bestimmten Art: Es ist genäht. Andere Kinder sind intensiv irgendeinem Spiel hingegeben. Einige toben herum; eins sitzt da, den Finger im Mund, nuckelt es vor sich hin. Ein tobendes Kind holt gern ein Stückchen Stoff, das auf dem Boden herumliegt, wenn es darauf hingewiesen wird. Es bringt es der Kindergärtnerin und ist plötzlich am Nähen interessiert und setzt sich hin; die anderen Kinder, die mit ihm im „Spiel" waren, folgen ihm nach, die Gruppe geht ohne großes Aufsehen zu einer sinnvollen Beschäftigung über. Das fingerlutschende Kind kann ein schlechtes Spielkind sein, auch zu Hause. Es dauert oft lange, bis es zu einer Tätigkeit kommt. Die Geduld der Kindergärtnerin kann ihm helfen.

Das lebendige *Dürfen* beherrscht den Raum während der Freispielzeit, alles ist in Bewegung. Das gesunde Kind nimmt die Gegenstände selbstverständlich als sein Eigentum wahr, sie sind ihm schöpferisches Werkzeug. Ein Holzstück wird zur Puppe, eine Baumscheibe zum Brot, ein Baumhäuschen zum Schornstein, Wolle zum Rauch.

Das Aufräumen beendet das Freispiel. Dabei ist es wichtig, daß die Kinder mit der Kindergärtnerin gemeinsam aufräumen. Dies kann spielerisch geschehen. Eine Marktfrau kauft Tücher, die Müllabfuhr sammelt Herumliegendes, die Mütter und Väter bringen ihre Häuser in Ordnung.

Einige Kinder sitzen schon in der Ecke, Unterhaltungen beginnen. Allmählich ist man so weit, daß es zum Händewaschen und Haarkämmen gehen kann.

Mit einem bestimmten Lied und einem Reim wird übergeleitet zum rhythmischen Teil. Hier wirkt das Vorbild bewußt formend auf die Bewegung. Ballen, Spreizen und Ballen beinhaltet das Rhythmische. Wie das gesamte Kindergartengeschehen, ist auch dieser Teil auf die Jahreszeiten abgestimmt.

Wird das Rhythmische epochenweise für die Dauer von drei bis vier Wochen aufgebaut, ist es von großem Nutzen. Kleine Märchenspiele können zur Freude der Kinder sogar zwei bis drei Monate durchgetragen werden. Rhythmisches Wiederholen ist mitbestimmend für diesen Teil. Geführte Bewegungen, mögen die Ansätze noch so behutsam sein, wirken belebend auf Sprache und Spiel.

Ein Reim kündigt das Frühstück an. Kann es im Kindergarten bereitet werden, bietet sich damit eine Bereicherung für das ganze morgendliche Geschehen. Wenn es nicht möglich ist, dann ist die Kindergärtnerin dankbar, wenn nichts *Besonderes* in der Frühstückstasche steckt, ein Brot, ein Apfel reichen aus.

Nach dem Frühstück ist es an der Zeit, im Garten zu spielen oder einen kleinen Spaziergang zu machen. Ein Stein am Weg, ein Stock, der Sand, ein Baum, das wehende Blatt, ein Grashalm, vielleicht ein Käfer, eine Schnecke, irgendein Insekt, der blaue Himmel, die Wolken, der Wind, der rauschende Bach, ein Vogel wirken in der Art auf den Erlebnisbereich des Kindes, wie das Vorbild (die Kindergärtnerin) diese Erscheinungen wahrnimmt.

Den Abschluß im Raum bildet das Märchen. Die Bildsprache der Märchen ist Spracherziehung im höchsten Sinn. Das Wort, im Gefüge des Sprachbildes gebraucht, lockert einseitige Begriffsbildung, bereichert die Phantasie. Märchen sind Weisheitsgüter. Das Kind kann das Märchenbild noch unmittelbar erleben, seine Gestalten werden ihm lebendig.

Blicken wir auf den Tagesablauf im Kindergarten zurück, so können wir sagen, der Keim, der durch das Bestreben des Vorbildes der Kindergärtnerin in den Kindern veranlagt wird, kann nur dann zur Frucht gebildet werden, wenn es im Einklang mit den Eltern geschieht. So gehören zum Tageslauf der Kindergärtnerin Elternbesuche, Besinnung und Rückblick auf die Kinder, Nach- und Vorbereitung der Arbeit mit den Kindern – und eigene künstlerische oder geistige Beschäftigung, die Arbeit mit und an sich selbst.

Die besonderen Aufgaben der ersten Lebensepoche zu finden, erfordert vor allem bewußtes und liebevolles Hinwenden zum Kind.

Ingeborg Schöttner
Aus: Mitteilungen der Freien Waldorfschule Kassel,
November 1972.

DAS ERLEBEN DES JAHRESKREISLAUFES

Johanna Veronika Picht

Wenn die Kinder nach Weihnachten wieder in den Kindergarten kommen, so leuchtet aus ihren Augen noch der Weihnachtsglanz. Aber nicht nur dem Aussehen nach, auch in ihren Bewegungen und Gebärden sind sie wie verwandelt. Sicher war der Heilige Abend zu Hause der Höhepunkt der Weihnachtszeit, und doch – wieder im Kindergarten – erzählen sie gar nicht unbedingt zuerst, welche Geschenke sie bekommen haben, sondern einige stürzen herein, ohne „Guten Morgen" oder „Grüß Gott" – „darf ich heute die Maria sein, darf ich der große Engel sein..." Man merkt, sie sind noch ganz erfüllt – nicht so sehr von den Geschenken, sondern von dem eigentlichen Weihnachtsgeschehen, das sie auf ihre Art erleben konnten im täglichen Spiel der Weihnachtsgeschichte – im Spiel, das für die Kinder ernst ist, das Wirklichkeitscharakter hat. Aber auch das Anschauen der Krippe, ein Bild der alten Meister – Sterne, Gold und Silber – der Lichterglanz der Kerzen, das Tannengrün und das duftende Weihnachtsgebäck, alles gehörte dazu, um die ganze Seligkeit der Weihnacht erleben zu können. Da braucht der Erwachsene nichts zu erklären, wenn nur in ihm selbst die Christgeburt lebendig geworden ist, dann kann das Kind in Wahrheit die Gaben des Christkindes in Empfang nehmen. – In dieser erfüllten tiefen Winterzeit spielen sie besonders still, friedlich und besinnlich. Die drei Könige ziehen zum Jesuskind; Maria trägt das Kind auf dem Schoß, wie auf den alten Bildern der Anbetung. Feierlich und eindrucksvoll ist die Stimmung. – Als die Krippe eines Morgens verschwunden war, sagte ein kleiner Junge betrübt: „Jetzt ist alles weg." Aber im Freispiel ziehen noch manchmal Maria und Joseph durch den Raum, oder eine Schar musizierender Engel übertönt alles.

Werden aber die Tage länger, und scheint einmal die Sonne vom blauen Himmel herunter, dann kann man die kleine Schar kaum mehr im Zimmer behalten. Sie sprudeln und jubeln hinaus, so wie auch Säfte und Kräfte in der Natur sich jetzt regen. – Und was steht nun auf unserem Jahreszeittischchen, wo zuvor die Krippe zu sehen war? Eine Hyazinthenzwiebel, die zwar schon keimt, aber noch eine Mütze aufhat, um es noch etwas dunkel zu haben, wie draußen die Blumen unter der Erde. Aber eines Tages hebt sie ihr Mützchen hoch und darf nun im Zimmer schon blühen als Vorbote des Frühlings. Doch wer entdeckt wohl den ersten Frühlingsboten im Garten? – „Mutter Erde, Mutter Erde, wo sind deine Blümelein? Schlafen, schlafen in der Erde, bis sie weckt der Sonnenschein..." spielen wir jetzt im Kreis, und mit Hilfe einiger bunter Tücher verwandeln wir uns in Mutter Erde, Sonne und Blumen. Manchmal kommen noch die Eisriesen dazu; durch sie klingt das Erleben von Aufblühen und Absterben an. – Eines Morgens ziehen alle ihre Schürzen an, und nun wird Erde geschaufelt und gesiebt und für jeden ein Tonschüsselchen gefüllt und glatt gerecht. Wer mit der Hand ein ganz gutes Schüsselchen machen kann, der bekommt von dem geheimnisvollen Grassamen hinein. – Ist es nicht immer wieder ein Wunder, was aus solch einem kleinen Samenkorn wachsen kann? Die Kinder helfen sich untereinander bei dem täglichen Gießen. Es gibt immer einige, die dafür sorgen, daß alles schwimmt. Wenn erst das Gras wächst und bald in saftigem Grün dasteht, geschnitten wird und wieder – noch dichter – wächst, ist die Freude groß. Den kleinen und großen Leuten wird es unbewußt oder bewußt ganz österlich zumute. „Nach grüner Farb' mein Herz verlangt..."; die Kinder sagen nun gern dem Winter ade und erfreuen sich an dem kleinen Echo-Lied „Kuckuck, wo bist du?" – Am letzten Tag vor den Osterferien legt der Osterhase etwas ins grüne Grasnest. Ein buntes Ei muß aber im Garten gesucht werden, denn zu Ostern kommt es gerade auf das Suchen an. Und nun steigt die Sonne höher und höher, Spiel und Geschäftigkeit des Vormittags verlegt sich mehr und mehr nach draußen. „Wir tragen den Sommerbaum durch den Garten auf allen Wegen, zu den Hecken – und woll'n den Sommer wecken, zu den Buchen – woll'n den Sommer suchen..." Der Höhepunkt ist das Sommerfest: Ein fröhliches Zusammensein der Eltern und Kinder bei Kaffee, Saft und Kuchen, und in den Vogelsang stimmen unsere Lieder und Reigenspiele in die sonnenerfüllte Welt. Daran schließt sich die Hochsommerzeit – es ist wie ein Stillstehen in der Natur, und die Kinder spielen still und friedlich über den ganzen Garten verstreut. Ihre Stimmen gleichen dem Summen von Bienen.

Sind dann im September die Morgenstunden noch kühl, so passen die Kinder gar nicht wieder ins Zimmer hinein – was sich durch ihre Unruhe und lauten Stimmen bemerkbar macht. Aber die Natur kommt zu Hilfe – die Welt wird so interessant – da gibt es reife Früchte im Garten und an den Bäumen Kastanien, Eicheln, Samenkörner, bunte Blätter. Legt man einiges davon auf den Jahreszeitentisch, so bringen sie unermüdlich herbei, was sie draußen finden, und so manches Spiel vom Bauern und vom Samenkorn, das mit Hilfe von Licht, Luft, Sonne, Erde und Wasser gewachsen und gereift ist, führt uns zum Erntedank. Die Kinder, die im Herbst zur Schule kommen, dürfen einen Bauernhof besuchen. Dann wird Korn gedroschen und Brot gebacken. Die ehrfürchtige Geste, mit der dieses Brot ausgeteilt wird, läßt die Kinder Dankbarkeit erleben. – Beginnt die äußere Natur abzusterben, muß im Innern des Menschen Mut und Kraft wachsen. Im Rittermantel, goldenem Helm, das goldene Schwert tragend, können auch schon die Kleinen etwas davon erahnen. Ein Mädchen flüsterte mir einmal ins Ohr: „Ich weiß, warum ich so stark war und das Schwert tragen konnte: weil ich nicht zurückhaue, wenn mich einer haut." – Zu dieser Zeit wird einmal im Jahr das Märchen vom Drachenkampf und der Königstochter erzählt, während sich andere Märchen das Jahr über oft wiederholen. „Werden die Tage kurz, werden die Herzen hell. Über dem Herbste strahlt leuchtend St. Michael..."

Noch leuchten uns die Laternen durch die Nacht – doch sind auch diese erloschen, wird es dunkel auf dem Jahreszeitentisch: Erde, Moos und Steine liegen einsam da – bis endlich, umgeben von Tannengrün, das erste Adventslicht aufleuchtet und jedes Kind im Adventsgarten an der großen Kerze in der Mitte sein Licht anzündet, um dem Christkind den Weg zu bereiten. Der heilige St. Nikolaus ist auch ein Wegbereiter für das Christkind. – Nun machen die Kinder kleine Geschenke für Vater und Mutter und Geschwister. Wenn die ersten fertigen Päckchen daliegen, leuchtet in den Kindern die Erinnerung an das vorige Weihnachtsfest auf. In allen Ecken fangen sie an, Weihnachten zu feiern. So schließt sich der Jahreskreis. – Wie die kleinen Kinder dem Himmlischen so nahe sind, sind sie auch eingebettet in den Jahreskreislauf, der von den Festen durchsonnt wird.

ZUR PLANUNG IM WALDORFKINDERGARTEN

Freya Jaffke

Die Planung im Waldorfkindergarten ist orientiert an der *Menschenkunde* Rudolf Steiners. Insbesondere gilt für die ersten sieben Lebensjahre, daß dieser Zeitraum immer im Zusammenhang mit dem ganzen Lebenslauf des Menschen zu sehen ist. Die bedeutendsten Gesichtspunkte für die Erziehung in der Zeit bis zur Einschulung sind demgemäß:

erstens *Rhythmus und Wiederholung* und zweitens *Vorbild und Nachahmung*[1].

1. Da ist zuerst die Planung der täglichen Arbeit mit den Kindern, die außerdem ganz an das Jahreszeitengeschehen gebunden ist. Schon in der Ausbildung zur Waldorfpädagogik wird die Kindergärtnerin in mannigfaltiger Weise darauf vorbereitet, eine intensive Beziehung zu dem lebendigen Geschehen des Jahreslaufes zu bekommen. Dazu gehört neben den in der Natur sich vollziehenden Jahreszeiten besonders auch ein tieferes Verständnis für die jeweils darin liegenden christlichen Festeszeiten.

Ein kleiner Ausschnitt aus den Ereignissen im Jahreslauf – im folgenden stichwortartig gegeben – weist auf die Fülle der Erlebnisse und Tätigkeiten hin, die viele Kinder dreimal, einzelne sogar viermal wiederholtlich erleben können. Es werden den Kindern dabei keine reflektierenden Fragen gestellt und keine Gedächtnisleistungen abverlangt. Vielmehr wird größter Wert auf eine fröhliche Schaffensatmosphäre gelegt, in der der Keim für Ehrfurcht und Dankbarkeit – für die Kinder selbstverständlich unbewußt – gelegt wird.

2. Weil der Erwachsene – und besonders der Berufserzieher – unbedingtes Vorbild für die Kinder bis zur Einschulung sein soll, wird größter Wert auf die Selbsterziehung des Erziehers gelegt und ihm Hilfe für sein nie endendes Bemühen durch die Menschenkunde gegeben. Dem liegt zugrunde, daß sich jedes normal entwickelnde Kind an der Erwachsenenwelt (und zwar der tätigen) orientiert und aus ihr u. a. Impulse für sein Handeln bzw. Spielen und Verhalten empfängt.

Die Verwirklichung der *allgemeinen Lernziele* im Waldorfkindergarten erstreckt sich über einen langen Zeitraum, innerhalb dessen jedes Kind zu „seiner Zeit" und „auf seine Weise" zu konkreten Lernzielen kommt. Das setzt eine Arbeit mit einer überschaubaren Gruppengröße voraus. (Üblich ist im Waldorfkindergarten eine altersgemischte Gruppe von durchschnittlich 20 Kindern.) Außerdem ist sowohl die intensive Beschäftigung mit den allgemeinen Entwicklungsgesetzen der Kindheit als auch die Verbindung zu jedem einzelnen Kind Voraussetzung für die erfolgreiche Führung der Kinder zur Schulreife. – Die Beispiele über „Differenzierte Nachahmung und Willensvorgänge" in Teil II dieser Ausführungen geben Einblick in *konkrete Lernschritte*.

I

Kleinere Planungszeiträume sind der stets sich wiederholende *Tages-* und *Wochenablauf:*

7.00 Uhr   *Eintreffen der Kindergärtnerin im Kindergarten*

---

[1] Siehe: Rudolf Steiner, Die Erziehung des Kindes vom Gesichtspunkte der Geisteswissenschaft, 4. Auflage, Dornach 1978.

7.30– 9.15	*Freispiel:* Frühstückszubereitung (siehe Plan), in der verbleibenden Zeit: Tätigkeiten, die sich aus der Jahreszeit oder einer Festzeit ergeben
9.15– 9.45	*Aufräumen – Waschraum*
9.45–10.00	*Rhythmische Spiele*
10.00–10.20	*Frühstück,* anschließend Schuhe usw. anziehen
10.30–11.30	*Freispiel* im Garten, Sandkasten, mit Bällen, Springseilen usw., Pflege der Gartenbeete, Wiese mähen, Gras rechen; bei kühlem Wetter: Spaziergang in den Park, auch bei leichtem Regen
11.30–11.45	Schuhe wechseln, Hände waschen, Puppenkinder wickeln, einfinden in der Erzählecke
11.45–12.00	*Abschluß* *Märchen:* es wird ca. eine Woche lang dasselbe Märchen erzählt

Künstlerische Betätigungen und Besonderheiten einzelner Wochentage:

Dienstag	*Malen* mit *Wasserfarben* während des Freispiels
Mittwoch	*Eurythmie* anstelle der rhythmischen Spiele
Donnerstag	*Kneten* mit *Bienenwachs* vor dem Abschluß (nicht im Hochsommer)
Samstag	*„Wochenendputz:"* Auswischen und Polieren der Spielzeugfächer, Tische und Bänke; Sortieren der Kerne im Kaufladen; Frühstückessen in den jeweils im Freispiel gebauten Häusern

Frühstücksplan

Montag	Selbstgebackenes Honig-Salz-Brot mit Butter, Kräutertee, Obst und Möhren (entsprechend der Jahreszeit)
Dienstag	Hirsebrei, Tee, Obst
Mittwoch	Weizenschrotbrei, Tee, Obst oder Möhren
Donnerstag	Müsli aus Obst, Haferflocken, gem. Nüssen, Rosinen, Honig, Milch
Freitag	Gekochte Weizenkörner mit Honig, Milch, Obst oder Möhren
Samstag	Schrotbrötchen, Tee, Obst

Ein Beispiel aus der Planung im Jahreslauf:

Spätsommer (ca. 5–6 Wochen)

Die Kindergärtnerin besorgt verschiedene Getreidegarben, falls möglich, während eines Ausflugs mit den Kindern zum Bauern. Dreschen des Kornes mit kleinen Holzklötzen. – Ausblasen der Spelzen. – Mahlen des Getreides mit einer Schrotmühle zum Brotbacken.

Erntekranz binden und aufhängen – Strohhalme schneiden für Seifenblasen. – u. U. Vogelhäuschen neu mit Stroh decken. – Strohfeuer anzünden.

Pflaumen und Äpfel ernten. – Fallobst verarbeiten.

Rhythmisch-musikalische Spiele, in denen die Tätigkeiten des Bauern aufgegriffen werden, siehe beispielsweise den nachfolgenden „Erntereigen".

Erntefest

Vorbereitung: Ernten der Möhren, Sonnenblumen, Hagebutten, Kastanien, Eicheln, Blumen und bunten Blätter, Bucheckern usw. im eigenen Garten und auf Spaziergängen.

Brot backen.

Durchführung: Jedes Kind bringt ein Körbchen mit Früchten usw. mit. Richten des „Erntetisches". – Mit Eltern und Kindern wird der gewohnte Erntereigen durchgespielt.

Erntefrühstück im großen Halbkreis vor dem Erntetisch, zusammen mit den Eltern.

„*Erntereigen*"
Wir gehn aufs Feld mit flinkem Schritt
und nehmen unsre Sensen mit.

Silbersensen blinken,
goldne Garben sinken,
hoher Halme Ährentracht –
Sonne hat sie reif gemacht. *(Tittmann)*

Wir binden die Garben, wir binden sie gut,
wir binden, wir binden mit frohem Mut.
Wir laden sie hoch auf den Wagen hinauf
und dann, ganz zum Schluß, sitzen wir obenauf. *(FJ)*

Lied: Wir fahren unsern Weizen ein,
das glänzt wie lauter Gold,
wenn in die leergefegte Scheun
der Erntewagen rollt.

Die letzte Garbe lassen wir
den Vöglein auf dem Plan,
die singen uns ein Lied dafür,
das hört sich lustig an.

Das Zwerglein holt sich auch ein Korn
und bäckt daraus ein Brot,
es hocket hinterm Hagedorn
und leidet keine Not. *(M. Garff)*

Wir werfen froh und munter
die Garben jetzt herunter.

Wir dreschen, wir dreschen,
wir dreschen das Korn,
und ist es gedroschen,
so geht es von vorn.
Die Schlegel, die fliegen, die fliegen im Takt,
schlag i na, schlag du na, klipp klapper di klapp.

Wir sammeln die Körner in Säcke
und tragen sie fort eine Strecke.
Wir bringen gebückt aber munter
alles zur Mühle hinunter.

Klipp klapp mahl das Mehl,
daß an Brot es uns nicht fehl.

Lied: Sause brause lieber Wind
hier auf unserm Hügel,
unsre Mühle will geschwind
drehn die großen Flügel.
Klipper di klapp, klipper di klapp
drehn die großen Flügel. *(S. König)*

Bäuerlein, Bäuerlein,
was hast in deinem Scheuerlein?
Ein' großen Sack, den hab ich hier,
wer Hunger hat, kommt her zu mir.
Pick, pick, pack, pick, pick, pack,
Vöglein holt ein Korn sich ab.
Kommt das Mäuschen Knusperknäuschen,
trägt sich Körnlein in sein Häuschen.
Kommt das Pferdchen angetrabt,
froh sich an den Körnern labt.
Bäuerlein uns hungert sehr,
kommen alle zu dir her.

Geb auch gerne gutes Brot,
davon werdet stark und groß. *(E. Kressler)*

Jetzt gehen wir in den Garten,
nicht länger wolln wir warten.
Bäumchen rüttel dich, Bäumchen schüttel dich,
wirf viele Äpfel (Pflaumen) ab für mich.
Wir sammeln alle Äpfel ein
und tragen sie der Mutter heim.
Mutter bäckt uns einen Kuchen,
alle dürfen ihn versuchen. *(FJ)*

Kuchen rühren, Kuchen rühren!
Wer kann gut den Löffel führen?
Wer geduldig rühren kann,
ist ein guter Bäckersmann. *(M. Tittmann)*

Schieb, schieb in 'n Ofen rein.
Der Kuchen wird bald fertig sein. –
Laßt zum Festmahl uns nun eilen,
unsre guten Gaben teilen.

Lied beim Austeilen:
Woher, woher ist das Brot gekommen? *(M. Tittmann, Melodie FJ)*

Beim Reigen wird zuerst mit Wenigem an Text und begleitender Gebärde begonnen, dann baut man immer weiter aus. Durch tägliches Wiederholen prägt sich den Kindern das Lied- und Versgut ein. Den Erwachsenen in seinen Gesten nachahmend, bewegen sie sich dazu.

Nach dem Erntefest:

Die Gartenbeete – auch die der Kinder – umgraben. – Blumenzwiebeln sortieren und stecken. – Kompost für den Winter fertigmachen. – Kartoffelfeuer.
Windvögel (Drachen) bauen und fliegen lassen. – Rhythmische Spiele: Kleines *Herbstspiel*.

Laternenfest:

Vorbereitung: Käseschachteln sammeln. Papiere zuschneiden und mit Wasserfarben malen. – Papiere ölen, die dadurch transparent werden. – Laternen kleben. – Kerzenhalter aus Kartoffelstückchen und Silberfolie herstellen und hineinkleben. – Drahtbügel anbringen. – Stöcke sammeln in Park und Garten.

Kleine Kuchen backen.

Rhythmische Spiele von Riesen und Zwergen. – Zwergenspiele auch mit kleinen Laternen.

Das *Fest* am Spätnachmittag mit Eltern:

Marionettenspiel. – Die kleinen Kuchen an alle verteilen und essen. – Umzug mit Laternen im Park; die Eltern bilden Tore und Brücken, die Kinder ziehen mit der Kindergärtnerin hindurch.

Abschlußlied

Mitte November bis Advent ist *Großputzzeit:*

Holzspielzeuge mit Bienenwachs-Terpentinlösung abreiben. – Wäsche waschen: Spieltücher, Ständertücher, Puppenwäsche. – Bügeln und stopfen. – Schränke und Regale auswischen. – Stühle, Bänke und Tische mit Politur abreiben.

In der gleichen Zeit die letzten Vorbereitungen für den Adventsverkauf (Bazar) treffen, für den *Kindergarten-Spielzeugstand*: Bauhölzer sägen und zum Sortiment zusammenstellen. – Puppen nähen in vielerlei Ausführungen. – Rindenschiffe schnitzen. – Zapfenvögelchen machen. – Schafwolle abwiegen und verpacken. – Spieltücher vom Ballen abschneiden. – Schäfer und Schafe nähen.

Mit Eltern in Abendkursen außer dem schon Genannten herstellen: Krippenfiguren. – Steckbettchen für die Puppen. – usw.

Es folgt die *Adventszeit.–*

Blickt man auf die Fülle der Ereignisse und Tätigkeiten zurück, hier beispielhaft an diesem kleinen Ausschnitt des Jahres gezeigt, so kann deutlich werden, daß die Kinder immer in einer schaffensfreudigen Atmosphäre leben und in allen Bereichen ihres Wesens angesprochen sind. Jederzeit haben sie Gelegenheit mitzutun oder aber das Tun der Erwachsenen nachahmend im Spiel aufzugreifen (siehe Teil II, „Studie zur Differenzierung der Nachahmung und feineren Willensvorgänge"). Da sich bei fast allen Tätigkeiten um die Kindergärtnerin und Praktikantin Kleingruppen von Kindern bilden, so ist es gut möglich, die Kinder mit Messern, Scheren, Sägen, Hämmern u. ä. schaffen zu lassen.

Die Kindergärtnerin achtet sehr darauf, daß sie ihre Arbeit werkgerecht und logisch abwickelt: Richten des Arbeitsplatzes, durchführen mit sachgerechtem Werkzeug, Aufräumen des Arbeitsplatzes. Jede *vorausbedachte sinnvolle Arbeit* kann die Kinder positiv beeindrucken und mit die Voraussetzung schaffen für ein später notwendiges logisches Denken.

Selbstverständlich hat die Kindergärtnerin während ihrer Arbeit stets die Kinder alle im Bewußtsein und im Blickfeld. Über die bei ihr mitschaffenden Kinder hinaus braucht vielleicht eines einen anregenden Zuspruch für sein Spielen; zwei miteinander Streitende eine hilfreiche Geste; ein drittes lädt ein zum Puppengeburtstag, bei einem anderen läuft gerade die Nase. Eine Gruppe von Kindern, die sich mit Tischen und Ständern eine Feuerwehr bauen, können vielleicht durch einen kleinen Hinweis noch einen Anhänger dazu bauen und mit Geräten beladen – von ihrem stereotypen „tatü tata" abgelenkt werden.

Alle diese Beispiele sollen darauf hinweisen, daß eine auf diese Art mögliche Förderung einzelner Kinder zwar *eingeplant* werden muß, sich aber direkt nicht immer vorausplanen läßt. Gelegenheiten müssen geistesgegenwärtig aufgegriffen werden. Der Erwachsene kann allerdings eines bestimmten Kindes wegen eine Arbeit aufnehmen und mehrere Tage durchführen, auf den Zugriff des Kindes hoffend.

Zusammenfassung:

Die Kinder, die durch solch einen ständig sich wiederholenden Tages-, Wochen- und Jahreslauf geführt werden, finden eine Orientierung in der Zeit; sie lernen selbstverständlich („wie von selbst") die verschiedenen Wochentage, Fest- und Jahreszeiten kennen und benennen. Natürlich gibt es gelegentlich auch unvorhergesehene Ereignisse, ohne die das tägliche Leben gar nicht zu denken wäre: z. B. den Besuch des Pakete bringenden Postbotens, des Imkers, des Bürstenverkäufers oder Kaminfegers; oder von Eltern, die ihr Kind anmelden wollen und einen Termin für eine Sprechstunde erbitten. Alle diese Erlebnisse greifen die Kinder gleich in ihren Spielen auf. Es steht eben in diesem Lebensalter obenan *das Tun* und in einem späteren das mit dem Verstand Begreifen. Alles Sprechen über eine Sache in extra ausgesparten Zeiten, jedes Abstrahieren und Reflektieren einer vorher ausgeführten Tätigkeit bleibt dem Schulalter vorbehalten.

Dadurch, daß der Erwachsene die im natürlichen Lebenszusammenhang sich ergebenden Tätigkeiten ergreift, bleibt ihm – und somit auch den Kindern – die Freude am immer wiederkehrenden Tun erhalten. (Sein tägliches Frühstück bereitet sich wohl jeder immer wieder gerne zu; müßte er öfter darüber sprechen, es würde ihm bald überdrüssig.)
Durch ständiges Sich-Bemühen um die Erweiterung im Verständnis des sich entwickelnden und entfaltenden Kindeswesens, durch Sorgfalt in der Planung und durch innerlich neu In-Beziehung-Treten zu dem schon einmal oder mehrmals Gewesenen, werden ganz gewiß Langeweile und Leerlauf vermieden, tritt vielmehr Enthusiasmus und Bescheidenheit ein.

II

Studie zur Differenzierung der Nachahmung und feineren Willensvorgänge

Vorüberlegung: Im Waldorfkindergarten, der die Kinder an das unmittelbare tätige Leben heranführt, wird nicht vor*schulisch* unterrichtet, sondern es werden die differenzierten Lebensstufen der ersten sieben Jahre berücksichtigt. Das Gezielte des methodischen Vorgehens besteht in einem wohldurchdachten, dann auch zeitlich wohldosierten *Bilden von Gelegenheiten*, die aber offenlassen:
a) den individuellen Zugriff des nachahmenden Kindes (was!)
b) die altersspezifisch (von 3 bis 7) gestreute Art des Nachahmenwollens (wie!)
c) den eventuellen „Erfolg" einer nur kurzen Nachahmungsbegegnung ohne „erwünschte" Folgen (ob!)

Vor allem wird das an die Reflexion appellierende Fragen nach dem Getanen streng vermieden. Die später folgenden Beispiele beschreiben die verschiedenen Felder, auf denen sich das Kleinkind „von selbst" nachahmend-übend in seiner „Emotionalität" und „Motorik" zu differenzieren vermag. Allerdings muß der Erwachsene vielseitig aber wiederholentlich tätig sein, damit jedes Kind für seine Nachahmefähigkeit das findet, was es für seine Entwicklungsschritte unbewußt sucht. Wenn *ein* Erwachsener bei 20 Kindern arbeitet, so greifen nur einzelne seine Tätigkeit wirklich auf. Einige Kinder werden durch das Tun des Erwachsenen zu einem ganz anderen Tun angeregt: z. B. sägt der Erwachsene; einige Kinder holen sich Sägemehl, bauen sich Ställe für die Tiere und nehmen es als Futter; andere verwenden es als Mehl zum Kochen, wieder andere lassen es „schneien".

Das differenzierte Nachahmen ist von ganz bestimmten Voraussetzungen abhängig.
1. Wie von den Erwachsenen die Nachahmungs-Umwelt für die Kinder gestaltet ist,
2. in welcher Altersstufe innerhalb des 1. Jahrsiebts sich ein Kind befindet,
3. von der Individualität jedes einzelnen Kindes.

Insbesondere die Verschiedenartigkeit in den Altersstufen sei an einigen Beispielen dargestellt.

Wäsche waschen:

Drei- und Vierjährige plantschen im Wasser und Schaum, tauchen die Wäsche ein, ziehen sie hoch, ohne zu wissen warum, weil es der Erwachsene auch so tut. Sie hantieren mit Bewegungen.
Vier- und Fünfjährige waschen eifrig, reiben usw. eine kleine Weile. Sie sehen eine Bürste, lassen sie als Schifflein fahren, die Seife wird der Steuermann. Sie schließen mitunter Daumen und Zeigefinger zu einem Ring und blasen große Seifenblasen hindurch. Waschen dann wieder weiter . . .

Oder ins Spiel übertragen: Ein Korb dient als Waschschüssel, eine Kastanie als Seife, ein Häkelband als Wäscheleine. Oder: Ein umgedrehter, mit Tüchern verhängter Hocker ist die Waschmaschine, in der sie mit der Hand die sonst im Bullauge sichtbare Wäsche bewegen. Der Prozeß ist ihnen das Wichtigste, nicht das Ziel.
Fünf- und Sechsjährige haben als Ziel die sauber gewaschene Wäsche. Sie können sich den Prozeß genau vorstellen. Sie wetteifern miteinander, wer das schmutzigere Wasser hat; sehen, ob ein Tuch wirklich sauber ist, erwarten aber, daß es der Erwachsene bestätigt. Sie wollen normalerweise die Arbeit zu Ende tun, bis die Wäsche auf der Leine hängt, der Boden aufgeputzt ist und die Waschutensilien aufgeräumt sind.

Bügeln:

Drei und Vierjährige stehen eine kleine Weile neben dem Erwachsenen, schauen zu, rollen eingefeuchtete Tücher auf und reichen sie ihm an.
Vier- und Fünfjährige bauen sich einen Bügeltisch aus einer Bank auf Hockern. Ein Klotz wird zum Bügeleisen. Sie sind schnell fertig. Es kann aber geschehen, weil ein großes, langes Tuch über den Bügeltisch hängt, daß dieser zu einem kleinen Haus wird, an das eine Gartenterrasse mit Stühlen angebaut wird.
Fünf- und Sechsjährige bauen sich einen Bügeltisch auf einer Bank auf Hockern, dazu noch eine Bügelstube mit Fächern für die ungebügelte und gebügelte Wäsche. Nebendran wird eine Wohnstube gebaut, in der die Bügelfrauen essen und schlafen. Alles wird mit Sorgfalt eingerichtet. Dann erst wird „richtig" gebügelt und sorgsam zusammengelegt. Andere Kinder werden herbeigerufen, sie sollen Mütter sein, die ihre Wäsche zum Bügeln bringen und wieder abholen wie bei der Heißmangelfrau.

Müllauto (als Beispiel einer Tätigkeit, die außerhalb des Kindergartens erlebt wird):

Drei- und Vierjährige setzen kaum solch eine Tätigkeit von sich aus nachahmend ins Spiel um, beteiligen sich aber u. U. gerne am Spiel der größeren Kinder.
Vier- und Fünfjährige ergreifen nachahmend Teilvorgänge, z. B. das Tragen der Mülltonnen, das Kippen, benützen dies aber in vielfältigen Zusammenhängen ihres Spiels.
Fünf- und Sechsjährige nehmen sich vor, Müllauto zu spielen. Sie holen sich Tische, Hocker, Ständer, Tücher. Umgedrehte Stühle auf dem Tisch (Rückseite des Autos) dienen als die Kippscharniere für die Mülltonnen. Aus dem ganzen Kindergarten werden die Spielzeugkörbe zusammengetragen, und zwar so, als hätten sie ungeheure Gewichte. Mit Anstrengung werden sie gehoben, auf die Stühle gestellt, gekippt, ausgeleert und mit einer liederlichen Geste beiseite gestellt. (Das herrliche Chaos im Müllauto bedarf anschließend freilich der helfenden, ordnenden Hand des Erwachsenen.)

Auf der Wiese: Ballspiel – Seilhüpfen:

Drei und Vierjährige rollen den Ball von sich weg, laufen ihm nach. Rollen oder werfen ihn hin und her zu einem Erwachsenen oder größeren Kind.
Vier- und Fünfjährige sind unentwegt wechselnd mit dem Ball tätig: hochwerfen – fangen, alleine oder mit einem anderen Kind. Fünfjährige lieben das rhythmische Auftippen des Balles, Rollen des Balles über schräg gestellte Bretter; den Ball als Hindernis zum Drüberspringen usw.
Fünf- und Sechsjährige stehen in einer kleinen Gruppe zusammen und beraten über ein gemeinsames Spiel. Sie werfen sich den Ball z. B. abwechselnd zu nach selbstgewählten oder bekannten *Regeln*,

d. h. sie fügen die „Motorik", ihre Bewegungsfreude, in einen Sinnzusammenhang ein.

Dreijährige halten das Seil richtig fest, hüpfen auch, unregelmäßig, aber ohne das Seil umzuschlagen. Sie durchschauen aber weder die Koordination beider Tätigkeiten, noch sind sie fähig, sie auszuführen.

Vier- und Fünfjährige schaffen es gelegentlich ein- oder zweimal; sie üben es immer wieder mal kurz, machen sich dann aber z. B. eine Pferdeleine aus dem Seil oder eine Schaukel am Baum...

Sechsjährige können in den meisten Fällen vor- und rückwärts, mit Lauf- oder Schlußsprung, gleichmäßig hüpfen; einzelne schaffen es schon mit Zwischensprung.

Weitere ausführliche Beispiele siehe Seite 45 und 46 im Artikel „Erziehung in der altersgemischten Gruppe".

Von den vielen gar nicht aufzählbaren Möglichkeiten zur sorgsamen Herausgestaltung „individueller Feinmotorik" seien nur genannt: Nähen, Sticken, Zöpfe flechten, Schleife binden, Plastizieren von Weihnachtsfiguren, Pinselführung und -behandlung beim Malen, Schneiden von Stoffen...

Aus „Erziehungskunst" Heft 8, 1977

HERBSTERLEBEN
Rosa Hüttner

Nun ist es vorbei mit dem Spiel im Garten. Der Sandkasten darf jetzt ruhen, bis das Frühjahr wiederkommt. Zuletzt haben wir ihm noch zwei große Burgen geschaufelt und mit Blumen und Blättern besteckt. Es sah schmuck und lustig aus, jetzt aber ist alles welk, und von den schönen Farben ist fast nur ein fahles Grau und Braun übrig geblieben. Unser lieber Holunderbusch hat seine letzten schwarzen Beerlein, ganz oben, an die Vögel verschenkt. Die haben sich Gutes daran getan, und dabei sind noch viele Beeren heruntergefallen, daß die Erde unter dem Busch schwarz gesprenkelt war. Er hat dieses Jahr reich getragen. Ein paarmal kochten wir uns köstlichen Fliedersaft von den glänzenden Beeren, die heuer besonders groß waren. Und erst der Birnbaum – der hatte ganz dicke Birnen, wie schwere Tropfen hingen sie an den Ästen. Da brauchten wir die höchste Leiter unseres Malers, um sie alle abzunehmen. Wie emsig waren die Kinder bei all diesen Arbeiten und wie glücklich beim gemeinsamen Schmaus.

Anders ist es, wenn wir jetzt in den Garten schauen. An den kahlen Ästen hängen lappig ein paar Blätter herunter. Man sieht's ihnen an, daß sie der Frost schon berührt hat. Vorige Woche haben wir den Steingarten mit den Kindern abgeräumt. Pflanzen, die vordem frisch und aufrecht standen, lagen nun kraus durcheinander. Nur ein paar schöne Blumen und Knospen haben wir noch abschneiden können. Zwei Röslein waren auch dabei.

Drinnen freuten wir uns wieder an unserem Ofen, den die Kinder mit Holzstücken füttern durften und der uns dafür die steifen Hände wieder weich und die Stube gemütlich warm machte. Eine wichtige Arbeit wartete auf uns. Das Vogelhaus mußte erneuert werden. „Da schaut nur das alte vermorschte Dach an, da schneit's ja im Winter durch". Das Haus muß neu mit Stroh gedeckt werden. Gut, daß wir noch Stroh vom Erntefest her haben. „Ja, da sind ja sogar noch volle Ähren dazwischen." Die Kinder haben sie gleich entdeckt, und schon waren ein paar „Drescher" am Werk, mit Holzklötzen die Körner herauszuklopfen. Eh' ich die Arbeit am Dach noch recht begonnen hatte, lagen schon Futterkörner im Haus. – Ha, so ein Strohdach zu machen, ist keine leichte Sache. Eine ganz lange Nadel und einen starken Faden, ja mehr eine Schnur brauche ich. Mein Arm mußte tief unters Dach greifen und der Fingerhut kräftig am Nadelöhr schieben. Ein paar Kinder lauerten an der Außenseite, bis die Nadelspitze sichtbar wurde, und dann half eines ziehen. Ein anderes mußte den langen Faden, den die Nadel nach sich zog, hoch halten, damit er sich nicht mit dem Stroh verwirrte. Da war ich aber froh über so fleißige Helfer! Sogar Musik hatten wir bei unserer Arbeit. Hinter uns saßen ein paar Musikanten mit ihrer Kantele und spielten mit Hingabe. Hie und da hörte ich die Melodie von unserem Holunderbusch- oder Zwergenlied heraus. Am noch freien Tisch malten ein paar Kinder. Andere spielten auf dem Fußboden.

Im ganzen Raum war frohe Arbeitsstimmung. Am emsigsten aber ging es um das Vogelhaus zu. Rund herum wurde hantiert und geschafft. Das Stroh mußte ja auch gestutzt und beschnitten werden. Besonders Tobias, unser Kleiner, wirkte ernsthaft und ausdauernd. Ihm war das Schneiden so wichtig, daß es ihm nicht darauf ankam, wo er etwas abschnitt. Er ließ sich aber willig von den „Großen" dirigieren und war glücklich, nur dabei sein zu dürfen. Einige Kinder steckten auch volle Ähren auf den Giebel. Da sollten die Vögel selber die Körner herauspicken.

Durch Tage ging die Arbeit am Vogelhaus, und mit Jubelgeschrei wurde es dann auf den Steinpfosten an unserer Gartentreppe gesetzt. Unseren Vasen entnahmen wir Blumen und Zweige und schmückten damit das Dach, den Vögeln zum Empfang. So wohl ist einem, wenn man tüchtig geschafft hat!

Und heute beginnen wir etwas Feines zu spielen. Wir brauchen Igel, Maus, Käfer, Samenkörner und Zwerge. Das rote Kleid bekommt noch schwarze Filzpunkte für den Marienkäfer, das graue Mausekleid noch einen langen Schwanz, und der Igel hat gefährliche Stacheln aus Bastfäden. Samenkörner und Zwerge sind ihrer auch schon viele, und wir beginnen mit dem Lied von der Mutter Erde, die das Tor aufschließt und alle aufnimmt, die sich vor Sturm und Kälte verbergen wollen. Unser Singen führt jedes Tier und jedes Samenkörnchen auf der Spirale (ein Kreidestrich auf dem Fußboden: der Weg, auf den es schon ein bißchen geschneit hat!) herein in die Erdentiefe, bis zuletzt die Zwerge mit ihrer Laterne kommen und sie hegen und pflegen.

Wenn ich den weißen Weg auf den Boden malte, durften die Kinder immer zusehen. Jeden Tag verfolgten sie wieder mit Spannung, wie der Weg von der Weite nach innen führte. Dann malte ich die verschiedenen Tiere und Samen, daß jedes Kind seinen Platz wußte. Jeden Tag durften die Kinder sich wünschen, welche Samen gemalt werden sollten. Drei Wochen wiederholte sich täglich dies Spiel. Da auf einmal merkten die Kinder, ja: wie eine freudige Entdeckung überkam es uns, daß aus jeder Pflanze, wenn sie abstirbt, etwas herausfällt, der Samen, der das Leben weiterträgt zum nächsten Frühling. Nun ruht es im Winter, verborgen und unbemerkt, aber da ist es doch, und wir können darauf warten, daß es sich wieder zeigt in aller Fülle und Üppigkeit, wie es im Frühjahr aus der Erde hervorbricht. Und dann gibt es auch besondere Kräfte in der Erde, wir nennen sie Zwerge, die die Samen behüten. Ein Wunder ist's schon, daß sie, die Samen, besonders die ganz winzigen, nicht auch verfaulen und vergehen, wie Fruchtfleisch oder Blattwerk in der feuchten Erde! Viel, so viel gibt es immer, worüber man staunen muß; voller Wunder ist die Welt um uns, und erlebten wir sie auch nur in unserem kleinen sonnigen Gärtchen.

Aus: Erziehungskunst, Sonderheft
„Das Kind in den ersten sieben Jahren",
Verlag Freies Geistesleben, Stuttgart 1969.

MÄRCHENSPRACHE UND MENSCHENBILD

Helmut von Kügelgen

„*Märchen sind Seelsorge am Kind*"

Das Märchen entstammt der Kindzeit der Menschheit, es wurzelt in einem anderen Bewußtseinszustand. Es öffnet dem heutigen Erwachsenenbewußtsein nur dann sein Schatzhaus, wenn man anerkennen kann, daß auch die Art zu denken in Wandlung und Entwicklung begriffen ist, daß Menschheitsgeschichte uns da am tiefsten berührt, wo sie als Entwicklung und Wandlung des Bewußtseins erfaßt wird. Dem wissenschaftlich-kritischen, begriffefassenden, wach beobachtenden Bewußtsein ist ein bilderschauendes, erlebendes, traumhaft das Gemüt durchstrahlendes Bewußtsein vorausgegangen. Die alten Mysterien prägen das Wissen der Menschheit von der geistigen Welt, von Schöpfung und Erdensinn, von Schicksal und Lebensauftrag des Menschen in die Imaginationen der Mythologie, in die Inspirationen religiöser Überlieferungen. So konnte zur Phantasie und Andacht der Menschen noch davon erzählt werden, was in Wahrheit hinter Sonne, Mond und Sternen, in Tieren, Pflanzen und Steinen steckt, was sich offenbart in den verschlungenen Bahnen des Menschenlebens, im Kampf mit dem Niederziehenden, Gewalttätigen oder Versucherisch-Gleißenden, was als Sinn des Menschseins aus der Ungeborenheit in das Dasein tritt und im Tode seine Unsterblichkeit wieder schaut.

Das Märchen ist der Rest dieser Mysteriensprache – und die Kinder durchlaufen die Stufen des Bewußtseins der Menschheit. Deshalb *leben* sie mit Märchenbildern, sind von ihnen durchwärmt und erfüllt, immer wieder. In den Mysterien lernte und übte man die unmittelbare geistige Anschauung der Kräfte und Vorgänge hinter dem Sinnenschein – das Märchen erzählt dem nicht reflektierenden, erlebenden Bewußtsein der Kinder aus diesem Quell der Wirklichkeit, aus dem auch die alten Kulte der Weltreligionen geschöpft wurden. Und das Kind schöpft Aufbaukräfte seines inneren Menschen aus dieser Quelle. Darum spricht Rudolf Steiner, der dem modernen wissenschaftlichen Bewußtsein Übungswege, Meditationswege zur Neugewinnung geistiger Anschauungskraft aufgezeigt hat, das Märchen als Seelsorge am Kinde an. Kosmische Aufbau- und Wachstumskräfte gestalten den Leib des Kindes in seine immer irdischer, immer fester werdende Form, – dieselben Kräfte wirken in dem Ausgestalten geistiger Tatsachen zu Märchenbildern und ernähren die gesund machenden Lebenskräfte des Kindes. „Die Menschenseele hat ein untilgbares Bedürfnis, durch ihre Adern den Stoff des Märchens rinnen zu lassen, wie der Organismus ein Bedürfnis hat, die Nahrungsstoffe durch sich zirkulieren zu lassen." (Rudolf Steiner.)

Erziehung ist unlösbar mit dem Menschenbilde verknüpft, das jeder mehr oder weniger reflektiert in sich trägt. In der Neuzeit hat sich Erziehungslehre, Pädagogik als Wissenschaft, zunächst als Methodik und Didaktik entwickelt. Im 19. Jahrhundert vertiefte die Forderung nach philosophischer und psychologischer Begründung der Pädagogik das Bemühen, mit der wachsenden Unsicherheit der Erziehenden fertig zu werden. Die Traditionen versagten vor den sich verschärfenden Generationenkonflikten. So ist die Pädagogik Herbarts aus seiner Philosophie hervorgegangen; doch diese berücksichtigte von den Kräften der menschlichen Seele im wesentlichen nur das Vorstellen. Deswegen sprach die Reformpädagogik der Jahrhundertwende soviel vom „ganzen Menschen", Lichtwark von Erlebnis und Gefühl, Kerschensteiner und die Richtung der Arbeitsschule vom Willen zur Gestaltung, und besonders aus der Jugendbewegung kamen die Impulse zum musischen Gymnasium und zu den pädagogischen Inseln der Landerziehungsheime, wo der Lehrer Lebensbegleiter und Erzieher, nicht nur Unterrichtsgeber sein sollte.

Die Beschäftigung mit dem Wesen des Jungseins, das Greifen nach nicht nur rationalistisch definierbaren Bereichen des menschlichen Lebens, forderte den Pädagogen heraus, Unterricht und Erziehung aus den Bedingungen des umfassenden Seelenlebens anzuschauen und einzurichten – oder gemäß den Forderungen der Wirtschaft, der Schule (und auch der häuslichen Erziehung) nach Auslesegesichtspunkten, als Drehscheibe der Verteilung von Berufs- und Sozialchancen ihren erzieherischen Auftrag zu nehmen.

Psychologie und Anthropologie der Jahrhundertwende konnten nicht erweitern und vertiefen, was Herbart für einen Teil der menschlichen Seelenkräfte geleistet hatte. Die Wirklichkeit des Gefühlslebens und das Wesen des Willens erschließen sich nicht dem naturwissenschaftlichen, sachbezogenen Bewußtsein. An dieser Stelle setzte Rudolf Steiner ein: Er erweiterte den menschlichen Erfahrungsbereich, indem er „seelische Beobachtungsresultate nach naturwissenschaftlicher Methode" vorlegte – so der Untertitel seines Buches „Die Philosophie der Freiheit" – und damit in die Wirklichkeit und Gesetzlichkeit des Fühlens und Wollens im menschlichen Seelenleben vordrang. Jetzt konnte eine „Menschenkunde als Grundlage der Pädagogik" und überhaupt als Anstoß für ein erweitertes Erkenntnisstreben dargestellt werden – von Steiner anthroposophische Geisteswissenschaft oder Anthroposophie genannt. Das Leib, Seele und Geist umfassende Menschenbild Rudolf Steiners wurde zur Grundlage der Waldorfpädagogik, einer neuen Erziehergesinnung, und erwies seine kulturerneuernde Kraft auf vielen Lebensgebieten – Medizin, Landwirtschaft, Kunst, Heilpädagogik, religiöse Erneuerung usw. Eine Seite dieser Welt- und Menschenbild erneuernden Anschauung ist die Aufnahme des Entwicklungsgedankens und seine konsequente Erweiterung über Darwin und Haeckel hinaus in das Spirituelle, in die Bewußtseinsentwicklung und Bewußtseinserweiterung. Eine andere Seite ist das dadurch mögliche Erarbeiten einer Erkenntnis der Schicksalsgesetze des Menschen und der immer wieder auch in der abendländischen Menschheit aufblitzenden Gewißheit von den wiederholten Erdenleben.

Wir können die Märchen – um auf diese zurückzukommen – als Antworten auf die letzten Dinge außerhalb und innerhalb des Menschen deuten. Wer nicht mit der Sensibilität des künstlerischen Menschen schon erlebt, welche Bedeutung dem Märchen zukommt, kann sich die erkenntnismäßige Aufhellung des Verständnisses erarbeiten. Vorarbeiten dazu sind geleistet[1]. Wie der moderne Mensch sich seine Liebe zum Kind erarbeiten muß, sein inniges Verständnis des ganzen Menschen in seiner Kindheit, weil alle Traditionen gemüthafter Verbundenheit nicht mehr tragen, so gilt es auch die Märchenstimmung, die Märchenwirklichkeit sich neu zu erwerben, will man sie besitzen.

---

[1] Rudolf Steiner, Märchendichtungen im Lichte der Geistesforschung. – Prof. D. R. Karutz, Märchenweisheit des schwarzen Menschen. – Rudolf Meyer, Die Weisheit der deutschen Volksmärchen. – Friedel Lenz, Bildsprache der Märchen. – Udo de Haes, Kinderwelt, Märchenwelt. – u. a.

„Die Poesie heilt die Wunden, die der Verstand schlägt", sagt Novalis. Er meint damit nicht eine mindere, sondern eine tiefere Wahrheit als sie die ungeistig-rationale Wissenschaftlichkeit zu bieten hat. Von dieser Poesie sollte im Märchenalter und noch darüber hinaus jedes Aufklärungsgespräch mit Kindern durchzogen sein. Die dürftigen Aussagen über Zellteilung und Chromosomen, die zu ihrer Zeit auch gelernt werden müssen, sagen in Wahrheit nichts aus über das Vorbereiten der Menschengeburt. Vererbung, Menschenliebe und die Schicksal suchende Ichwesenheit wirken zusammen, Himmel und Erde sind beteiligt. Raffael erfüllte den blauen Hintergrund, aus dem die Sixtinische Madonna ihr Kind herausträgt in sein Erdenleben, mit den Antlitzen der Ungeborenen.

Wer den Augenblick miterlebt hat, da sich unter Schmerzen ein kleiner Menschenleib aus der Mutterhülle in das Licht dieser Welt hervorwagt, kennt die bange Frage: Wird mit dem ersten Atemzuge, mit dem ersten Schrei in die noch nicht lebensfähige Leibeshülle das beseelende Leben einziehen? Er kennt auch die jubelnde Freude, wenn auf den Schwingen der Luft die Seele einzieht und die Geburt vollendet. Der kleine Erdenkloß wird von göttlichem Odem belebt und beseelt – das Bild der biblischen Schöpfungsgeschichte zeigt sich in seiner strahlenden Wahrheit: Gott blies Adam den lebenden Odem ein!

Der Mut zur Wahrheit darf nicht der Vorwand sein, dort geistlose Erklärungen abzugeben, wo das Rätsel des Menschseins uns am bewegendsten in das eigene Schicksal eingreift – wenn ein neuer kleiner Mensch das ganze Schicksalsgefüge einer Familie oder einer Anzahl beteiligter Menschen folgenschwer verändert. Die herzbewegende Gewißheit des Kindes, daß das Wesen des Menschen auf den Schwingen geistiger Boten zur Erde geführt wird, darf doch nicht gegen die Halbwahrheiten einer materialistischen Biologie und der Verkündigung der Menschenentstehung aus dem Leibe eingetauscht werden! Das „Märchen vom Klapperstorch" ist wahr, – seine Umdeutung ins Materielle, seine sentimentale oder zynische Verwitzelung durch die Gesinnung des „nackten Affen" hat seine Bildekraft zerstört.

Das echte Volksmärchen verdanken wir alter Offenbarungsweisheit. Es spricht in Bildern von Wandlung, von Verzauberung und Erlösung – und damit immer wieder vom Geheimnis des Menschseins. Die übersinnliche Herkunft des Menschen, seine Prüfungen, seine Wandlungen, seine Überwindungen und Erlösungen werden geschildert. Das Kind kann gleichsam prophetisch daran Anteil nehmen – und alle „Grausamkeit", die der Verstand im Tanz um den in den Brunnen gestürzten Wolf glaubt erkennen zu müssen, ist dem Kinde nichts anderes als der beseligende Sieg des Guten über das Böse. Dieser Sieg aber bestätigt es in seinem Vertrauen, mit dem es für die ersten Schritte auf seinem Lebenswege so wunderbar ausgestattet ist. Daß ihm der Erwachsene solche Bilder schildert, stärkt es in den Enttäuschungen, die ihm die ersten Begegnungen mit dem Bösen auf dieser Welt und in seinem Inneren bereiten. Doch lehrt das Märchen auch, daß mit dem Bösen gekämpft werden muß.

Ein gesundes drei-, vierjähriges Kind hört an hundert Abenden mit nur immer wachsender Anteilnahme das Märchen vom Sterntaler an. Keinen eindringlicheren Beweis gibt es dafür, daß das Kind eine Imagination, ein Seelengemälde im Märchen erlebt. Nur der Verstand ist mit einer Angelegenheit fertig, die er einmal richtig aufgenommen hat. Vor dem Kunstwerk, vor der Imagination, vor der religiösen Wahrheit stehen wir in immer neuer Bewegtheit – erhoben, in unseren besten Willensregungen bestärkt.

Jeder Mensch braucht ein Tätigkeitsfeld für sein Innenleben, für seine wollende, empfindende und schließlich auch denkende Seele. Das Kind braucht dieses Tätigkeitsfeld für die Kräfte seiner Seele wie jeder Erwachsene. Reiche ich ihm nicht Märchenbilder und die Sprache der Märchen, so wird dieser Seeleninhalt aus dem Geschwätz der Gasse bestritten. Automarken und Geldsorgen, triviale, phantasielose Gesprächsfetzen des Alltags beherrschen das Feld der Seele, ein Unkrautacker entsteht.

Mit dem Wortschatz eines Kindes wächst sein Erlebnisvermögen – mit dem Erlebnisvermögen seine Schaffensfreude, sein innerer Reichtum. Die wieder und wieder erzählten Märchen werden von den Kindern gespielt, sie leben und handeln mit den lebendigen Märchengestalten. So kommt es, daß die „Märchenkinder" in einem ersten Schuljahr ihren um die Märchenwelt betrogenen Altersgenossen sehr viel, ja das Entscheidende voraushaben: Sie erleben differenzierter, sie erleben mehr, sie können sich reicher äußern, sei es durch das Wort, sei es mit dem Buntstift. Sie sind aufgeschlossen, können besser zuhören und entfalten leichter schaffensfrohe Initiative. Sie schöpfen Gedanken aus gut geformten Sätzen und einst rätselhaften Worten – aus ihrem Sprach-Schatz.

Und was richtet der Märchenfilm an? Er legt die Phantasie, die aus dem schildernden, liebevoll gesprochenen Worte, aus der Märchenstimmung erblüht, auf industriell angefertigte Bilder fest. Er fesselt, er zerstört die Phantasie! Schickt eure Kinder vor dem zwölften Jahr am besten in keinen Film – und wenn es sein muß, in einen Kultur- oder Reisefilm! Die Märchenfilme brechen in das Heiligtum des Kindes ein, und mit der suggestiven Gewalt der Bildwirksamkeit pressen sie Schablonen in die Kinderseelen. Selbst die Erwachsenen, die einen Fridericus-Rex-Film mit Otto Gebühr gesehen haben, können sich kaum noch von diesem vorgeprägten Bilde lösen und sich wieder ein lebendig-phantasievolles Bild vom einsamen Preußenkönig selber erschaffen. Ein Kind, das Schneewittchen und die sieben Zwerge aus der Werkstatt von Walt Disney sehen mußte, wird um die Fähigkeit betrogen, wesenhafte Kräfte in der Natur zu fühlen und die geistige Wirklichkeit in der Sinnenwelt schöpferisch tätig zu erleben.

Das Kind ist nicht ein unvollkommener Erwachsener, es ist der Mensch in einem Bewußtseinzustand, der es der geistigen Wirklichkeit näher sein läßt, als es der Erwachsene von allein ist. „Wenn ihr nicht werdet wie die Kinder..." heißt nicht rückwärts gehen. Das Kind, dessen „das Himmelreich ist", lebt noch unbewußt und träumend in seiner Obhut. Der Erwachsene, der wie das Kind werden soll und das Himmelreich dereinst besitzen wird, ist der Mensch, der sich eine Erkenntnis der geistigen Welt errungen hat. In der Märchensprache besitzen Kind und Erzieher eine gemeinsame Sprache.

SPIELEN LERNEN

Freya Jaffke

Ist das Lernen in den ersten drei Jahren des Kindes, in denen es sich die Grundlagen für die bedeutendsten Fähigkeiten des späteren Lebens erwirbt (den aufrechten Gang, die Sprache und damit die Möglichkeit des Denkens), besonders deutlich anschaubar, so ist für die darauffolgenden Jahre schon eine intimere Beobachtung notwendig. Mit am besten sind die Schritte nach dem dritten Lebensjahr am Spiel des Kindes ablesbar. Ist doch das Spielen *die* Tätigkeit, durch die das Kind Stück für Stück die Welt be-greifen lernt.

In das Spiel nimmt das Kind dasjenige auf, was es dem Erwachsenen bei seiner Arbeit nachtun kann. Aber nicht mit der Zweckmäßigkeit, die der Arbeit des Erwachsenen zugrunde liegt, sondern mit dem, was aus seiner eigenen Phantasie aufsteigt, verbindet das Kind sein Tun. Dieses phantasievolle Spielen macht aber im Verlauf der ersten sechs bis sieben Lebensjahre drei verschiedene Entwicklungsstufen durch. Folgende Beispiele sollen diese an einzelnen Spielsituationen anschaulich machen.

1. Eine Gruppe fünfeinhalb- und sechsjähriger Kinder baut sich mit Aststücken, Rinden, Tannenzapfen, Kieselsteinen und einfach geschnitzten Tier- und Menschenfiguren auf dem Fußboden ein Bauernhaus mit Ställen, Brunnen, Weiden und Äckern. Über viele Tage bauen sie daran weiter, ergänzen hier, verwandeln dort, weil offenbar ihre aus dem Inneren aufsteigenden ständig regsamen Vorstellungsbilder nicht mehr mit dem gestern Geschaffenen übereinstimmen. – Daneben haben sich andere Kinder dieses Alters mit Tischen, Holzgestellen, Stühlen und farbigen Tüchern eine „komplette" Wohnung eingerichtet und sind nun dabei, einen ganzen Tagesablauf nachzuvollziehen. Da wird z. B. imaginär Brot geschnitten, Suppe gekocht, eingekauft, gespült und geputzt. Es wird das aus einem Tuch geknotete Puppenkind versorgt, „Besuch" empfangen und bewirtet. All diesem Tun liegt die Fähigkeit zugrunde, mit Hilfe der in diesem Alter erwachenden Vorstellungsbilder planend und zielstrebig einen Handlungsablauf durchführen zu können.

2. Vier- und fünfjährige Kinder sind im Puppenhaus dabei, ihre Puppenkinder in Tücher einzuwickeln und auf diese Weise anzuziehen. Eins hat einen besonders langen Schleier als Taufkleid bekommen, ein anderes aus einem gelben, kunstvoll abgebundenen Tuch „richtige Zöpfe". Nun geht ein Kind zum Kaufmann und kauft „Milch und Möhren" ein. Es erhält ein Körbchen mit Eicheln und Kastanien. Auf dem Rückweg sieht es eine Holzschüssel stehen. Es setzt in diese einige Kastanien und läßt sie als „Menschen im Schiff" fahren. Bei einigen anderen Kindern angekommen, lädt es aus und verteilt „Äpfel". Es kommt zu seinem Puppenkind zurück, und weil andere Kinder inzwischen den Tisch mit Blumen geschmückt haben, will es nun Taufe feiern. So wird das Puppenhaus zur „Kirche" umgebaut. – Ein fünfjähriger, sehr liebevoller Puppenvater hat sich einen „Fisch" zum „Mittagessen" eingekauft. Wie er damit „nach Hause" kommt, nimmt er ihn als Baßgeige zwischen die Knie und gesellt sich zu anderen Kindern, die als Musikanten mit Geigen, Flöten und Jagdhörnern aus Ästen inbrünstig in ihr Musizieren vertieft sind.

In dieser Weise Kinder spielen zu sehen, bringt manche Mutter zur Verzweiflung, weil ihr Kind dadurch, daß es dauernd etwas Neues aufgreift, u. U. ein großes „Durcheinander" entstehen läßt und sich nicht auf die Sache konzentriert. Jede Mutter sollte sich aber freuen, wenn ihr Kind zwischen dem dritten und fünften Lebensjahr in dieser Weise *umwandelnd* tätig ist. Zu keinem anderen Zeitpunkt im Leben ist der Mensch fähig, in der geschilderten Art seine zunächst kindliche Phantasie auszubilden. Das geschieht, indem er seine reichhaltigen Erlebnisse am Tun der Erwachsenen im Spiel nachvollzieht und scheinbar zusammenhanglos und neu produzierend die Dinge der Umgebung belebt. – Um dies auf möglichst breiter Basis zu erreichen, sind Lehrinhalte, die das Kind mit seinem Intellekt aufnehmen muß, auf dieser Stufe entschieden abzulehnen. Sie bewirken einen Abbruch der aufkeimenden, schöpferischen Phantasietätigkeit und lähmen die Freude und das unbewußte Interesse für qualifizierte Sinneserfahrungen. So können z. B. alle Dinge aus der Natur, wie Schafwolle, Rinde, Steine, Muscheln u. a. einen differenzierten Tastsinn erzeugen; das Bauen mit Ästen kann unter anderem den Gleichgewichtssinn erüben; das Malen mit flüssigen Wasserfarben den Sinn für ein harmonisches Farbenspiel wecken; das Musizieren z. B. auf einem Saiteninstrument (Kantele) den Gehörsinn aktivieren; um nur einige Sinne herauszugreifen. Das Kind lebt eben in diesem Alter noch viel tiefer in der Sinneserfahrung als der Erwachsene. Es kann auch noch nicht die Eindrücke mit dem Bewußtsein verarbeiten, d. h. mit Hilfe von Vorstellungen sich davon distanzieren. Sie erlangen dadurch einen unmittelbar prägenden Einfluß auf die sich bildenden Organe.

3. Eine dritte Entwicklungsstufe, welche die Zeit von der Geburt bis etwa zum dritten Lebensjahr umfaßt, klingt bei manchen Kindern, wenn sie mit drei Jahren in den Kindergarten kommen, noch aus. Nachdem das Kind in dieser Zeit das Gehen, Sprechen und die ersten Denkmöglichkeiten erlangt hat, offenbart sich nun eine Art des Spielens, die sich von den beiden oben geschilderten Beispielen unterscheidet. Zu allermeist sind diese Kinder unmittelbar am Tun des Erwachsenen beteiligt. Ob er z. B. Wäsche wäscht, Blumen umtopft, schnitzt, sägt oder spült, sie helfen überall gerne mit. Es zeigt sich aber, daß ein dreijähriges Kind noch nicht viel Ausdauer hat. Es unterbricht häufig sein Mittun, um z. B. einem anderen Kind oder Spielzeug für kurze Zeit seine Aufmerksamkeit zu widmen. Ein Interesse für das Ziel der Arbeit des Erwachsenen zeigt es noch nicht. Vielmehr äußert es seine spontane Freude, die dem Umgang mit den verschiedenen Elementen (Wasser, Erde, Holz) entspringt. Wird es in ein phantasievolles Spielen größerer Kinder gelegentlich mit einbezogen, so zeigt sich ganz deutlich, daß bei ihm die Phantasie noch nicht voll erwacht ist und dem Spielen eben nicht zur Verfügung steht. Während ein vier- bis fünfjähriges Kind z. B. beim Essen einer aus Eicheln und Kastanien gekochten Suppe „so tut als ob", steckt ein dreijähriges die Eicheln noch gerne richtig in den Mund.

Man sieht also, daß auf jeder der drei geschilderten Entwicklungsstufen entscheidende Fähigkeiten zu erwerben sind. Offenbar handelt es sich dabei um eine gesetzmäßige Folge von Lernschritten, die an eine ganz bestimmte Reifestufe des kindlichen Organismus gebunden sind: die im Kinde arbeitenden Kräfte, welche die Lernschritte ermöglichen, machen verschiedene Metamorphosen durch. Wenn sie den kindlichen Organismus so weit aufgebaut haben, daß er sich frei im Raum bewegen und in selbständige Korrespondenz zu seiner Umgebung treten kann, wandelt sich ein Teil von ihnen – immer nur annäherungsweise: – nach dem dritten Jahr in Phantasiekräfte, nach dem fünften Jahr in bildhafte Vorstellungskräfte, die ein zielgerichtetes Handeln ermöglichen, und nach dem siebten Jahr in freie Gedächtniskräfte, die für schulisches Lernen benützt werden können.

Zusammenfassend kann gesagt werden: So wie das Kind seine ganze Kraft benötigt, um den aufrechten Gang, die Sprache und die Denkfähigkeit zu erlernen, so sollte es auch mit aller Kraft seine schöpferische Phantasie ausbilden dürfen, um dann zu lebendigen Vorstellungsbildern zu gelangen. Auf diese Weise kann es sich einen Organismus mit gesunden Denkorganen ausbilden, vorausgesetzt, daß ihm nicht durch zu frühes intellektuelles Lernen ein großer Teil dieser Kräfte von deren eigentlicher Aufgabe abgezogen wurde.

Wer in verantwortungsbewußter Weise bemüht ist, das Spiel der Kinder zu führen (es ist durchaus nicht mehr bei allen Kindern selbstverständlich, in der geschilderten Art spielen zu können), der wird den Ernst und den Eifer, die Heiterkeit und tiefe Befriedigung, die dem Sinn dieses kindlichen Tuns entspringt, bemerken. Er wird weit von dem Gedanken entfernt sein, daß es sich hierbei um eine bloße Beschäftigung oder eine spielerische Tätigkeit handele, die durch auch nur gelegentlich eingestreute, wohl dosierte Lektionen unterbrochen werden könne. Das *Spielen* selber ist also zu *lernen* (und immer mehr Kinder bedürfen dazu einer sachgemäßen Anleitung), und nicht sollte das *Lernen* in *spielerischer* Weise vorverlegt werden, wenn man den Ausdruck „kind-gemäß" ernst nehmen will.

So ist die Waldorfkindergärtnerin aufgrund der Einsicht in eine geisteswissenschaftlich begründete Menschenkunde bemüht, den Raum, das Spielzeug und die Erwachsenentätigkeit so zu gestalten, daß das Kind in eine Umgebung eintauchen kann, in der es so die Welt nachahmend ergreifen lernt, daß es sich später mit ebensolchem Ernst dem schulischen Lernen wird widmen können.

APHORISTISCH

S p i e l ist Ernst, weil Geist darin ist. Das Kind übt spielend seine Geistigkeit.

S p i e l e r e i tötet den Geist. Sie ist eine Angelegenheit der Erwachsenen.

*

Drei Frauen gingen mit einem kleinen Kind an einem Glaskasten vorüber, in welchem Hänsel, Gretel und die Hexe als Puppen aufgestellt waren. Hänsel saß im Käfig.

Das Kind fragte: „Warum hat denn die Hexe den Bruder eingesperrt?" Die erste Frau antwortete: „Damit er nicht fortläuft." Die zweite: „Weil sie ihn schlachten will." Die dritte, die Mutter des Kindes, antwortete: „Weil sie böse ist."

1. Antwort   banal   ⎫
2. Antwort   utilitaristisch ⎬ illusionär
3. Antwort   wesentlich, weil moralisch

Gerbert Grohmann

Aus: Erziehungskunst, Januar/Februar 1958.

Aus: Erziehungskunst, Sonderheft, Stuttgart 1969.

WILLENSBILDUNG UND DAS KÜNSTLERISCHE ELEMENT
Rudolf Steiner

Man will die Kinder so miteinander in Verkehr treten lassen, wie es bei den Erwachsenen der Fall ist. Das ist das Falscheste, was man in der Erziehung tun kann. Man muß sich bewußt sein dessen, daß das Kind noch etwas ganz anderes an Seelenkräften und auch an Körperkräften zu entwickeln hat, als die Erwachsenen im Wechselverkehr miteinander zu entwickeln haben. Also auf das, was tief unten in der Seele sitzt, muß die Erziehung und der Unterricht eingehen können; sonst kommt man nicht weiter. Daher wird man sich fragen müssen: Was vom Unterricht und der Erziehung wirkt auf die Willensnatur des Menschen?...
Gefühl ist werdender, noch nicht gewordener Wille; aber im Willen lebt der ganze Mensch, so daß man auch bei dem Kinde rechnen muß mit den unterbewußten Entschlüssen. Hüten wir uns vor dem Glauben, daß wir mit allem, was wir meinen gut ausgedacht zu haben, *auf den Willen* des Kindes einen Einfluß haben. Wir müssen uns daher fragen: Wie können wir einen guten Einfluß auf die Gefühlsnatur des Kindes nehmen? Das können wir nur durch das, was wir einrichten als das wiederholtliche Tun. Nicht dadurch, daß Sie dem Kinde einmal sagen, was richtig ist, können Sie den Willensimpuls zur richtigen Auswirkung bringen, sondern indem Sie heute und morgen und übermorgen etwas von dem Kinde *tun* lassen. Das Richtige liegt gar nicht zunächst darin, daß Sie darauf ausgehen, dem Kinde Ermahnungen, Sittenregeln zu geben, sondern Sie lenken es hin auf irgend etwas, von dem Sie glauben, daß es das Gefühl für das Richtige im Kinde erwecken wird und lassen dies das Kind wiederholentlich *tun*. Sie müssen eine solche Handlung zur Gewohnheit erheben. Je mehr es bei der unbewußten Gewohnheit bleibt, um so besser ist es für die Entwicklung des Gefühls; je mehr das Kind sich bewußt wird, die Tat aus Hingabe in der Wiederholung zu tun, weil sie getan werden muß, desto mehr erheben Sie dies zum wirklichen Willensimpuls. *Also mehr unbewußtes Wiederholen kultiviert das Gefühl; vollbewußtes Wiederholen kultiviert den eigentlichen Willensimpuls;* denn dadurch wird die Entschlußkraft erhöht. Und die Entschlußkraft, die sonst nur im Unterbewußtsein bleibt, wird angespornt dadurch, daß sie das Kind bewußt Dinge wiederholen lassen. Wir dürfen also nicht mit Bezug auf die Willenskultur auf das sehen, was beim intellektuellen Leben von besonderer Wichtigkeit ist. Im intellektuellen Leben rechnen wir immer darauf: man bringt einem Kinde etwas bei, und es ist um so besser, je besser es die Sache begriffen hat. Auf das einmalige Beibringen legt man den großen Wert; dann soll die Sache nur behalten, gemerkt werden. Aber was so einmal beigebracht und dann behalten werden kann, das

wirkt nicht auf Gefühl und Wille, sondern auf Gefühl und Wille wirkt das, was immer wieder *getan* wird und was als das durch die Verhältnisse Gebotene für richtig getan angesehen wird...

Daher genügt es nicht, in abstracto zu sagen: man muß auch den Willen erziehen. Denn man wird dann glauben, wenn man selber gute Ideen für die Willensausbildung hat und diese durch irgendwelche raffinierte Methoden dem Kinde beibringt, zur Ausbildung des Willens etwas beizutragen. Das nützt aber gar nichts in Wirklichkeit. Es werden doch nur schwache, nervöse Menschen aus denjenigen, welche man zur Moral ermahnen will...

Aus: Rudolf Steiner, Allgemeine Menschenkunde als Grundlage der Pädagogik, Stuttgart 1919, Rudolf Steiner-Verlag, Dornach 1968.

... Das Kind war ja in der ersten Lebensepoche bis zum Zahnwechsel hin ein *Sinneswesen*, gewissermaßen ein ganzes Sinnesorgan; aber ein Sinnesorgan, *in dem bei jedem Schritt des Lebens der Wille* gewirkt hat.

Heute denkt man gewöhnlich nicht an den Willen, wenn man zum Beispiel ans Auge denkt. Aber auch beim Auge ist es so, daß das Willensartige das innere Bild zustandebringt und nicht etwas anderes. *In jedem Sinnesorgan schafft das Willensmäßige das innere Bild.* Das Sinnesorgan, passiv, hat zunächst nur die Aufgabe, sich oder den Menschen der Außenwelt zu exponieren, aber es findet in jedem Sinnesorgan eine innere Aktivität statt, und die ist willensartiger Natur. Und dieses Willensartige wirkt beim Kinde intensiv durch den ganzen Leib bis zum Zahnwechsel hin.

... Das Leben vor dem Zahnwechsel ist an den innerlich sich entfaltenden *Willen* geknüpft, der für dieses Lebensalter noch nicht unter Gedanken steht, sondern unter *Nachahmung* des dem Kinde körperhaft Entgegentretenden. Aber mit dem körperhaft dem Kinde Entgegentretenden setzt sich auch das Moralische, das Geistige beim Kinde fest im Körperhaften.

Aus: Rudolf Steiner, Die Pädagogische Praxis, Dornach 1923.

VOM MALEN MIT AQUARELLFARBEN
Freya Jaffke

Menschliche Sprache umgibt das neugeborene Kind vom ersten Tag an, schafft jene geistdurchdrungene Atmosphäre, in die sich das Kind nachahmend, hörend-aufsaugend und zugleich die eigene Organisation übend-herausgestaltend, hineinatmet. Nur dadurch kann es Mensch werden und fortan sein persönliches Menschsein im Wort ausdrücken. – In gleicher und wohl ebenso bedeutsamer Weise wirkt auch die Kunst als ein höchstes seelisch-geistiges Erzeugnis des Menschen auf das sich entwickelnde Kind. Es bedarf in viel selbstverständlicherer Weise, als das heute vielfach angenommen wird, einer „künstlerischen" Umgebung schon in frühester Zeit, um an ihr zunächst aufnehmend, dann weiter sich selber übend, seine Menschlichkeit zu entwickeln. Hier gilt es besonders zu beachten, daß die vom Erzieher zu gewährleistende Begegnung mit der Kunst immer zugleich beschenkt, als auch die eigene Tätigkeit aufruft, indem sie die im Verborgenen schaffende Bildetätigkeit weckt und seelische Kräfte kultiviert. So wird jede Art künstlerischer Betätigung durch sich selbst differenziertes Wahrnehmen durch die Sinne veranlassen.

Denkt man nun an Kinder des Vorschulalters, so erscheint es geboten, ihnen von vornherein eine Umgebung zu schaffen, die künstlerischem Qualitätsempfinden Rechnung trägt. (Farben, Formen, Wandschmuck, Klänge, Spielzeug u. a.). Damit wird eine tiefere Wirkung erzielt, als wenn man auf dieser Altersstufe in einzelnen ausgesparten Stunden „Kunsterziehung" betreibt. Es ist klar, daß in diesem Lebensalter das praktische Tun eine besondere Methodik erfordert. Auch das kleine Kind kann sich schon in die verschiedensten künstlerischen Bereiche hineinfinden und sich in ihnen betätigen, nur eben nicht mit dem Ziel, darin eine spezielle Unterrichtung zu erfahren. Denn gewiß will man die Kinder nicht schon für einen späteren z. B. Musiker-, Maler-, Bildhauerberuf vorbereiten. Möglichkeiten solcher Betätigungen sind z. B.: *Plastizieren* mit Bienenwachs oder Ton; Bewegungsspiele, die stark vom *Musikalisch-Rhythmischen* getragen sind; *Musizieren* auf einfachen Saiteninstrumenten (Kinderharfe, Kantele).

Was aber allen Bemühungen als der vielleicht entscheidendste Gesichtspunkt zugrundeliegt, ist folgendes: Das Kind nimmt auf dieser frühen Entwicklungsstufe alles mit seinem totalen Wesen auf (als Körper-Seele-Geist-Einheit). Was sich hiermit keimhaft veranlagt, muß auf späteren Entwicklungsstufen auf die eine oder andere Weise zum Vorschein kommen. Dabei ist durchaus damit zu rechnen, daß beispielsweise im Denken oder im Sozialverhalten Fähigkeiten aber auch Mangelerscheinungen auftreten können, deren Zusammenhang mit einer früheren z. B. künstlerischen Betätigung nicht ohne weiteres gesehen wird. Es gibt im menschlichen Leben neben linear sich steigernden Fähigkeiten aber auch solche, die sich in den verschiedenen Entwicklungsabschnitten als Metamorphose in ganz neuer Weise offenbaren.

Im Folgenden soll am *Beispiel des Malens* eine Möglichkeit aufgezeigt werden, die im besprochenen Sinne nicht in erster Linie zu Fertigkeiten führt, sondern verwandelbare Fähigkeiten veranlagen soll.

Malen mit Wasserfarbe

Material: (Holzbretter 50:35 cm), Malblätter (DIN A 3), flache ca. 24 mm breite Pinsel, Künstler-Aquarellfarben in Tuben, kleine Gläser für die aufgelösten Farben, Wassergläser, Schwämme, Kännchen zum Anrühren der Farben.

Vorbereitung: Das gemeinsame Herrichten der Tische für das Malen ist bei den Kindern sehr beliebt. Sind sie doch an jeder überschaubaren Arbeit der Erwachsenen interessiert und gerne mithelfend tätig. Da müssen die Tische mit einem Wachstuch abgedeckt, die Wassergläser gefüllt und verteilt werden. Neben jedes Glas wird ein Schwamm zum Abtupfen des zu nassen Pinsels gelegt. Die Farben werden in kleinen Kannen aufgelöst und glattgerührt, dann in die Farbgläser gegossen und diese auf die Tische gestellt. Die Malblätter (saugfähiges Papier, nicht zu dünn) werden in eine Wasserwanne getaucht und sorgfältig mit dem Schwamm auf dem eventuell vorher angefeuchteten Malbrett glattgestrichen („festgeklebt"). Nun kann das Malen beginnen.

Selbstverständlich ist eine solche gemeinsame Vorbereitung mit den Kindern nur möglich, wenn die Gruppe nicht mehr als 20 bis höchstens 25 Kinder hat. (In den Waldorfkindergärten ist das die Regel.) Wenn man die Kinder nicht in Jahrgangs-, sondern in altersgemischten Gruppen (von 3 bis 6 Jahren) beieinander hat, so ist das, wie in vielen anderen Fällen, besonders günstig, weil die verschiedenen Bedürfnisse und Fähigkeiten der Kinder vom Erwachsenen gut befriedigt und berücksichtigt werden können. Während die Drei- und Vierjährigen vollauf damit zufrieden sind, wenn sie die Farben anrühren und in die Gläser gießen dürfen, übernehmen die Fünf- und Sechsjährigen gerne schon mehrere Arbeitsgänge (z. B. Zusammentragen aller Dinge, die zur Vorbereitung gebraucht werden; Abräumen der Maltische – Gläser spülen und abtrocknen – einräumen), die sie durch wiederholtes Miterleben in richtiger Reihenfolge nun selbst beherrschen.

Der Malvorgang

Ohne vorherigen Appell von seiten des Erwachsenen an einen Bewußtseinsinhalt, eine Vorstellung beim Kind, ohne Themenstellung wird der Pinsel von den Kindern in die Farben getaucht und seine fließende Spur auf dem Papier verfolgt. Die Beschränkung auf die drei Grundfarben: rot, gelb, blau eröffnet den Kindern eine nuancierte Farbenskala in unglaublicher Reichhaltigkeit, die sie selber entstehen lassen. Damit ist besonders bei den *vier- und fünfjährigen* Kindern eine ständige Entdeckerfreude verbunden; denn wenn die einzelnen Farben an manchen Stellen zusammenfließen und sich vermischen, so entstehen Zwischentöne wie z. B. grün, violett, braun.

Neben dem Farbenspiel auf dem Papier, über das sich die Kinder vielfach mit staunenden oder freudig überraschten Worten äußern, spielt auch die ständig sich verändernde Farbe des Wassers, in dem der Pinsel gut ausgewaschen wird, eine große Rolle. Wenn das ganze Blatt bemalt ist und die Farben so recht durch das wässerige Element leuchten und glänzen, so tritt bei diesen Kindern ein Augenblick höchster Befriedigung ein, der oft noch das sich an das Malen anschließende freie Spielen unbewußt überstrahlt. Das Bild ist dann, wenn es in das Fach zum Trocknen geschoben worden ist, dem Kind nicht mehr wichtig.

Anders verhalten sich da die *fünfeinhalb- und sechsjährigen* Kinder. Schon bevor sie den Pinsel in die erste Farbe tauchen, haben sie sich oft eine Vorstellung gebildet von einer bestimmten Farbe, die sie entstehen lassen wollen oder von einem Gegenstand z. B. Baum, Schloß, Regenbogen. Dabei kann es durch die flüssige Farbe in Verbindung mit dem feuchten Blatt nicht zu festen Konturen kommen, was der daran weitergestaltenden Phantasie nur zugute kommt. Oft entsteht dadurch, daß die Kinder eine neue Farbe zu der angefangenen Form hinzunehmen, in ihrer Phantasie ein ganz neuer Sinnzusammenhang, an dem sie dann weiter malen. Während des Malens oder wenn sie fertig sind, erzählen diese Kinder mitunter gern dem Erwachsenen oder einem anderen Kind etwas zu ihrem Bild; welche Farben sie besonders schön finden oder welchen Inhalt sie in dem gemalten Bild entdecken.

Auch schon für *dreijährige Kinder* ist das Malen mit Wasserfarbe auf solche Weise ein freudiges Erlebnis. Allerdings darf man von ihnen nicht die Beherrschung einzelner technischer Verrichtungen erwarten, wie z. B. das Auswaschen des Pinsels, bevor er in eine neue Farbe getaucht wird. Auch ist ihnen eine gezielte Pinselführung noch nicht möglich. Vielmehr bewegen sie den Pinsel schwungvoll oder auch zaghaft auf dem Papier hin und her, und man hat das Empfinden, als sei die Bewegung und die damit verbundene Farbspur das Allerwichtigste. Meistens begnügen sich die Dreijährigen mit einer Farbe z. B. rot, und sie sind erst mit dem Malen fertig, wenn das Farbgläschen leer ist. Wenn sie sich mal eine andere Farbe dazuholen, so setzen sie diese auf dem Blatt nicht neben die erste, sondern malen sie darüber, ebenso auch eine dritte Farbe. Das Ergebnis ist dann eine dunkle, undifferenzierte Fläche, und die drei Farbgläser sind durch ihren ursprünglichen Farbeninhalt nicht mehr zu unterscheiden. Steigert man jedoch die Anzahl der Farben allmählich, so wird von diesen Kindern nach einer kurzen Übergangszeit nicht mehr nur darauflos gemalt, sondern in behutsamer Weise Farbe neben Farbe gesetzt.

Die dreijährigen Kinder sind beim Malen meistens ganz still und emsig tätig, besonders auch dann, wenn jedes sein eigenes Farbgläschen hat, aus dem es malen darf. Die vier- und fünfjährigen Kinder teilen gern mit – mehr oder weniger impulsiv –, wenn sich auf ihrem Blatt etwas Besonderes ereignet. Und bei den fünf- und sechsjährigen Kindern dominiert wieder das stille, eifrige Tun, und zwar in besonnener, behutsamer Weise. Gelegentlich tauschen sie sich mit Gleichaltrigen während des Malens über die Farben oder den Inhalt ihrer Bilder aus.

Malenlernen durch Nachahmung

Das Malen, wie fast jede andere Fähigkeit, erwirbt das Kind in der Vorschulzeit am besten durch Nachahmung der Erwachsenen. Darum ist es besonders günstig, wenn das Kind einer Mutter, Kindergärtnerin oder größeren Geschwistern beim Malen zuschauen darf. Es ergreift es dann, wenn keine Belehrung damit verbunden wird, auf die geschilderte, seinem Alter gemäße Weise. Entweder wird es gleich malen wollen, wenn der Erwachsene auch malt (Dreijährige), oder es zu einer anderen Zeit selbständig aufgreifen (Fünf- und Sechsjährige). Alle technischen Vorgänge, die unweigerlich mit solch einem Malen verbunden sind z. B. Richten und Aufräumen des Materials, werden durch Nachahmung des Erwachsenen zur guten Gewohnheit, so daß alle Vorbehalte in dieser Beziehung ausscheiden können.

Wenn der Erwachsene darauf achtet, daß er jedesmal den Pinsel im Wasserglas auswäscht und am Schwamm abtupft, bevor er ihn in eine neue Farbe eintaucht, so wird dieser Vorgang vom Kind mehr und mehr in gleicher Weise vollzogen. Denn jedes gesunde Kind hat ein starkes Bedürfnis, alle Handlungen und Bewegungen, die es in seiner Umgebung sieht, mitzutun oder im phantasievollen Spiel nachzuahmen. Daher wirken oft in diesem frühen Lebensalter bewußte Handlungen der Erwachsenen tiefer und anhaltender als erklärende Worte, die sich an den Verstand des Kindes wenden.

Mit Beginn der Schulzeit tritt dann an die Stelle des freien phantasievollen Umganges mit der Farbe das gezielte Malen, geführt durch das Wort des Lehrers. Das schließt in sich, daß die Aufgabe vom Lehrer in phantasievollen Worten und meist in stofflichem Zusammenhang mit dem Unterrichtsgeschehen gestellt wird. Der Malvorgang wird in seinen einzelnen, auch von der Maltechnik her bedingten Schritten geführt. Was entstanden ist, wird gemeinsam angeschaut.

Metamorphosen auf späteren Lebensstufen

Wenn der Erwachsene im Gespräch z. B. mit Sorgfalt und abwägendem Takt seine Argumente vorbringt, dabei in differenzierendem Ertasten seines Gegenübers sowohl sich beeindrucken läßt als auch Wirksamkeit erzielen will, so verdankt er dieses Vermögen u. a. der frühkindlichen bereitwilligen Hingabe an Farbe und Pinsel, die seine unbewußten Erzieher waren.

Was der Herangewachsene als Logik kennt, wird immer der verinnerlichte Ertrag von sinnvollen Handlungsabläufen sein, die das Kleinkind nachahmend aus seiner Umgebung hat aufnehmen dürfen. Die innere Ordnung im Ablauf der einzelnen Tätigkeiten beim Malen z. B. gewährleistet dort ein „brauchbares" Ergebnis. Nicht anders verbürgt auf der Ebene des Verstandes das sorgfältige Verknüpfen von einzelnen Schritten ein sicheres Denkresultat.

Wer im frühen Alter liebevoll auf Kraft oder Zartheit, eben die Abgestuftheiten im Auftragen von Farben, hat achten lernen können, wird leichter das entsprechende Seelenvermögen im sozialen Zusammenhang z. B. beim Geltenlassen oder Sichbehaupten (d. h. in der eigenen Stellung) aufbringen.

Immer erneut Anlaß geben zu Betätigungen wie: Sorgfalt, Achtsamkeit, Abwartenkönnen, sinnvolle Folge des Arbeitsganges, unmittelbares sinnliches Erfahren der Farbmischungsgesetze, abwägendes Anwenden der Farbmächtigkeit (z. B. intensiv, zart), heißt, der allmählich erwachenden Kindesseele die zu ergreifende Leiblichkeit (Sinnesorganismus und Gliedmaßen; Sensorik und Motorik) immer gefügiger zu machen. Das alles spielt sich freilich nicht im Bewußtsein des Kindes ab, es bildet sich dazu weder vorüberlegende noch reflektierende Gedanken, aber es begleitet alles mit intensivem Erleben und macht auf diese Weise in tieferen Schichten Erfahrungen, die darauf warten (können), in späteren Lebensaltern vom Bewußtsein ergriffen zu werden und in einer selbständigen Lebensgestaltung Ausdruck zu finden. Unter solchen Aspekten wird die wahre menschenkundliche Rechtfertigung für künstlerisches Bemühen im Kindergarten bzw. in der Vorschulzeit einsehbar. Kunst ist eben nicht ein ästhetischer Zusatz zum „eigentlichen Leben", sondern kann als Vollzug, als immer wieder anzustrebende Übung zur Grundlage für eine menschengemäße Bewältigung des Lebens selber werden.

Aus: Der Staedtler-Brief, Heft 20, Herbst 1971.

HANDARBEITEN
Dora Dolder

Unverdorbene Kinder im Vorschulalter zu einem ersten primitiven Handarbeiten anzuleiten, fällt nicht schwer, wenn man ihr Nachahmungsbedürfnis und ihre Bewegungslust anspricht; denn das Sich-Betätigen-Wollen ist ihr Lebenselement. Dieses erste anfängliche Werken mit den Händen unterscheidet sich vom Handarbeitsunterricht der Schule noch wesentlich: dort schrittweise aufbauendes Üben, Lernen und Arbeiten – hier staunend ausprobieren, nachahmen, neu schaffen – alles ist noch schöpferisches Spiel. Tatkraft und Phantasie befeuern sich gegenseitig.
Die Handarbeit in unserem Kindergarten fängt im handgreiflichen Erleben der Natur draußen an. Ein Garten bringt eine Fülle an Betätigungsmöglichkeiten. Es zeigt sich dies in Leben und Spiel der Kinder durch das ganze Jahr. Immer sind sie dabei, mit ihren Händchen etwas zu gestalten: aus Blüten- und Baumblättern, mit Tannennadeln und Gräsern, Holzstecklein, Fruchtschalen und Sämchen, mit Sand, Stein und Erde; ja selbst im Winter läßt sich herrlich plastizieren mit Schnee. Einige dieser Beschäftigungen seien hier kurz erwähnt. Diese, in den jeweiligen Jahreszeiten gelegenen Tätigkeiten, ergreifen die Kinder meistens von sich aus, angesprochen durch all ihre Sinne von der Umwelt her.
Im Vorsommer, wenn die Bäume zu blühen beginnen und die Föhre inmitten des Gartens uns ihre Zapfen herunterwirft, entsteht ein Spiel, das alle Kinder, die wildesten wie auch die ganz gemächlichen, anspricht. Wir nennen es „Bäumchen schmücken". Eine Handvoll gefallene Blüten, Blumen, Gräser, Kieselsteinchen werden gesucht. Leicht läßt sich dieser Schmuck in die etwas geöffneten Föhrenzapfen stecken, auch von ungeduldigen und ungeschickten Händchen – und schon blüht ein Bäumchen. Um diese blühenden Bäumchen entstehen Welten. Mit weiterem Naturmaterial aus dem Garten werden Sächelchen zusammengebunden, gewickelt, gesteckt, geflochten und gebaut, und dank der Phantasiekraft belebt sich alles, weit, weit über das hinaus, was sinnlich sichtbar vor ihnen im Gärtchen liegt.
Eine „Kunst", die besonders Mädchen anzieht, ist das Zusammenheften von Baumblättern. Dazu dürfen die Blätter nicht zu zart und die Nadeln vom dürren Zweig nicht zu grob sein. Recht sorgfältig und mit feinem Fingerspitzengefühl muß da ans Werk gegangen werden. Das Entzücken ist dann groß, wenn der Kranz, das Hütlein, das Körbchen hält! Und reißt es, muß man flugs flicken oder gar neu anfangen. Dies gehört eben auch schon zu den Erfahrungen der Fünf- und Sechsjährigen. Etwas von ihren Temperamentsanlagen läßt sich dabei erkennen. Man muß ihnen überall helfend zur Seite stehen. Wachsam sein und doch möglichst wenig eingreifen, den Strom des Tätig- und Verwobenseins nicht unterbrechen, nur weiterführen all die Besenbinder, Rüetlisammler, Gürtchenknöpfer, Graszöpfler, Schnittlauchbüschler, Kranzflechter, Glacetütchenmacher und so fort.
Im Herbst gibt es dann weitere herrliche Dinge zu tun, angeregt durch die farbige Umwelt. Nur zwei Beschäftigungen seien genannt, die besonders in dieser Jahreszeit begeistertes Tun auslösen: „Mehl mahlen", dürre, knisternde Blätter in den Fäustchen drin zerreiben, und das farbige Wasser zaubern. Gibt es Kinder, die nicht mit voller Begeisterung ausprobieren würden, welche

Farbe zum Beispiel Blätter, Blüten, Nußschalen, Cornellkirschen und so fort mit Wasser vermischt, tüchtig gerührt und abgesiebt, ergeben? Zum Tanzen und Jauchzen ist es, wenn gar schneeweiße Baumwolltüchlein ins Farbwasser gelegt werden dürfen! Erlangen sie auch bloß ein Bräunlich, ein zartes Grün, ein Hauch von Gelb oder Rot, ist das eben genau das Richtige; denn daraus werden später Püppchen gemacht, das Gesichtchen zeigt dann schon Farbe und Leben.

Es kann das mannigfaltige, liebevolle Beschäftigtsein mit Dingen in und aus der Natur für das Vorschulkind höchst anregend auf Phantasie und Schaffenslust wirken. Mit seinem, wenn auch noch traumhaften Einfühlungsvermögen nimmt es eine Fülle von lebensvollen Formen, Farben und Bewegungen wahr. Nicht zu übersehen ist, wie dadurch seinen Ehrfurchtskräften Nahrung zuströmt (etwa im Unterschied zu dem stereotypen, spröden Legospiel). Erste Erlebnisse menschlicher Urtätigkeiten, wie etwa: Suchen, Wählen, Wickeln, Binden, Knüpfen, Nähen, Färben, auch Säen und Ernten, Mahlen und Backen darf es selber tätig erleben. So wächst es vorerst spielend-werkend in das Leben hinein. In der Schule werden dann diese Tätigkeiten zu Fähigkeiten entwickelt und, man denke etwa an die Technik des Handschuhstrickens oder des Häkelns, ins Wissen erhellt.

Ein echtes, schönes Material, das uns zu immer neuem Gebrauch anregt, ist die pflanzengefärbte Schafwolle. Damit läßt sich herrlich spielen und gestalten, jedoch in ganz anderer Weise als mit Sand, Ton oder Bienenwachs. Ein Korb voll farbiger Schafwollbündel lockt jedes Kinderhändchen, hineinzugreifen und mit diesen feinen, duftigen, transparenten Flocken zu spielen und zu verweilen. Ein besonders beliebter Anfang ist das Luftbällchen machen: jedes darf sich eine Wollflocke aussuchen. Diese lassen wir jetzt wachsen, indem sachte mit den Fingerchen die Flocke ringsum ausgeweitet wird, bis sie groß, rund und durchscheinend als Wolke von der einen Hand in die andere schwebt. Ist dieses „Schnee-Abend-Gewitterwolkenspiel" genügend ausgekostet, nehmen wir sie in unsere beiden Hände und fangen an zu runden, zu drehen und plastizieren, ringsum. Jedem wird dann wunderbar warm in den Handtellern drin. Allmählich kleiner zum Wölkchen werdend, läßt sie sich noch mehr zusammenballen bis zum Bällchen. Dies läßt sich lange gerne in den Händen drinnen drehen und rollen, von einem Kind zum andern kugeln, geben und nehmen, hin und her.

Entzückende, unermüdliche Spiele, mit Sprüchlein und Singen begleitet, wird die jüngeren Kinder einspinnen, während die geschickteren schon dramatischere Spiele suchen und erfinden. Zum Beispiel: Auf der einen flachen Hand wird das Bällchen angeblasen und von der andern flugs aufgefangen! Legt man das federleichte Rund in seine Handschale, die Fingerchen fest gebogen und bläst das Bällchen an – brrh! –, kann es nicht mehr weg, rollt und rollt, dreht sich, so lange der Wind bläst und ruht dann aus, um bald erneut loszuzielen. Eifrig übend, will dann jedes herausbringen, daß Bällchen, Atem und Händchen einander gehorchen! Mit Leichtigkeit lassen sich diese „Rundumeli" verändern. Mit dem geweckten plastischen Empfinden in dem Handinnern kann das Rund etwas länglich zum Ei geformt werden. Durch weitere minimalste Veränderung spricht die Geste anders, wofür Kleinkinder besonders begabt sind.

Zupft man beispielsweise vorn am „Köpfchen" ein wenig Wolle hervor, dreht diese mit Daumen und Zeigefinger leicht zu einem Schnabel – hockt im Nu ein Vögelchen in der Hand drin wie im Nest. Obschon noch unvollendet, ja gerade darum, wird jedes Kind in Entzücken und Gespräch mit ihm geraten. Aus Stoff oder Seidenpapier lassen sich Flügel schneiden und mit einigen Nadelstichen auf dem Rücken annähen. Zuletzt kann durch das ganze Wollding ein Faden von unten her gezogen werden, dieser an ein Rütlein gebunden und gleich einer Marionette von oben geführt werden. Das Kind selber wird nun springend und hüpfend zum Vögelchen. Ein reiches Spiel entzündet sich an diesem einfachen, durch der Hände Fähigkeit entstandenen Werklein. Aus solch einem Bällchen kann noch vielerlei entstehen. Durch weiteres Plastizieren, durch Nähen einiger Stiche zur Befestigung der Form, durch Wickeln mit gesponnener Wolle, durch Annähen von Stoff.

Jeweilen interessant ist, wie dem einen Kind lauter kugelrunde Schäfchen, dem andern schleichende lange Füchse, mollige Häschen oder hauchdünne Zwerglein aus den Händen springen. Diese werden im Moment des Entstehens mit Leben begabt und kraft der Spielfreudigkeit in ein weiteres Geschehen hinein versetzt: zu den Schafen gehören Hirt, Hund und Weide, die Füchse brauchen ihre Höhle, die Häschen eine Grube und die Zwerge auch ihr Reich mit Schneewittchen.

Die der Schulreife entgegengehenden Kinder werden zielgerichtet und mit Ausdauer ihre angefangene Geschichte weiter weben: farbige Tücher, Steine, Wurzelstrünke herholen und ein Theaterchen auf dem Tisch oder in irgendeiner Ecke aufbauen. Befähigt, aus dem Moment heraus den gegebenen Figürchen entsprechend, alles in einen Ablauf alltäglichen oder märchenhaften Geschehens zu bringen, entstehen die schönsten Spiele. Meistens sind die Jüngeren dabei dankbare Zuschauer. Mit offenem Mund machen sie mit, was sich vor ihnen bewegt, spricht und kundtut.

Dann kann manchmal plötzlich eintreten, daß den Theaterspielern (den Sechs- und Siebenjährigen) nicht mehr genügt, nur eine Schafwollflocke als Hirt oder König einsetzen zu können. Besondere Figuren im entsprechenden Kleid werden gewünscht.

Dies ruft uns zum Püppchenmachen auf. Da werden einige neue Handgriffe und besonders das Sich-gegenseitig-Helfen auszukosten sein: Ein Schafwollbällchen, rund wie der Vollmond, wird auf ein rechteckiges Tüchlein, gewiß auf ein selbstgefärbtes, gelegt. Geschickt soll nun dieses Stöfflein über das Kopfrundumeli gestülpt werden, im Fäustchen gehalten, während der Nachbar mit Faden das Köpfchen abbindet. Aus dem herunterhängenden Hemdlein lassen sich, wenn notwendig, Arme und Beine knüpfen.

Kinder, die sommers über beschäftigt waren mit seidenen, samtenen, rauhen Blättern und Blumen, werden nun mit prüfenden Fingerchen die Stoffe betasten und suchend wählen; denn ein Hirt braucht einen andern Mantel als ein König, nicht bloß der Farbe nach. Zu einem ungefähren Rechteck werden diese „Kleiderstoffe" geschnitten, in Fältchen um den Hals des Püppchens gelegt, wiederum vom Nachbar mit einem schönen Bändchen umwickelt und geknüpft. Ein Büschel Seidenfäden oder Schafwolle wird als Haar angeheftet, zwei Stiche und geknotet, Auge und Mund gemalt und seht – es steht ein Püppchen da! Diese ureinfachen, nur die menschliche Gestalt andeutenden Püpplein werden meistens herzlich geliebt; denn so ein Ding vermag mehr zu tun als die schönste Sascha: es lacht, es weint, schläft, springt, wird krank, stirbt fast und geht dann wieder zur Schule, und so fort. Warum kann es das alles in fließenden Übergängen? Weil es so unvollkommen, nur angedeutet ist. Die Möglichkeit ist offen, ja, die Notwendigkeit geschaffen, durch des Kindes eigene Seelentätigkeit fortwährend vervollständigt zu werden, ihm dies und jenes anzudichten und es tun zu lassen, weil durch kein starres, fertiges, zwingendes Aussehen von vornherein der inneren Regsamkeit des Kindes ein Riegel geschoben ist. Diese Püppchen müssen dann weiter ausgestattet werden mit Krone und

Schwert, Hirtentäschchen, Hut und Stab, Schürze, Besen, Schirm, gar mit Bett und Haus und so fort. Nie darf man da ins naturalistische Basteln und Nörgeln kommen.

Von ausschlaggebender Wichtigkeit wird sein, daß schönes, echtes, vielseitig verwandelbares Material verwendet wird, das künstlerischen Sinn und Empfinden weckt und ein auch tätiger Erwachsener die Schöpferfreudigkeit der Kinder anregt.

Nie darf man aus dem Erwachsenenperfektionismus heraus kombinieren wollen im Kindergarten! Das ist Hindernis für ein Kind, das doch voller Sympathie und Frische vorerst einfach nachahmend patzt und durch eigene Erfahrungen zum richtigen Handgriff kommen möchte und kann. Wie genial und prägnant sie diesbezüglich oft sind!

Veranlaßt aus Leben und Geschichten, entstehen jahrüber vielerlei Spieldinge und Geschenke, in primitiver Ausführung, die Hand des Schöpfers zeigend. Wenn auch nicht bei allen schon zu Geschick und Handhabung geronnen, ist doch jedes Kind in diesem Alter begabt, in Gesten und Gebärden *alles* tun zu können.

Diese samenhafte Leichtigkeit und Geschmeidigkeit in den Gliedern nicht vertrocknen zu lassen durch eine zu frühe, nützlichkeitsbezogene poesielose Handarbeit, ist Aufgabe des heutigen Kindergartens.

Das Erziehungsprinzip von Vorbild und Nachahmung kann einem dazu Schlüssel und Weg sein.

Das Geheimnis der Kindergartenführung liegt darin, daß man die Kinder soviel wie möglich durch die Lebensumstände nachahmend sich bilden läßt. Wie sie vom Leben und durch das Leben nachahmend Gehen, Sprechen und Denken lernten, so soll auf der Kindergartenstufe das gestaltete Leben anregen und bilden. Alles Künstliche, Ausgedachte, in Lernschritte systematisch Aufgeteilte kann da nur Kümmerliches erzeugen, was später als Schwäche der Lebenskräfte sich auswirken wird.

Aus: Die Menschenschule, Mai 1971.

FAMILIE, ARZT, SOZIALISATION

DIE ELTERN BEREITEN DIE LERNFÄHIGKEIT IHRER KINDER VOR
Willi Aeppli

Lernen zu können ist eine Fähigkeit, die unter allen Wesen der Erde dem Menschen allein zusteht. Das Tier zum Beispiel hat diese Möglichkeit nicht. Es wird „durch seine Organe belehrt". Diese sagen ihm, wie es sich in seiner Umwelt am zweckmäßigsten zu verhalten hat. Darum auch kann es so schnell ein fertiges, ausgewachsenes und auf sich selbst gestelltes Lebewesen sein. Der Mensch aber braucht zwanzig Jahre, ein Drittel seines Lebens, bis zum Erwachsensein, das wir als Mündigkeit bezeichnen. Und er ist überdies, da er nur zum geringsten Teil durch seine Organe belehrt wird, auf die Hilfe der schon mündig gewordenen Menschen angewiesen. Sie sind es, die das Kind von einem gewissen Alter an „belehren". Wir nennen das mit Recht dann Erziehen. Die Vorbedingungen für die spätere Lernfähigkeit müssen im ersten Jahrsiebt geschaffen werden, also im noch vorschulpflichtigen Alter. Die drei menschlichen Grundkräfte des Denkens, Fühlens und Wollens als Äußerung des Seelisch-Geistigen im Menschen, sind zwar an sich selbständig-wesenhafte Kräfte. Um sich aber rechtmäßig in Erscheinung bringen zu können, bedürfen sie einer gesunden organischen Grundlage. Jede dieser drei Seelenkräfte ist an ein bestimmtes Organsystem der Leiblichkeit gebunden. Daß die Denkkraft in Beziehung steht zu Gehirn und Nervensystem, ist bekannt. Die Gefühlskräfte haben als ihre organische Grundlage das, was wir den „Rhythmischen Menschen" nennen können, das Atmungs- und Blutzirkulations-System. Die Willenskräfte aber müssen ihr gutes Widerlager haben in den Stoffwechselprozessen und im Gliedmaßen-System.
Nun ist die Möglichkeit einer gesunden Entwicklung der Seelen- und Geisteskräfte zwischen dem siebten und zwanzigsten Lebensjahr weitgehend abhängig von einer gesunden Ausgestaltung des Physisch-Leiblichen mit seinen drei Organ-Systemen in den ersten sieben Lebensjahren. Was können die Eltern tun oder was müßten sie vermeiden, damit sich das Physisch-Leibliche des kleinen Kindes als Grundlage der Lernfähigkeit richtig entwickelt?
Die „Erziehung" des kleinen Kindes, zumindest bis zum fünften Lebensjahr, aber auch noch darüber hinaus, ist im wesentlichen eine physisch-leibliche. Moralischen oder erkenntnismäßigen „Belehrungen" von seiten der Erwachsenen ist das Kleinkind noch nicht zugänglich. Man könnte vielleicht sagen: Der Organismus des kleinen Kindes läßt sich belehren von seiner Umwelt und ihren Kräften. Das würde aber bedeuten, daß das Kleinkind seinen Organismus bis in seine einzelnen Organe hinein aufbaut gemäß demjenigen, was es aus seiner Umgebung empfängt und sich einverleibt. Daraus erhebt sich die Frage: Was

nimmt dann das Kind auf aus seiner Umgebung und mit welchen Organen? Da ist als erstes die tägliche Nahrung, die es zu sich nimmt, und die seine Wachstums- und Bildekräfte anregen. Als zweites ist es die Luft, die es ein- und ausatmet. Beides sind Ernährungsvorgänge, nur daß der Vorgang des Atmens ein viel feinerer Prozeß des Ernährens ist. Es gibt aber noch einen dritten und noch feineren, deshalb auch so wenig beachteten Prozeß des Aufnehmens und Sicheinverleibens. Und das ist dasjenige, was das Kind entgegennimmt als Sinnes-Eindrücke aus seiner Umgebung mit Hilfe seiner Sinnesorgane. Die Nahrung, die das Kind zu sich nimmt, die Luft, die es atmet, die Sinnes-Eindrücke, die es empfängt, haben ihren Einfluß auf die Wachstumskräfte, sind also organbildende Faktoren. Für alle drei gilt die Erziehungsmaxime: Das Kind soll nur das aufnehmen, was ihm zuträglich ist.

Da ist zunächst einmal zu bedenken, daß die „Wahrnehmungswelt", welche uns die Sinneseindrücke liefert, mannigfaltiger und differenzierter ist, als uns gewöhnlich bewußt wird. Wir nehmen mit den entsprechenden Sinnesorganen wahr, was in der Natur um uns herum ist an Farbe, Geruch, Geschmack und so weiter. Wir nehmen aber auch dasjenige wahr, was mit unserer Leiblichkeit zu tun hat, und haben dafür unsere Sinnesorgane, wie zum Beispiel den Tastsinn, den Gleichgewichtssinn, den Bewegungssinn. Wir nehmen aber auch noch das wahr, was von anderen Menschen uns entgegenkommt als der Klang seiner Stimme, als seine Sprache (die sich in Sätze, Worte und Laute gliedert), als seine Gedanken und Vorstellungen.

Nun besteht zwischen dem Erwachsenen und dem kleinen Kind ein ganz wesentlicher Unterschied in bezug auf die Funktion des Sinnesorganismus. Die Sinneseindrücke wirken ganz anders auf das Kind als auf den Erwachsenen. Man könnte sagen: Der Erwachsene bildet gemäß den Sinnes-Wahrnehmungen sich seine „Weltanschauung". Kraft seines Bewußtseins ist er in der Lage, die Sinneseindrücke „abzufangen", indem er sich sofort Gedanken und Vorstellungen darüber bildet. Er läßt sie gleichsam nicht allzusehr in seinen Organismus hineindringen. Manchmal zwar kann er es nicht verhindern, dann nämlich, wenn die Sinneseindrücke eben zu starke „Eindrücke" machen in seine Leibesorganisation. Sie können dann beispielsweise sein Herz attackieren, Kopfweh bereiten, Verdauungsstörungen hervorrufen. Aber das sind Ausnahmen. Die Bewußtseinskräfte und der widerstandsfähige, schon verfestigte physische Leib bewahren den Erwachsenen davor, sich leiblich von den Sinneseindrücken zu stark „be-eindrucken" zu lassen. Ist dies nicht der Fall, so haben wir es mit pathologischen Erscheinungen zu tun. Was nun aber beim Erwachsenen „pathologisch" wäre, das ist beim Kleinkind „physiologisch", das heißt ein seiner Entwicklungsstufe gemäßer, natürlicher Vorgang. Es hat weder die Bewußtseinskraft des Erwachsenen noch dessen verhärtete Leiblichkeit. Das kleine Kind ist, wie Rudolf Steiner öfter ausgeführt hat, „ganz Sinnesorgan". Es ist den Sinneseindrücken mit seiner ganzen noch bildungsfähigen Leiblichkeit hingegeben, aber ihnen auch preisgegeben. Es ist durchaus richtig, zu sagen: Das kleine Kind „konsumiert" die Sinneseindrücke. Alle Sinneswahrnehmungen rufen in ihm gleichzeitig feinste vegetativ-organische Prozesse hervor, Prozesse, welche die weitere Bildung oder Mißbildung der Organ-Systeme und der einzelnen Organe bestimmen. Bildet also der Erwachsene aufgrund der Sinneswahrnehmungen seine „Weltanschauung" als kompliziertes Begriffs-System, so bildet das kleine Kind, bis zu einem gewissen Grad wenigstens, gemäß den Sinneseindrücken sich seinen physischen Organismus. Und das ist etwas Realeres als eine Weltanschauung.

Wie sollte eine gesunde Umwelt beschaffen sein, deren Kräfte das Kind mit seiner Sinnesorganisation aufnehmen kann? Da haben wir zuerst die äußere Natur als kostbare Erfahrungswelt. Der Acker, die Blume, das Tier, der Fluß, der See, der Wald, die Wolken schenken leibaufbauende Sinneseindrücke. Die Farben des Regenbogens zu sehen, das Zwitschern der Vögel zu hören, das Harz des Baumes zu riechen, die Beere im Wald zu schmecken, die Kühle des Wassers zu erleben, das alles sind Sinnes-Erfahrungen, die ihre gute Bedeutung haben für die leibliche Entwicklung des Kindes.

Eine weitere wichtige Erfahrungswelt für das Kind ist sein eigener Leib. Ihn in der richtigen Weise erleben, das heißt wahrnehmen können, mit den entsprechenden Sinnesorganen, ist von großer Bedeutung. Diesem erzieherischen sowohl wie therapeutischen Zweck dienen oder dienten unter anderem die wirklichen echten Kinderspiele, wie die Kinderreigen, die Ballspiele, das Reifenlaufen, das Seilhüpfen und so weiter. Im Interesse einer gesunden, lernfähigen Kindergeneration möchte man nur wünschen, daß die alten Kinderspiele und Spielzeuge, die eine „Hochschule" der leiblichen Entwicklung bedeuten, wieder „modern" werden.

Eine dritte wichtige Erfahrungsquelle für das Kind sind die Erwachsenen. Möge es an ihnen nur Gutes wahrnehmen, wenn sie sprechen, denken oder handeln. Das Kind hat feine Sinnesorgane für die Äußerung des Erwachsenen bis in sein seelisches Verhalten hinein. „Die Liebe der Mutter, welche die Umgebung des Kindes warm durchströmt, brütet die Formen des physischen Organismus aus" (Rudolf Steiner).

Seit einigen Jahrzehnten aber hat sich die Umwelt des Kindes grundlegend verändert. Dies geschah durch den Einbruch der Technik in unser Zivilisationsleben. Gewiß war diese Entwicklung eine Notwendigkeit, die kein vernünftiger Mensch wegwünschen könnte. Wir alle sind die Nutznießer, aber dies ändert nichts an der Tatsache, daß das heutige, so stark durch die technischen Errungenschaften bestimmte Leben der *Entwicklung* des Kindes „feindlich" gesinnt ist. Die Welt der Technik ist eine künstliche, aus der Natur herausgefallene Daseinswelt, eine das Kind zwar oft faszinierende, aber doch kalte Welt, die auch keine seelische Nahrung hergibt, wie die Natur dies tut. Vom Sinnesorganismus aus gesehen läßt sich noch sagen: Die Welt der Technik bietet erstens ein Übermaß an Sinneseindrücken, denen selbst der Erwachsene oft nicht mehr gewachsen ist. Zum zweiten handelt es sich bei diesen technischen Errungenschaften, wie zum Beispiel Film, Radio, Fernsehen, um ganz neuartige Sinnesreize, die auch ganz anders auf die Sinnesorganisation einwirken als dasjenige, was uns die Natur oder gar die Kunst vermitteln kann. Die Bewegung des Fisches im Wasser, des Vogels in der Luft, des Rehes auf der Waldwiese sind andere als die durch den Motor hervorgerufenen Bewegungen oder gar als die gespenstischen Bewegungen auf der Leinwand beim Film. Die Stimme eines Menschen, dem wir gegenübersitzen, und die Stimme, die aus dem Radiokasten uns entgegenkommt, sind zwei *qualitativ* verschiedene Wahrnehmungen, die auch in verschiedener Weise auf die Sinnesorgane und den übrigen Organismus wirken.

Eingehende Untersuchungen auf breiter Basis haben ergeben, daß die Lernfähigkeit der Schulkinder in unserer Zeit in besorgniserregender Weise abgenommen hat. Wobei mit Recht eine der Hauptursachen in der Tatsache gesehen wird, daß das Kind zu früh und zu stark diesem mechanisierten Leben mit allen seinen technischen Mitteln ausgesetzt wird.

Wenn wir bedenken, daß die gesunde Entwicklung des Physisch-Leiblichen im ersten Jahrsiebt die notwendige Grundlage bildet für die freie Entfaltung des Seelisch-Geistigen in den darauffolgenden Jahren, kann uns bewußt werden, welche Bedeutung diesem ersten Lebensalter und welche Verantwortung den ersten Erziehern, den Eltern und ihren Stellvertretern, zukommt. Aber gerade solche Erkenntnisse können in dem Erwachsenen zugleich mit dem Gefühl der Verantwortung auch starke Erzieherimpulse wecken und den festen Willen hervorrufen: Ich will aus solchen Einsichten heraus mein Kind hegen und pflegen, so gut als es mir möglich ist.

Dann können die Eltern, wenn ihr Kind schulreif geworden ist, zu dem Lehrer, dem sie ihr Kind anvertrauen, berechtigterweise sagen: Wir haben sieben Jahre lang unser Möglichstes getan, in diesem Kind sein Physisch-Leibliches zur rechten Entfaltung zu bringen, dadurch, daß wir es gehegt und gepflegt haben, dadurch, daß wir ihm nach Möglichkeit eine gesunde Umwelt geschaffen haben. Wir werden dies selbstverständlich auch weiterhin tun, soweit es nötig ist. Aber nun tue du das Deine als Lehrer und Erzieher. Pflege die Seelen- und Geisteskräfte durch den Unterricht. Wir tragen zusammen die Verantwortung für dieses Menschenwesen, du, der Lehrer, und wir, die Eltern.

Aus: Die Menschenschule, Januar 1960.

GEDANKEN EINES ARZTES

Heinz Wolf

Jean Paul hat einmal bemerkt, ein Mensch lerne von seiner Amme mehr, denn ein Weltensegler von allen Völkern zusammen. Der Verfasser der Erziehungslehre „Levana" – für jeden Erzieher eine unschätzbare Lektüre – hat damit auf die Eigenart der kindlichen Seele aufmerksam gemacht. Die Erkenntnis, daß die Grundsubstanz der Seele von unausgeformter, strukturloser und plastizierbarer Beschaffenheit ist, erscheint bedeutungsvoll. Eine Würdigung dieser Tatsache verpflichtet jeden Erzieher, beim Umgang mit dem Seelenwesen des Kindes dem Rechnung zu tragen.

Der Charakter eines Keimzustandes ist dem Gestaltlosen näher als dem Gestalteten. Denn dies bewahrt ihm die Empfänglichkeit, womit er auf die Eindrücke der Umwelt anzusprechen vermag. Alles, was keimhaft wächst, verwahrt die Natur in stiller Geborgenheit. Sie umhüllt es, um seine Integrität zu wahren. Wer diese Geste begreift, dem wird es einleuchten, daß auch die kindliche Seele solcher Hüllen bedarf, um ungestört und unberührt die frühen Stadien ihrer Entwicklung zu durchlaufen. Das helle „Licht" des wachen Bewußtseins ist ihr nicht zuträglich. Gerade die Natur lehrt es uns, wie alles keimende Leben in scheuer Verborgenheit, in dunkler Abgeschiedenheit sich vollzieht.

Wer die Eihüllen der kindlichen Seele zu früh antastet, läßt erkennen, daß er gegenüber dem „offenbaren Geheimnis" der Natur wie ein Blinder sich verhält. Es ist von übel, die Knospe der Kindheit vorzeitig zu öffnen!

Wie ganz anders geartet ist das Bewußtsein des Kindes gegenüber dem des Erwachsenen. Es ist reines Empfindungswesen. Der traumhafte Zustand ist ihm legitim. Noch brütet alles, was stufenweise erwachend dereinst zur Persönlichkeit sich bildet. Der ganze Reichtum an seelischen Werten, welche die Größe einer reifen Persönlichkeit ausmachen, Gewissen, Moral, Toleranz, Menschlichkeit, desgleichen auch die Fähigkeit der Intelligenz, schlummern noch im Kinde.

Wie der Leib des Menschen muß auch die Seele als eine Art von Organismus angesehen werden. Die embryonale Entwicklung zeigt uns anschaulich, wie jedem Organwachstum ein zeitlicher Faktor zukommt. Die Differenzierung organischer Gebilde aus dem Keimplasma vollzieht sich nach einem Zeitplan, der in ihrer Entelechie begründet liegt. Die Stadien der Anlage, der Entfaltung, der Ausformung und Konsolidierung sind durch ihn in ihren zeitlichen Abläufen genau bestimmt. Phasen einer raschen Bildung werden von solchen der Retardation, ja des Stillstandes abgelöst. Es gibt Latenzzeiten, wo in einem Zustand der Ruhe Künftiges sich vorbereitet. Die Natur läßt sich Zeit, wo sie auf Vollkommenheit bedacht ist. Ein zu früh Ausgeformtes ist von der Weiterentwicklung ausgeschlossen.

Ich bemerke dies, weil die Evolution der menschlichen Seele durch ebensolche gesetzmäßige Stufenfolgen gekennzeichnet ist. Eine zukünftige Pädagogik wird die Aufgabe zu bewältigen haben, die inneren Entwicklungsgesetze für das seelische Entwicklungsgeschehen ebenso zu erforschen, wie die Wissenschaft der Embryologie dies für das organische Leben getan hat, um daraus die Maximen für eine der Natur des menschlichen Seins gemäße Erziehung zu gewinnen. Meßapparate und psychologische Testverfahren werden uns dabei letztlich niemals die wahren Realitäten enthüllen. Wir werden uns entschließen müssen, unsere Beobachtungsgabe für seelische Inhalte zu schulen.

Wer mit einiger Sachkenntnis Kinder vor und nach der zweiten Dentition beobachtet, dem wird die grundlegende Veränderung des kindlichen Wesens nicht verborgen bleiben. Die subtile Durchformung der Gehirnsubstanz, die veränderten Stoffwechselverhältnisse der Gehirnrinde, die mit der Ausbildung der ersten Schneidezähne einhergehen, erlauben es dem Schulkind, eine freie Assoziation von Vorstellungen zu bewerkstelligen und befähigen es zu echten Gedächtnisleistungen. Erfahrene Schulärzte haben daher die Einschulung stets von dem Beginn des Zahnwechsels abhängig gemacht, ohne Rücksicht auf die fragwürdigen Leistungen der kindlichen Intelligenz. Erst in dieser Zeit beginnt ein verstandesmäßiges Denken zu erwachen, das gegen die Pubertät hin die kausale Zuordnung von Begriffen immer besser zu handhaben lernt. Wenn das Kind vor dem Zahnwechsel memoriert, bedient es sich anderer psychischer Funktionssysteme.

Die Vitalität des leiblichen Organismus ist in den frühen Kindheitsjahren am größten, und sie nimmt mit zunehmendem Alter ab. Zudem ist zu keiner Zeit die Verhaftung von leiblichen und seelischen Vorgängen, von Psyche und Soma, inniger als im ersten Jahrsiebt.

Wie sehr eine seelische Verwahrlosung in konstitutionellen Schäden und Organdysfunktionen ihren Ausdruck findet, hat die Erscheinung des Hospitalismus deutlich gemacht. Jeder seelische Vorgang hat ein Korrelat im Körperlichen. Die Psychosomatik ist im Begriff, diesem Tatbestand auf die Spur zu kommen, so weit entfernt sie auch noch sein mag, ihm Rechnung zu tragen.

Durch das, was wir dem kindlichen Bewußtsein anbieten, liegt es in unserer Macht, die Lebensenergien der Organe anzuregen oder zu lähmen.

Wie ist dies zu verstehen? Der Vorgang des Lebens beruht auf einer Strömung der Säfte und auf der Wandelbarkeit der organischen Substanz. Selbst im kleinsten Bauelement des Körpers, der Zelle, wird eine kontinuierliche Strömung des Protoplasmas beobachtet. Wo eine Bewegung zur Erstarrung kommt, und wo flüssige Substanz eine endgültige Ausformung erfährt, kommt das Leben mehr und mehr zum Stillstand. Gerade die Plastizierbarkeit und Unausgeformtheit der Substanz, die fließende Regsamkeit der physiologischen Abläufe bedingen die Vitalität des kindlichen Leibes.

Auch das Seelenleben des Kindes, ausgestattet mit allen Attributen und Gesten eines lebendigen Organismus, ist von innerer Regsamkeit durchpulst. Alles, was bildsam und ungeformt erscheint, ist der kindlichen Seele adäquat. Was zu fester Strukturbildung und begrifflicher Erstarrung neigt, läßt sie verkümmern. Es ist einleuchtend, daß Umfang, Kraft, Fülle und Ausstrahlung der Seele davon abhängen, welche Seelengründe wir dem Kind erschließen und für welche Erlebniskategorien wir seine Teilnahme erwecken.

Die Entzauberung des Kindheitsparadieses findet gerade darin ihren Ausdruck, daß der Erwachsene das Idol seiner Welt, die eine technische ist, gedankenlos dem Kinde aufzwingt, anstatt es seinem Willen und seinem Einfallsreichtum zu überlassen, die Welt auf seine Weise selbst zu entdecken und nachzubilden. Ist nicht manche Kinderstube schon zu einem Arsenal technischer Raffinements geworden, an denen das Kind kaum noch viel mehr erlebt, als die Zwangsläufigkeit mechanischer Gesetze?

In der Tat wird durch das Erleben technischer Vorgänge und durch eine vorwiegend abstrakte Ausrichtung des Vorstellungslebens beim Kinde gerade das herbeigeführt, was eine „kulturelle Vernachlässigung im Vorschulalter" genannt werden kann. Wer den Intellekt mit Kultur identifiziert, läßt erkennen, daß er sich anmaßt, eine einzelne Disziplin für das Ganze zu nehmen und alles, was sonst in der Kultur auftritt, als ausschließliches Ergebnis der intellektuellen Erkenntnis mißversteht.

Als Arzt obliegt es mir, auf körperliche Schädigungen hinzuweisen, die durch erzieherische Maßnahmen der genannten Art zutage treten können. Der Versuch, Zusammenhänge zwischen Soma und Psyche aufzuzeigen, nötigt uns, Vorgänge in das Anschauungsfeld unserer Vorstellungen zu rücken, die einer wissenschaftlichen Objektivierung durch Experimente am lebenden Menschen schwer zugänglich sind. Einen Einblick in das innerorganische Geschehen intra vitam entzieht sich noch immer in weitem Umfang der Diagnostik. Daß aber in jedem Augenblick seelische Regungen über das Nervensystem den Blutumlauf stimulieren oder paralysieren, desgleichen den Stoffwechsel, die Drüsenfunktion, die Ausscheidung unter anderem, wird von der Medizin heute kaum noch bestritten.

Einige markante Phänomene bieten sich dem Augenschein offen dar und lassen ahnen, wie sehr die Lebensprozesse in freier Weise auf Emotionen, Affekte und andere Seelenvorgänge ansprechen. Das Gefühl der Scham zum Beispiel findet ein organisches Äquivalent in einer spontanen Erweiterung der Hautgefäße des Gesichtes, was eine Blutfülle hervorruft, die sich als Röte geltend macht. Andererseits führen Angstzustände gleichfalls zu veränderten Verhältnissen in der Haut durch Schweißabsonderung und Gefäßkrämpfe, die eine Erblassung zur Folge haben. Es bedarf keiner weiteren Überlegung, um darüber hinaus die Feststellung zu treffen, daß kein leibliches Organ von dem Geschehen auf dem seelischen Schauplatz unbehelligt bleibt.

Der Erzieher hat es demnach in der Hand, den Stoffwechsel, Atmung und Kreislauf oder die Nervenfunktionen innerhalb gewisser Grenzen zu regulieren, je nachdem ob er pädagogisch Willen, Gefühl oder Denkfunktionen anspricht.

Die verderblichen Folgen werden sich durch alle Phasen des Lebens hindurch in mannigfaltigen Formen zeigen: vor allem in der Neigung zu rheumatischen Erkrankungen, Blutdrucksteigerungen, Nervenleiden und letztlich in einer allgemeinen Sklerose.

Die frühen Kinderjahre sind gerade für die psychische Gesamtkonstitution von ungeheurer Bedeutung. Die Konsolidierung der inneren Organe steht vor allem in innigem Zusammenhang mit den Zirkulations- und Wärmeverhältnissen, weshalb die Abhärtungsprozeduren, die mitunter zu gesundheitlicher Förderung aus falsch verstandenen hygienischen Vorstellungen empfohlen werden, mehr Schaden als Nutzen stiften. Das Kind bedarf in den frühen Jahren seiner Entwicklung weder der körperlichen noch der seelischen Abhärtung.

Aus: Unsere Jugend, Juni 1967, gekürzt.

NACHAHMUNG UND SOZIETÄT
Rudolf Steiner

Wer die Fähigkeit hat, innerlich das Kind in jener wichtigen Lebensepoche zu beobachten, in der das Leben von der Geburt bis zum Zahnwechsel abläuft, der weiß, daß alle Tätigkeit, alle irgendwie gerichtete Handlungsweise des Kindes in dieser ganz unbewußten, instinktiven Kinderzeit beherrscht ist von dem Prinzip der Nachahmung... In diesem nachahmenden Bestreben des Kindes, dem man durch eine wirklich praktische Erziehung entgegenkommen muß, liegt etwas für das menschliche Leben höchst Bedeutungsvolles. Es liegt darin, daß die menschliche Natur dasjenige, was sie bewußt im späteren Leben niemals vollbringen kann, unbewußt, instinktiv versucht: sich zusammenzufinden als Einzelmensch mit anderen Menschen. Im nachahmenden Tun und Bestreben soll sich ausgestalten ein Hineinfinden in die menschliche Sozietät, soll sich ausgestalten wirklich menschliches, durch Bande von Mensch zu Mensch gehendes Zusammenleben der Menschen.

Nehmen wir an, die Menschheit könnte sich in der Gegenwart entschließen, in radikaler Weise hinzuschauen auf dieses Prinzip der Nachahmung in den ersten Kinderjahren. Dann würde, wenn darauf Sorgfalt gelegt würde, für das spätere Leben etwas entwickelt werden, was nur bewußt, verständig entwickelt werden kann, wenn im unbewußten Kindesalter die Nachahmung richtig waltet...

In diesem kindlichen Alter haben Worte, welche Sittengebote ausdrücken, noch keinen Einfluß auf die kindliche Entwicklung, sondern allein das, was man selbst in der Umgebung des Kindes macht.

Beachten wir dies, dann legen wir bei einer entsprechend eingerichteten Erziehung den Grund dazu, daß, wenn der Mensch in der richtigen Weise mit Hinorientierung auf die naturgemäße Nachahmungssucht erzogen worden ist, daß ihm dann im bewußten Lebensalter das aufblüht, was man nennen kann: die richtige Achtung, die richtige Einschätzung des anderen Menschen, das Bestreben, den anderen Menschen so zu achten, wie er geachtet zu werden verdient, einfach deshalb, weil er Menschenantlitz trägt. Und dies ist die erste Bedingung für die richtige Ausgestaltung einer Demokratie! Demokratien können nur dadurch auf dem Rechtsboden in der richtigen Weise entstehen, daß die Menschen in den demokratischen Parlamenten in Gesetze dasjenige formen, was als Verhältnis von Mensch zu Mensch als gleichem lebt. Das wird geschehen, wenn diese Menschen in sich solche Lebensantriebe haben, die nach der Menschenachtung hingehen und die ihnen nur werden können, wenn sie in der Kindheit in der richtigen Weise gemäß dem Prinzip der Nachahmung erzogen worden sind.

Vortrag vom 18.6.1919

MASERN – BEISPIEL FÜR DEN SINN DER KRANKHEIT
Wilhelm zur Linden

Beginnen wir mit einem Vergleich: ein Mann bezieht das Haus, das ihm seine Eltern vererbt haben; obwohl es ihm ganz gut gefällt, findet er doch, daß es seinem Wesen nicht entspricht; er glaubt vielmehr, das Haus enthalte zuviel von dem, was zu den Gewohnheiten der Eltern gepaßt hat; er fühlt sich selbst aber nicht nur als Sohn seiner Eltern, sondern als Persönlichkeit mit neuen eigenen Ideen, Plänen und Aufgaben. Daher beginnt er einen radikalen Umbau; er modelt das Haus innen und außen so lange um, bis es nach sechs bis sieben Jahren geradezu ein Abbild *seines* Geschmacks und *seiner* besonderen Wesensart geworden ist.

Was dieser Mann aus voller Bewußtheit tat, das tut unser Ich, unser geistiger Wesenskern, in den ersten sieben Lebensjahren, zwar ohne eigenes Bewußtsein seiner Ziele, aber mit größter Intensität, Folgerichtigkeit und Weisheit. In der Tiefe unseres Geistes ist eine Fülle hoher Weisheit verborgen. Jedes neugeborene Kind bringt diesen Erfahrungsschatz mit.

Das geistige Wesen, das Ich, beginnt mit dem ersten Atemzug den Körper, der ihm von den Eltern vererbt ist, zu „beziehen", und dieses „Gehäuse" nach den Erfordernissen seiner Eigenart umzumodeln, wobei es im Laufe der ersten sechs bis sieben Lebensjahre die ganze Materie dieses Körpers auswechselt; schließlich stößt es sogar, wie um uns den ganzen Vorgang anschaulich vor Augen zu führen, die Milchzähne ab. Beim Zahnwechsel ist der kindliche Körper bis in die letzte Eiweißzelle hinein völlig umgebaut, ja ausgewechselt und entspricht jetzt der Einmaligkeit und Einzigartigkeit der Struktur des Ichs.

Die Tatsache, daß der siebenjährige Körper jedes Kindes bis in die Struktur jedes Haares, bis in jede Fingerlinie hinein auf der Erde einmalig ist, zeigt, daß der Geist, der sich in dieser einzigartigen Weise bis in den Stoff des Körpers einprägt, nicht ein Produkt der Vererbung oder gar das Endergebnis einer rein physischen Entwicklungsreihe sein kann, sondern als Auswirkung eines mit einer spezifischen Prägung versehenen Geistkeims, eben des Ichs, verstanden werden muß.

Jedes einzelne Ich ist aber nicht nur erfüllt von ganz neuen Impulsen, Ideen und Plänen, sondern es wird angetrieben von einem unbändigen Lebenswillen, aus dem heraus die unerhörten Kraftleistungen entspringen, die das Ich täglich, stündlich, ja minütlich zu vollbringen hat – ein ganzes Leben lang, zu keiner Zeit aber in der Vielseitigkeit und Intensität wie im Kleinkindalter.

Das Ich des Kindes muß immer mehr „Herr im Hause" des Körpers werden, bis es alle seine Funktionen beherrschen gelernt hat; angefangen vom Greifen, Sitzen, Stehen, Sprechen, von der Orientierung im Raum, vom Denken und Fühlen und vielen anderen Fähigkeiten. Es muß das geordnete Zusammenspiel der inneren Organe regeln, eine in ihrem Umfang geradezu unfaßliche Aufgabe. Vom Wachstum und der körperlichen Entwicklung wurde schon gesprochen; hinzu kommen noch andere Lebensprozesse, die Gesundheit, Krankheit, Regeneration und Heilung umfassen.

Dafür ein Beispiel, die Masern. Bei den eigentlichen Kinderkrankheiten, deren gemeinsames Kennzeichen der rote Hautausschlag ist, also Masern, Scharlach und Röteln, wird der Sinn des Krankwerdens besonders deutlich. Man hat dafür das Wort „Lebenshilfe" gefunden, das den Tatbestand treffend wiedergibt.

Ich behandelte einmal ein an Masern erkranktes eineiiges Zwillingspärchen. Das eine Kind erkrankte mit schwerem Masernausschlag und hohem Fieber, während die Krankheitserscheinungen bei dem Geschwisterchen nur ganz leicht auftraten. Nach Ablauf der Krankheit entwickelte sich das schwerer krank gewesene Kind außerordentlich erfreulich; es war offensichtlich zu größerer körperlicher Gesundheit und seelischer Harmonie durchgestoßen, während das Geschwisterchen noch lange Zeit mit seiner leiblichen Entwicklung zu kämpfen hatte und ein unausgeglichenes Wesen zeigte. Die gleiche Infektionskrankheit kann also bei eineiigen Zwillingen in ganz verschiedener Stärke auftreten und zu entsprechend unterschiedlichen Ergebnissen führen, so daß die „Lebenshilfe" der Erkrankung nur in dem einen Falle voll wirksam wurde. Dieses Beispiel zeigt wieder einmal, daß eine Krankheit nicht von außen wie etwas Fremdes in einen Menschen eindringt oder von Erregern in einen gesunden Menschen hineingetragen wird, denn sonst könnten nicht so verschiedene Verläufe und Auswirkungen vorkommen. Immer liegt die Krankheit bereits im Kranken vor, und der sogenannte Erreger gibt nur den letzten Anstoß zum Ausbruch.

Fast alle Kinder haben die Masern zu ihrer gesunden Entwicklung nötig, sie sind also innerlich krankheitsbereit; deshalb führt fast jede Ansteckung zur Erkrankung. Ein nicht durchmaserter Mensch stellt eine große Ausnahme dar. Schon eine leichte Berührung mit einem akut Erkrankten führt, besonders in den Tagen kurz vor Ausbruch des Masernausschlags, nach zehn bis elf Tagen zum Beginn der katarrhalischen Vorkrankheit, der nach weiteren drei bis vier Tagen der Ausbruch des Ausschlags folgt. Am Bild, das der Masernprozeß gewissermaßen auf die Haut des Kindes malt, können wir das Wesen dieser Krankheit erkennen. Unter raschem Fieberanstieg quillt die Haut des Gesichtes auf, so daß die Gesichtszüge unscharf und verwaschen werden. Die Schleimhäute der Augen, der Nase, des Rachens, des Kehlkopfes und der Luftröhre zeigen ebenfalls entzündliche Schwellungen und sondern Flüssigkeit ab. Hinter den Ohren beginnend, breitet sich über den Kopf und dann über den ganzen Körper ein großfleckiger roter Ausschlag aus, der auch die inneren Schleimhäute befällt. Es kommt zur Lichtscheu, Bindehautentzündung, Schnupfen und Katarrh der Luftwege, in seltenen Ausnahmefällen sogar zur Steigerung des Gehirnwasserdrucks und dadurch bewirkten Bewußtseinsstörungen oder Krämpfen. An den auf der Schleimhaut der Seitenteile des Mundes auftretenden weißen, wie Kalkspritzer aussehenden Fleckchen erkennt der Arzt die Masern, deren Diagnose, z. B. Röteln gegenüber, oft gar nicht leicht zu stellen ist.

In all diesen Erscheinungen zeigt sich eine Art von Aufruhr, von Aufgerührtsein im Wasserorganismus des Kindes, dessen Körper ja noch zu fast siebzig Prozent aus Wasser besteht... Bei Masern drängt sich ungewöhnlich viel Wasser in die Haut des Gesichtes und in die Schleimhäute der Luftwege. Das oft sehr hohe Fieber weist auf die besondere Aktivität des Ichs hin, durch die offenbar dieser ganze Aufruhr bewirkt wurde. Nach drei bis vier Tagen blaßt der Ausschlag ab, die Gedunsenheit des Gesichtes geht zurück, die entzündliche Reizung der Schleimhäute läßt nach, Husten und Schnupfen verschwinden, das Kind erholt sich rasch. Es gibt aber auch Masernfälle mit schwerem, hartnäckigem Husten und starkem Krankheitsgefühl.

Aufmerksamen Beobachtern fällt in den nächsten Wochen nicht

nur eine erfreuliche Ausgeglichenheit im Wesen des Kindes auf, das manche ungute Angewohnheit überwunden hat, sondern auch oft eine auffällige Änderung der Gesichtszüge. Mit Erstaunen stellen die Eltern fest, daß eine bisherige Ähnlichkeit mit Vater oder Mutter verschwunden ist; es ist nämlich bis in die Gesichtszüge hinein durch die Krankheit zu sich selbst gekommen. Der ganze Vorgang ist ein besonders handgreifliches Beispiel für die wiederholt geschilderte Umwandlung, die das Ich am „Modellkörper" im Laufe der Jugendjahre zu vollziehen hat. Die Masern geben dem Ich die Gelegenheit, die vererbten Bildekräfte zu durchdringen und die von ihnen getragenen Erbanlagen so zu verwandeln, daß das Kind die ihm gemäße individuelle Form gewinnen kann.

Aus: Geburt und Kindheit. Verlag Vittorio Klostermann, 10. Auflage, Frankfurt 1979.

POCKENSCHUTZIMPFZWANG: PRO UND CONTRA
Cornelia Hahn

Am 5. Februar 1970 wurde abends im Fernsehen eine Podiumsdiskussion um das Für und Wider der Pockenschutzimpfung gezeigt. Die Sendung war eingeschoben worden, weil anläßlich der Pockenerkrankungen in Meschede das Impfproblem wieder einmal in das Scheinwerferlicht des öffentlichen Interesses getreten ist. Der Zuschauerraum des Studios war auch erstaunlich voll für diese Tageszeit (20.15 Uhr).
Vorgestellt wurden kompetente Sachverständige: Ärzte, ein offizieller Vertreter des Impfzwanges und der Vorstand des Impfgeschädigtenverbandes. Dazwischen saß eine Jury von fünfundzwanzig Eltern, von denen neunzehn ihre Kinder hatten pockenimpfen lassen, sechs nicht. – Der Gesprächsablauf mit jeweils höchstens drei Minuten Sprechzeit wirkte aufs Publikum gehetzt und atemlos. Dennoch trat die Problematik deutlich hervor.
Die Einstellung der Befürworter wurde schon im ersten Satz klar: Die höchste Aufgabe des Arztes sei seit Urzeiten, Schmerz und Tod zu bekämpfen! – Dieser therapeutische Optimismus, in gesteigerter Form als therapeutische Arroganz auftretend, hatte sich u. a. darin ausgedrückt, daß die Weltgesundheitsorganisation 1958 der Überzeugung gewesen war, die Pocken auf der Welt in vier Jahren ausgerottet zu haben! – Nun, es ist nicht gelungen. – Die Argumente *für* eine Impfung scheinen allerdings schlagend zu sein. Verschwinden der Pocken aus ganz Europa, Verkleinerung der Ansteckungsgefahr; und als historisches Beispiel die be-

weiskräftige Tatsache, daß im Siebziger Krieg in dem ungeimpften französischen Heer unverhältnismäßig mehr Soldaten erkrankten und starben als im geimpften deutschen Heer. Impfzwang sei also nötig, solange es noch verantwortungslose Bürger gäbe.

Der Impf*gegner*, der selber ein impfgeschädigtes Kind hat, begann seine Ausführungen mit dem Satz: „Ich halte die Pockenschutzimpfung für vollkommen nutzlos." Und das, nachdem unsere Impfpflicht seit beinahe hundert Jahren besteht, 1874 durch Reichsgesetz eingeführt. – Auch hier anscheinend schlagende Beweise: Die Überträger der zehn in den letzten Jahren eingeschleppten Pocken-Epidemien in Europa waren *alle* geimpft, unter den dabei Erkrankten und Verstorbenen waren von 80 vier ungeimpft und 76 geimpft; das Impfrisiko sei gegenüber der kurzen Immunisierungszeit – die Ansichten der Wissenschaftler schwanken zwischen 0 und 5 Jahren – nicht vertretbar, d. h. die Impfschäden prozentual zu hoch. In den letzten 5 Jahren sind in der Bundesrepublik 40 Kinder an der Pockenschutzimpfung gestorben, 790 erlitten schwerste Schädigungen[1]. Jedes Organ kann durch eine Impfung geschädigt werden; und endlich habe eine in Indien durchgeführte zwangsweise Massenimpfung eine Pockenepidemie von größten Ausmaßen im Gefolge gehabt. Der Rückgang der Pocken gehe vielmehr parallel mit dem Rückgang von Schmutz und Unsauberkeit. Hygiene und gesunde Lebensweise, strengste Isolierung im Krankheitsfall seien *die* Kampfmittel gegen die Pockenseuche.

Argument gegen Argument. Der arme Bundesbürger stand (und steht) vor einem unlösbaren Problem. Noch verwirrender wurde es dadurch, daß die gegensätzlichen Standpunkte aus tiefster persönlicher Überzeugung und mit persönlichem Einsatz vertreten wurden. Das gipfelte darin, daß ein Professor, Leiter eines Hygiene-Institutes, sich dazu hinreißen ließ zu sagen: „Lassen Sie uns nicht länger diskutieren. Ich habe selber fünfzehn Pocken-Impfungen durchgemacht und bin bereit, mich in das Pockengebiet zu begeben, um dort mitzuhelfen, wenn einer von den ungeimpften ‚Impfgegnern' mitmacht." – Was würde vom wissenschaftlichen Standpunkt aus dadurch bewiesen sein? Merkwürdig (wenn auch ein häufig erlebbares Phänomen) – dieses Nebeneinander von kühler Sachlichkeit und Emotion.

Bedrängend aber ging wie ein roter Faden durch die Sendung: Die Frage nach dem Impf*zwang*. „Trauen Sie uns Bürgern diese Verantwortlichkeit nicht zu, frei nach unserem Gewissen – das Richtige zu tun?" So fragte ein Sprecher der Contra-Seite den Vertreter des Bundesgesundheitsministeriums, der sich im übrigen recht neutral verhielt. Die Antwort etwa: „Doch, aber erst, wenn die Seuche ganz ausgerottet ist; der Impfzwang schützt alle; auch liegt unser Land viel zu zentral und ‚durchgängig', als daß eine Aufhebung der Pflicht zu verantworten wäre. Die Bundesregierung wird sich jedoch weiterhin um genaue Statistiken und Daten zu diesem Problem bemühen, z. B. um die Ergebnisse der Massenimpfungen in Indien. Vor allem aber ist eine Erleichterung bei der behörlichen Anerkennung auf Impfschadensanspruch vorgesehen."

Das Beispiel der anderen Länder – England, Holland, Irland, Finnland, Schweden, Schweiz – mit der sogen. Gewissensklausel (d. h. daß Eltern eine Befreiung der Impfpflicht von der Pockenschutzimpfung dann erreichen, wenn sie die Befürchtung haben, daß ihre Kinder durch die Impfung gesundheitliche Schäden erleiden, und diese durch Abgabe einer entsprechenden Erklärung bekunden) wird deshalb als gefährlich hingestellt, weil in Notzeiten, wenn die Pocken z. B. eingeschleppt werden, die dann

---

[1] Nach Dr. med. Buchwald in Selekta Nr. 42/1969

notwendigen Massenimpfungen nicht mehr mit genügender Sorgfalt durchgeführt werden können. Dadurch steige die Zahl der Impfgeschädigten sprunghaft an, wie es in England geschehen ist. Damit ist die Problematik genügend klar. Sie liegt eben darin, daß man wirklich nicht wissen kann, wie man sich entscheiden soll, wenn nicht noch andere erweiternde, vertiefende Gesichtspunkte hinzukommen, als sie in dieser Fernsehsendung vertreten werden konnten:
... Was heißt eigentlich „Gewissen" in diesem Zusammenhang? Welches Bild vom Menschen gilt, was für Vorstellungen vom menschlichen Schicksal kann man sich bilden? So sehr es Aufgabe ist, Krankheit zu lindern, zu heilen und zu verhindern, so richtig ist es zugleich, daß zum Schicksalsbegriff das Recht auf Krankheit und Tod gehört... An scheinbar Widersprüchliches oder gar Unlösbares anzustoßen, ist ein echtes Problem unserer Zeit, in der es gilt, durch vertiefte Beobachtung und Denkbemühung das Bewußtsein für geistige Zusammenhänge zu erweitern. –
So darf auch der Staat, wenn er sich recht versteht, dem einzelnen wohl helfen bei der Vorbereitung einer Entscheidung, wie sie bei der Pockenschutzimpfung nötig ist, er sollte sie ihm aber nicht abnehmen. Er sollte umfassend, rückhaltlos und wahrheitsgetreu informieren, denn ein erheblicher Teil der Bevölkerung weiß überhaupt nichts von Impfschäden. Der einzelne hat nicht nur das Recht, er hat auch die Pflicht, eine eigene Antwort zu suchen – es ist eine Frage der geistigen Mündigkeit des modernen Menschen.
Und das Ergebnis der Podiumsdiskussion: Von den zum Schluß befragten fünfundzwanzig Eltern der Jury (ursprünglich neunzehn pro – sechs contra) entschieden sich siebzehn für und acht gegen eine Pockenschutzimpfung bei ihren Kindern.

Aus: Erziehungskunst, März 1970

Nachtrag vom 5. 2. 1975: Impfpflicht aufgehoben!

Eine kleine Meldung wurde von dpa der Presse übergeben, die sie am 5. Februar im ganzen Bundesgebiet veröffentlichte: Die Erkrankungsgefahr ist gegenüber der Schädigung durch Impffolgen so gering, daß der Gesetzgeber nicht länger zur Impfung zwingen kann und darf. Der Text der Meldung, die für die Öffentlichkeit eine goldene Brücke bauen soll, lautet:
„Die gesetzlich vorgeschriebene Pockenerstimpfung der Kleinkinder sollte schon in diesem Jahr aufgehoben, die risikoarme Wiederimpfung aber wie bisher weitergeführt werden; dafür hat sich die Arbeitsgemeinschaft der leitenden Medizinalbeamten der Länder letzte Woche in Mainz ausgesprochen. Die Impfung sollte künftig auf tatsächlich gefährdete Personengruppen – beispielsweise Reisende in Pockeninfektionsgebieten sowie Ärzte und Pflegepersonal in Krankenanstalten – beschränkt werden. Das Aussetzen der gesetzlichen Pockenerstimpfung scheine geboten, da die Erkrankungsgefahr so gering geworden sei, daß das Risiko der zwar seltenen, aber schwerwiegenden Impfschäden nicht mehr in Kauf genommen werden könne. Bundesgesundheitsamt und Bundesgesundheitsrat hätten sich ebenfalls für eine stufenweise Aufhebung der Pockenimpfpflicht ausgesprochen." *dpa*

WINKE ZUR SELBSTERZIEHUNG DES ERZIEHERS
Marta Heimeran

Selbsterziehung ist nicht so sehr abhängig von den vielen oder wenigen freien Stunden, die einem die Arbeit läßt, sondern vielmehr von der Stärke des Wunsches, „voranzukommen". Es gibt dabei kleine Vorteile, deren man sich bedienen, Winke, die man aufnehmen kann. Der Bergbewohner ruft dem Flachländer zu: „Zeit lassen". Das gilt auch für vieles innerhalb der Ich-Entwicklung. Wer erst einmal den Mut gefunden hat, unschöne Seiten in Seele und Charakter zu verbessern, der darf nicht zu schroff vorgehen. Man sollte nicht mehr von sich verlangen, als man nach Überlegung wahrscheinlich wird durchhalten können. Statt an persönlichen Schwächen hängen zu bleiben, ist es wichtiger, das Augenmerk auf allgemeine innere Aufbauarbeit zu richten. Wenn sie ernstlich geleistet wird, verliert sich manches Unerwünschte von selbst ...

Für einen jeden gehört zur Selbsterziehung die *Pflege der Ehrfurcht und Verehrung*. Sie weitet den Menschen in die Umwelt hinein, sie öffnet die Augen und macht sie wachsamer, sie veranlagt die Güte. Woran wir auch immer dieses Grundgefühl der menschlichen Seele zu entzünden vermögen – und gerade an den alltäglichen Dingen können wir es ausbilden –, wir werden bald die Heilwirkung spüren, die von ihm ausgeht. Bis ins Physische zieht Wärme in uns ein, und wir empfinden mit Recht: Wir sind ein Stück mehr Mensch geworden ...

Man könnte sich zum Beispiel vornehmen, täglich für einige Augenblicke einen Baum wirklich zu beachten, der im Fabrikhof oder vor dem Bürofenster steht, und sich dabei der in ihm verkörperten Lebensfülle hingeben oder es sich zur Aufgabe machen, jeden Tag in seiner Arbeitsumgebung etwas zu entdecken, das er dankbar bewundern kann. Die Erziehung zur Ehrfurcht hat sogar den unmittelbaren Wert, daß die Anforderungen des Lebens uns milder erscheinen werden. Denn wir haben dann inmitten eines oft nicht voll befriedigenden Berufes ein selbstgesetztes geheimes Ziel, das wir lieben und das uns erfrischt; wir werden Vorurteile verlieren und Toleranz üben können. Das Lauschen auf die Welt draußen macht uns selbstloser, denn wir lernen ja unentwegt von uns absehen – eine harte Nuß für uns!

Durch die innere Wärme der Verehrung kann die Mutter dem sprühenden Leben der Kinder in deren begeisterter Liebe zur Erde folgen und trotz ihres „Alters" den Schwung teilen. Jean Paul hat recht: „Auf Flügeln, nicht auf Stufen fördert ihr sie." Ein Mensch, der sich auf dem Entwicklungsweg der Verehrung befindet, wird immer den leichtesten Zugang zu den Kleinsten haben. Sie fühlen sich zu solchen Menschen hingezogen und gedeihen in deren Offenheit und Wärme.

Wiederholung heißt die zweite unumgängliche Forderung für alle Selbsterziehung. Der Magen würde sich bald in Schmerzen winden, wenn man ihn einmal vollpfropfte und dann wieder tagelang leer ausgehen ließe. Wir sind dagegen barbarisch genug, der Seele solches zuzumuten, und beachten ihre Abwehr nicht. Wie oft stürzen wir uns in eine geistige Aufgabe, und – bald erlahmt – ist alles vergessen! Das ist für das innere Werden ein gefährliches Experiment, und wer es sich leistet, überschaut die Folgen nicht. Wir alle kennen z. B. den „Zerfahrenen" in uns, der sich von einer Verliebtheit in die andere fallen läßt, im Gegensatz zu demjenigen, der wirklich liebt. Im fortwährenden sensationellen Hinsehen auf das Einmalige ist dem heutigen Bewußtsein entschlüpft, daß alles Wachsen und Werden in rhythmischer Wiederkehr verläuft. Im geduldigen Wiederholen ordnen wir die Lebenskräfte in uns, die sonst „ins Kraut schießen", in der Verwilderung der Gefühle sich zeigen und in einem zügellosen Willen, der sich nur in persönlichen Wünschen auslebt.

Auch in der Kindererziehung sähen wir es am liebsten, daß die Kinder sofort unseren Anordnungen folgen. Einmaligkeitswünsche! Gerade aber in unermüdlichen Wiederholungen gründen wir ihrem Wesen ein, was wir ihnen als Lebenshilfen mitgeben wollen. Überhaupt wird im pfleglichen, *rhythmischen Üben*, das anscheinend zu nichts führt, im Seelen- und Lebensbereich an Kraft und Form viel veranlagt. Damit darf sich der trösten, der ungeduldig werden will, der in seinen inneren Anstrengungen nachläßt und diese gern einstellen möchte. Selbst wenn wir es nie zu einem wirklichen Beten oder zu einer regelrechten Medidation bringen, so bildet sich im treu immer aufgegriffenen Versuch und täglich neuen Anlauf dazu doch nach und nach etwas... In der Wiederholung liegt sogar eine erstaunliche Kraftersparnis: „Steter Tropfen höhlt den Stein." Was selbst äußerste Anstrengung niemals zuwege bringt, der Wiederholung gelingt es. Alles, was wir mit der Absicht unternehmen, im geistigen Streben fortschreitende Menschen zu werden, wird unter ihrer Mitwirkung gedeihen...

Vorzüglich *die Zeit des Einschlafens und Aufwachens* ist zu beachten. Da kann man sich verhältnismäßig ungestört und besonders wirksam der eigenen Seele widmen. Rudolf Steiner hat für den Abend vielfach die Tagesrückschau empfohlen. Wer sich eine Zeitlang daran versucht hat, kennt ihren erkraftenden Einfluß. Man tastet sich in Gedanken vom Abend bis zum Morgen und ruft sich die Geschehnisse des Tages, aber nun in umgekehrter Reihenfolge, möglichst genau zurück. Es ist ja nicht notwendig, beim Verwickeltsten anzufangen; man kann froh sein, in größeren Schritten bis zum Morgen zurückzugelangen, bevor einen der Schlaf übermannt hat. Ein richtiges Schreiten durch den Tag kann diese Übung werden, die eine gewisse Überlegenheit über die Ereignisse gewährt...

Ein Erziehungsmittel, das nicht genug empfohlen werden kann, ist, gelegentlich vor dem Einschlafen die einem anvertrauten Kinder mit ihren Mängeln sich vorzustellen und ihrem innersten Lebenswillen nachzugehen. Manches, was wir dabei innerlich zurechtrücken, mag alsbald äußerlich verändert erscheinen am Kinde. So wird die moralische Erziehung dieses Alters weitgehend eine Angelegenheit unserer Selbsterziehung sein. Zum Beispiel kann man der Furcht in der Kindesseele begegnen durch Bekämpfung eigener Furchtsamkeit.

Eine Mutter hat einmal entdeckt, daß es sich ganz unerwartet lohnt, ein paar Minuten vor den Kindern morgens aufzuwachen. Das ist schwer, aber es ist eine unwiederbringliche Gelegenheit, die ungeahnte Früchte zeitigt. Zunächst ist es eine richtige Überraschung, in einem Kinderhaus ganz still in die Frühe hineinzulauschen. Was gewöhnlich vom lustigen oder wilden Lärm der Kinder übertönt wird, ist auf einmal erlebbar: Windeswehen, Vogelgesang, die „erwachende Straße". Dann denkt die Mutter aus der Frische des beginnenden Tages vielleicht darüber nach, wie wohl der Schutzgeist auf die Kinder blickt, und sie fragt sich: Wie sieht er auf Christophers unheimliche Störrigkeit und Ursulas entsetzliche Langweiligkeit?...

Aus dem Gesagten wird bereits hervorgehen, daß alle innere Entwicklung nie Zeitvergeudung bedeutet. Im Gegenteil, merkwürdig, wir sparen sogar Zeit. Denn vieles wird uns danach leichter von der Hand gehen. Ruhiger und gleichmäßiger werden wir die Kinder führen, sie werden unserem Tun gefügiger sein und ihm weniger Widerstände entgegensetzen. Ruhepole dürfen wir werden im bewegten Leben der Kleinen. Das ganze Hauswesen, alle Arbeit wird reibungsloser verlaufen. Es ist, als hätten wir in unseren abendlichen und morgendlichen Versuchen manchen Aberwitz gebannt, der uns sonst allerlei Schabernack gespielt hätte. Mit solcher stillen Beschäftigung ist auch ein Seelendruck gewichen, der häufig auf Hausfrauen und Müttern lastet, die ihre ganze Zeit den Kindern opfern: „Ach, ich hätte heute doch so gern auch für mich etwas tun wollen." Sie hat es ja getan.

Sie ist vorangekommen, und zwar in wirkungsvoller Weise wohl, als wenn sie ein Buch durchstudiert hätte. Das Ergreifen ihrer Schicksalsgegebenheit ist ihr Bildung geworden...

Unsere Selbsterziehung wird zu einem ganz wesentlichen, vielleicht dem wichtigsten Teil aller Erziehung des kleinen Kindes. Ohne sie wäre jegliche noch so geschickte Anleitung umsonst... In abgewandelter Form dürfen wir hier Schillers Spruch über die Pflanze anwenden: Was es willenlos ist, sei du es wollend – das ist's...

Aus: Von der Religion des kleinen Kindes. Verlag Urachhaus, Stuttgart 1970.

SOZIALISATION UND ELTERNMITWIRKUNG
Stefan Leber

Jeder kann unmittelbar empfinden, welcher Wahrheitsgehalt dem Wort Jean Pauls zukommt, daß die ersten Jahre wichtiger fürs Leben seien als die akademischen Studienjahre. Aber warum? Muß man sich allein auf die Empfindung verlassen, oder kann die Kausalität der Zusammenhänge auch erkannt werden? Von einer ähnlichen Frage ausgehend, hat die neuere Entwicklungspsychologie eine Reihe bemerkenswerter Tatsachen geliefert, die zur Grundlage für die vorschulische Erziehung herangezogen werden.

Hatte bisher die Entwicklungspsychologie angenommen – wozu sie durch eine Fülle exakt beobachteter Erscheinungen berechtigt schien –, daß die frühkindliche Entwicklung vor allem durch ein mehr oder minder naturhaftes Geschehen: die Reifung, bestimmt sei, so führten andere Überlegungen zur gegenteiligen Auffassung. Demnach ist die frühe Kindheit zwar auch durch die natürliche Entwicklung bestimmt, was aber tatsächlich durch Reifungsprozesse *allein* verursacht wird, muß erst bewiesen werden. So gilt Reifung zweifellos für bestimmte körperliche Leistungen; es kann zum Beispiel vom Kind nur dann richtig gekaut werden, wenn Zähne gewachsen sind und so weiter. Aber es gilt auch umgekehrt: die seelische, aber auch physische Beeinflussung der Umwelt hat Folgen für die Reifung, und zwar für die des Leibes und seiner Gestaltung. So drückt sich in der Gestaltung der Zähne das aus, was die Seele zur Zeit ihrer Bildung – die Zahnkronen werden

Jahre vor ihrer äußeren Sichtbarkeit im Kiefer geformt – durchlebt hat. Insbesondere Schockerlebnisse, lieblose Behandlung, aber auch Krankheiten sind so ablesbar. Gerade aber für das sinnvolle, gerichtete Verhalten, für Intelligenzleistungen eine dem körperlichen parallel gehende Entwicklung anzunehmen, die an Reifung und Alter gebunden wäre, wird heute als nicht zulässig angesehen. Vielmehr gilt die kognitive Entwicklung so lange als von soziokulturellen Faktoren bestimmt, wie nicht ausdrücklich Reifung oder Vererbung nachgewiesen werden können[1].

Als wichtiger denn Reifung wird für die Entwicklung die Sozialisation angesehen, worunter der Tatbestand verstanden wird, daß „Kinder in einem sozial differenzierten Feld" aufwachsen, das auf sie in mannigfacher Weise einwirkt und sie prägt. In der Sozialisation wirken eine „Vielzahl von Faktoren in einem interdependenten Zusammenhang. Diese Faktoren sind zudem nicht individuell, sondern gesellschaftlich standardisiert; sie haben deshalb auch entsprechende Standards im Verhalten der Kinder und Jugendlichen zur Folge. Solche Standards sind gegeben in den *Positionen* und *Rollen,* denen das Kind im sozialen Feld begegnet, insbesondere den bedeutsamen Bezugspersonen (significant others); in den *Normen* und *Werten,* die die sozialen Interaktionen regeln; in den *Praktiken* der Kinderaufzucht, das heißt, den mit der Sozialstruktur, den Rollen und Normen zusammenhängenden einzelnen Verhaltensweisen oder Verhaltensstilen".

Die Sozialisation geschieht zunächst im Elternhaus, innerhalb der primären Gruppe. „Das Kind erwirbt die für seine soziale Umwelt funktionsfähigen Motive, Wertungen, Vorstellungen und Verhaltensmuster in Lern- und Identifikationsprozessen, die durch die Familie, die ‚Sozialisations-Agentur' strukturiert sind[2]."
Wenn durch den Sozialisationsbegriff die Reifevorgänge als untergeordnet erkannt werden, dann hat die bisherige vorschulische Erziehung, die auf Sicherung und Bewahrung eines frühkindlichen Schonraumes abzielte, keinen sicheren Stand mehr. Ist es nicht wichtiger, durch ein Angebot intellektueller Anreize gerade in der Zeit großer Lernfähigkeit das Kind zur „intellektuellen Tüchtigkeit" (Heckhausen) zu motivieren und in ihm durch entsprechende systematische Lernangebote ein „kognitives Repertoire" aufzubauen, das für späteres (schulisches) Lernen zur Übungsübertragung (Transfer) geeignet ist? Mit diesem Ansatz rückt der Begriff und Vorgang des Lernens in den Vordergrund der Betrachtung.

Wird von der Sozialisation her die frühkindliche Entwicklung betrachtet, so zeigt sich auch, daß durch die unterschiedlichen sozialen Milieus, die in einer modernen Industriegesellschaft vorhanden sind, jede soziale Schicht durch den Sozialisationsprozeß sich selbst reproduziert: ein Arbeiterkind bekommt die Sprache, die Normen und Werte dieses Standes von den Eltern vermittelt, ein Fabrikantenkind die seines Milieus. Durch Sozialisation werden also gesellschaftliche Verschiedenheiten erhalten und fortlaufend erneuert. Dieser – zunächst theoretisch – angenommene Tatbestand wurde in Großbritannien und in den USA besonders

---

[1] Extremster Auffassung ist J. S. Brunner, der annimmt, daß jeder Stoff jedem Kind in jedem Stadium der Entwicklung in intellektuell redlicher Weise vermittelt werden kann. (Nach Emil Schmalohr: Möglichkeiten und Grenzen einer konitiven Frühförderung, in: Z. f. Päd. 1/1970, S. 4; hier können nur einige Aspekte der umfangreichen Problematik behandelt werden.

[2] Mollenhauer, Klaus: Sozialisation und Schulerfolg, in Roth, H. (Hg.): Begabung und Lernen – Ergebnisse und Folgerungen neuer Forschungen, Deutscher Bildungsrat, Gutachten und Studien der Bildungskommission 4, Stuttgart 1968, S. 270 f. Auf die verschiedenartigen Sozialisationsvorstellungen kann und braucht hier nicht näher eingegangen zu werden.

eindrücklich nachgewiesen, wo gerade für das Sprachverhalten der Kinder, für ihr verbales und damit begriffliches Vermögen, die Zugehörigkeit zu bestimmten sozialen Schichten verantwortlich gemacht werden konnte. Die bildungspolitische Bedeutung liegt darin, daß ein Kind aus sozialer Unterschicht im gesamten Bildungswesen allein seiner Schichtzugehörigkeit wegen benachteiligt wird, denn innerhalb des Bildungssystems wird die Sprache der Mittelschicht gesprochen, während eine sprachliche Barriere den Erfolg des Unterschichtskindes im Bildungswesen und damit auch im Beruf – bei gleicher Veranlagung – verhindert, erreicht aus den gleichen Gründen ein Mittelschichtskind die gesetzten Ziele. Nicht nur aus gesellschaftspolitischen Gründen ist diese Reproduktion sozialer Schichtung bedenklich, denn es werden dadurch die Entwicklungsmöglichkeiten einer dynamischen Gesellschaft beschränkt, sondern vor allem aus Gründen der sozialen Gerechtigkeit kann sich eine demokratische Gesellschaft auf die Dauer keine Chancenungleichheit leisten.

Der Sozialisationsbegriff destruiert nicht nur die ausschließliche Bedeutung einer naturgegebenen Reifung, sondern er erweist die soziale und kulturelle Seite für den Erziehungsprozeß als entscheidend, damit aber auch als eine beeinflußbare Größe. Indem von der Sozialisation eine ausschlaggebende Wirkung auf die Erziehung der frühen Jahre ausgeht, öffnet sich auch dieser Bereich dem bewußten Zugriff, er wird grundsätzlich manipulierbar, er kann planvoll bearbeitet werden. Das aber soll die Vorschulerziehung leisten: die überlieferte, traditionale Sozialisation des Elternhauses, soweit sie Kinder auf dem Niveau des elterlichen Milieus festhält, aufbrechen und ein „nebenfamiliäres Lernfeld" bereitstellen. Denn Begabung ist – von der Sozialisation her gesehen – nicht eine angeborene, sondern durch soziokulturelle Anregungen in Lernprozessen vermittelte Größe. Deshalb ist die „frühe Erziehung aus der Hand der Eltern in die Hand geübter Fachpädagogen zu legen. Es ist Pflicht der Gesellschaft, die Kinder in entsprechenden staatlichen Institutionen zu ‚begaben'³".

Von der entsprechenden Sozialisation hängt demnach letztlich der Schul- und auch Lebenserfolg ab. Darum muß schon früher als bisher üblich die Welt der Erwachsenen in die Kindheit hereinragen. Anstelle von „Geborgenheit" und „Mütterlichkeit", wie sie für die ersten drei Jahre richtig sein mag, sollten „im Kindergarten schon emanzipatorische und leistungsorientierte Lernprozesse" beginnen, es ist darum „zweckmäßig, den Beruf der Kindergärtnerin nicht länger den Frauen vorzubehalten"⁴.

Werden die Wandlungen, die sich aus dem Sozialisationsbegriff ableiten lassen, analysiert, so tritt an den Platz unbeeinflußbarer Reifung die willkürlich veränderbare Sozialisation...

So bleibt freilich dann ungeklärt, ob erstens ein Kind, das, wissenschaftlichen Einsichten entsprechend, sozialisiert wird, sich besser emanzipieren kann als ein in schichtgeprägten Sozialmilieus aufwachsendes; denn auch wissenschaftliche Einsichten sind zeitgebunden... und stellen nicht mehr die Höhe der Erkenntnis dar, die der gesellschaftlichen Wirklichkeit entsprechen wird, wenn das Kind dann erwachsen ist.

---

[3] Klaus Schüttler-Janikulla: Schuleintrittsalter und Schulreifeproblem, München 1968.

[4] Mollenhauer, a. a. O., S. 294. K. Hurrelmann: Erziehungssystem und Gesellschaft, Hamburg 1975, S. 16 f.: Heute stellt das erkenntnisleitende Interesse der Suche nach individuellen Freiheitsräumen und Entlastungsmöglichkeiten von gesellschaftlich zugemuteten Handlungs- und Einstellungszwängen in den Vordergrund. Mittels der kritisch-interaktionistischen Rollentheorie kann es ihrer Überzeugung nach gelingen, Handlungen und Interpretationsspielräume für individuelle Interessen und Bedürfnisse präzise zu erfassen...

Die Frage lautet allein: Kann es sich dann selbstbestimmen, oder ist es auf überholte Einsichten fixiert? Zweitens aber ist noch nicht ausgemacht, wie ein Kind, das in staatlichen Institutionen begabt wird, sich in seinem eigenen Elternhaus mit dessen andersartigen Standards zurechtfinden wird. Die Gefahr einer Entfremdung zwischen Eltern und Kind liegt bedrohlich nahe. Das zeigt an, wie behutsam im Bereich vorschulischer Erziehung vorgegangen werden muß.

Gerade die von Freuds Einsichten in die frühkindliche Entwicklung bestimmte Psychologie weist auf die überragende Bedeutung der emotionalen affektiven Umgebung für die Entwicklung des Identitätsbewußtseins hin. Mag heute in vielen Elternhäusern – nicht nur der Unterschicht – das Kind zu wenig Lernangebote und das kognitive Vermögen fördernde Reize bekommen, so ist ihm doch sein, wenn auch nicht immer erfreuliches Milieu, seine Atmosphäre vertraut. Soll Lernen gelingen, muß immer mitbedacht werden, daß keineswegs (spielerische) Wissensvermittlung genügt, sondern rationale Lernprozesse immer von emotionalen Vorgängen begleitet und unterlagert werden.

Das Politikum der vorschulischen Erziehung besteht darin, ob gezieltes vorschulisches Lernen zur individuellen Identitätsausweitung und Ich-Stärkung führt, was von der emotionalen Komponente in der Sozialisation abhängt. Ein schwaches Ich kann sich nicht behaupten, es braucht die Anlehnung an mächtige Institutionen, es wird konformistisch, nicht autonom. Auf diese Gefahren kann lediglich hingewiesen werden. Vorschulische Erziehung, so nötig und dringend sie ist, kann nicht allein durch bildungspolitische Ziele und gesellschaftliche Notwendigkeiten „gemacht" werden. Sie kann allein gelingen, wenn sie sich demokratisch vollzieht: Nicht nur das Bewußtsein einiger Politiker, Wissenschafter und Verwaltungsbeamter genügt, sondern es bedarf eines Bewußtseinswandels gerade der Eltern. Elternschulung, Elternmitarbeit und -initiative sind nötig, um dem Kind das Bildungsrecht zu schaffen, das ihm zukommt. Bildungsangebote sind zu schaffen, die das elterliche Milieu ergänzen, ohne das Kind zu entfremden. Das ist möglich, wenn dem Kind vor allem Urerfahrungen menschlichen Tuns zur Nachahmung angeboten werden.

Wird eine Zwischensumme gezogen und gefragt, was die Diskussion um die vorschulische Erziehung als wesentliche Veränderung erbracht hat, so können zwei Dimensionen als neugewonnen bezeichnet werden. Einmal wurde der zur fatalistischen Erziehungshaltung veranlassende Begriff der Reifung und damit einer altersmäßigen Entwicklung durch die Sozialisationseinsichten destruiert. Dabei schob sich die Kognition, die sich auf fortgesetzte Lernprozesse gründet, in den Vordergrund.

Zwischen den Extremen – der Reifungs- und Vererbungsauffassung einerseits und der Milieu- und Sozialisationstheorie andererseits – gibt es auch innerhalb der Wissenschaft durchaus Verbindungsbrücken. Aber die Wirklichkeit des Menschen, wie er als Kind lebt, wird sich nur dann annähernd erfassen lassen, wenn die bedeutende Einsicht, den Menschen als immerwährend lernend zu verstehen, radikal zu Ende gedacht wird. Wo liegt die Grenze des Lernens, bei der Geburt, beim Tod? Und wer ist es, der lernt? Das Ich, bei der Geburt keineswegs voll anwesend, aber in allen Äußerungen gegenwärtig, bringt sich lernend ins Dasein. Lernen soll als „kognitive Konstruktion", wie sie die Schule vermittelt, auf den Grundlagen in der frühen Kindheit aufbauen[5]. Lernen wird als kumulativer Vorgang betrachtet. Die Intelligenz läßt sich in frühem Alter besonders leicht entwickeln; B. S. Bloom

---

[5] Aebli in: Roth, a. a. O., S. 167.

nimmt an, daß sich siebzig bis achtzig Prozent der Intelligenz – bezogen auf das achtzehnte Lebensjahr – in den ersten acht Jahren entfalten. So gesehen, wird der Mensch zu einem ständig lernenden und damit sich wandelnden Wesen. Sicherlich wurde die altersmäßige Entwicklung zu sehr abgedrängt und verleugnet[6].

Zweitens wurde die prägende Wirkung der emotionalen, das heißt liebevollen Zuwendung für die gesunde leibliche Entwicklung, aber auch für den Persönlichkeitsaufbau erkannt, der wieder auf die Affekte des Kindes zurückwirkt und von lebenslanger Wirkung ist. Beide Erkenntniserweiterungen erweisen die Wichtigkeit der vorschulischen Entwicklung und Erziehung, erweisen aber auch, wie entscheidend die Prägungen sind, die hier stattfinden, zeigen, daß es keine Gründe gibt, Bildung in diesem Alter zu beschneiden und der sich entwickelnden Persönlichkeit Entfaltungsmöglichkeiten zu verbauen.

Fassen wir zusammen: es läßt sich festhalten, daß bei der begrifflichen Schärfung, die durch die neuere Diskussion erfolgte, mehr verdeckt als erhellt wurde. Wer ist es denn, der lernt? Nicht ein passives Wesen wird von außen plasticiert, gedrückt, geformt, wobei allenfalls die Reifungsprozesse widerspenstig im Wege stehen, sondern es liegt ein „aktiver Vorgang" zugrunde, der vom Wesen, dem Ich selbst ausgeht. „Drei Grundelemente kommen in der menschlichen Ontogenese (Entwicklung) zusammen: die genetische Struktur als Grundlage, die Einwirkungen der Gesellschaft ... und das eigene Tun, die persönliche Anstrengung". Grassé, Pierre P.: Das Ich und die Logik der Natur, Mch. 1973, S. 191. Dieses persönliche Wirken, die Anstrengung des inneren Wesens wird deshalb so leicht übersehen, weil sie nicht als selbstbewußte, mündige Handlung erscheint, sondern in einer allgemeinen, jedem Kind mehr oder minder eignenden und dazu in einer nachweislich geradezu halb- oder unbewußten Form.

Veränderung, zum Vollkommeneren hin verstanden, führt zu der Frage, worin Lernen sich nun vor allem äußert? Zweifelsfrei in den Handlungen, in den Taten des Menschen. Wo endet das Lernen? Mit dem Tod? Es läßt sich mit Lessing fragen: „Aber warum könnte jeder einzelne Mensch auch nicht mehr als einmal auf dieser Welt vorhanden gewesen sein? ... Warum sollte ich nicht so oft wiederkommen, als ich neue Kenntnisse, neue Fertigkeiten zu erlangen geschickt bin? Bringe ich auf einmal so viel weg, daß es der Mühe wieder zu kommen etwa nicht lohnet?"[7]

Erst wenn Lessings radikales Lernkonzept gedacht wird, kann der Mensch als mehr aus den Faktoren der Anlage und der Sozialisation bestehend angesehen werden. Erst dann wird ein Bereich menschlicher Entwicklung sichtbar, der als gleichwertig und nicht zu übersehen neben Anlage und Milieu das Sein des Kindes bestimmt. Erst der unauflösbare Zusammenklang aller drei Seinselemente: Anlage und Reifung, das Gepräge einer bestimmten Kultur und des individuellen Milieus, und das sich in beidem verwirklichende Ich machen die Wirklichkeit des Menschen aus. Nicht ein unbeschriebenes Blatt, in das erst die Spuren der Vererbung (Begabung) und des Milieus (Sozialisation) einen Text eintragen, ist das Ich, sondern es bedarf beider Elemente zu seiner Selbstwerdung. Werden aber ist für das Ich verknüpft mit Selbstverwirklichung, wie die frühe Kindheit mit dem mündigen Menschen. Wenn Selbstverwirklichung in der Produktivität, im Tun geschieht, dann bedeutet für das Kind der gesamte motorische Bereich nichts anderes als „Selbstwerdung", Vorbereitung für die

---

[6] Vgl. Schmalohr, a. a. O.
[7] „Erziehung des Menschengeschlechtes", §§ 94, 98.

Selbstbestimmung, die erst mit der Mündigkeit, der Ich-Geburt, der vollen Ich-Gegenwart erfolgt...

Was sagt die Motorik dem Betrachter? In ihr offenbart sich eine Naturgewalt, die das Kindesalter beherrscht. Aus der Fülle der Erbmotorik gestaltet sich allmählich beim Säugling die gerichtete, zielvolle, koordinierte Bewegung heraus. Die willentliche Steuerung der eigenen Bewegungen bedarf, um zu glücken, eines Mediums: der Nachahmung. Indem das Vorbild des Erwachsenen in seiner Gestik, Mimik, Bewegung, in seinem Verhalten, mit seiner körperlichen und seelisch-geistigen Verfassung das Kind umgibt, kann es gerade ihn als Handelnden – aber nicht nur – imitieren, sich mit ihm identifizieren. Wie wirkt die Nachahmung? Was der Erwachsene zielgerichtet und zweckvoll arbeitet, spielt das Kind in freier, phantasievoller Weise nach. Es kann beobachtet werden, wie ein Kind nach Jahren ein gesehenes Ereignis nachspielt, etwa den Arztbesuch. Es ist – auf der kognitiven Ebene – ein unmittelbar sinnhaftes, handgreifliches Verständnis der Welt durch die Nachahmung gegeben. Nicht nur sinnvolle Arbeitsabläufe, sondern auch Materialqualitäten werden erfaßt, ertastet, gefühlt, geschmeckt. Wichtiger aber dürfte noch sein, daß sich durch die Nachahmung nicht nur Verständnis im Tun entwickelt, sondern der Mensch sich daran zum Menschen entwickelt. Sozialisation und Enkulturation, Wert- und Normvermittlung geschehen auch so. Tiefer – und nicht leicht beobachtbar – werden durch die Nachahmung die Vorgänge der Organ- und Leibbildung und -ausgestaltung gesteuert. Sowohl der Spracherwerb wie die leibliche Gesundheit hängen wesentlich vom Nachahmungsangebot ab, von der ganzen Atmosphäre der kindlichen Umgebung.

Was also die Willensregion, der Bereich der Motorik, im Kind ist, erweist sich zwar als tief bedeutsam für die vorschulische Entwicklung, zugleich aber als in seinen Wirkungsweisen schwer zugänglich. Wird nicht dadurch, daß vorschulische Lernprogramme absichtsvoll die Kognition und den Intellekt fördern, eine Schädigung der „motorischen" Fähigkeiten, damit aber auch der Leiblichkeit hervorgerufen? Will man vorschulische Bildung, und sie muß schon deshalb gewollt werden, weil immer weniger nachahmenswerte, sinnvolle Tätigkeiten das Kind umgeben, dann ist mit einem Angebot an nachahmenswerten Tätigkeiten zu beginnen. Diese Tätigkeiten haben aber nur dann Sinn, wenn der Zweck nicht im Programm, sondern in der Sache liegt: Schuhe werden angefertigt, weil sie benötigt werden, nicht, um die Herstellungsweise dem Kind zu verdeutlichen und so weiter.

Den Bereich der Motorik können wir als den des Willens bezeichnen, er ist dem Bewußtsein nicht zugänglich. Daraus wird folgende Konsequenz gezogen: „Bildung, so sagte man früher, wendet sich nicht nur an den Intellekt, sondern auch an den Willen. Vom Vermögen des ‚Willens' hält die moderne Psychologie nicht viel..."[8] Alle Bildung wird so ausschließlich vom (bewußten) Intellekt her verstanden. Der Wille ist beim Kleinkind völlig leibgebunden, er hat sich noch nicht so weit emanzipiert, daß er frei gebraucht werden könnte im Sinne willkürlich vorgestellter Handlungsziele. Alle Tätigkeitsmotivationen des Kindes stammen aus dem Erfahrungsfeld der Nachahmung. Der Wille ist ganz hingegeben an die Umwelt und die Leibbildung. Erst mit der Zeit des Zahnwechsels wird der Wille verfügbar. Er ergreift „immer mehr von der Außenwelt, unser Wille wird immer orientierter und orientierter, wir lernen unseren Willen in Übereinstimmung bringen mit den Dingen und Vorgängen der Außenwelt". Jetzt kann aus der Wahrnehmung von Objekten (und

---

[8] Aebli, a. a. O., S. 158.

nicht aus Nachahmung) der Wille (durch Vorstellungen) motiviert werden. Eine abermalige Verwandlung des Willenslebens tritt mit der Pubertät insofern ein, als jetzt die Handlungen mit einem bestimmten Enthusiasmus am eigenen Tun durchsetzt werden. Handlungen werden zu seelisch durchkosteten Erlebnissen, die sich qualitativ – wie die Selbsterfahrung zeigt – deutlich von den vorhergehenden unterscheiden. „Das ganze Willensleben wird anders, es könnte ja sonst nicht das Liebegefühl in das Willensleben hineinkommen[9]."
Erst wenn sich diese Metamorphosen des Willens, die angedeutet wurden, richtig vollzogen haben, kann die letzte stattfinden: die Handlung aus Erkenntnis, das Tun aus frei bestimmten Zielen: „Nur wenn ich meiner Liebe zu dem Objekte folge, dann bin ich es selbst, der handelt... ich vollziehe (meine Handlung), weil ich sie liebe[10]." Diese Willensseite, die den Charakter, das sittliche Wesen des Menschen in seinem Ich konstituiert, fiel den für das Bewußtsein schwer zu erhellenden Reifungsprozessen zum Opfer, obgleich sie (nicht nur im Bereich der Werte und Normen) eng mit der Sozialisation verbunden ist. Wenn eine wissenschaftsorientierte Sozialisation durch die Förderung der kognitiven Fertigkeiten in der vorschulischen Erziehung die doppelte Gefahr in sich birgt, daß das Kind dem Elternhaus entfremdet und allein intellektuell gefördert wird, wobei die Breite der menschlichen Natur zu kurz kommt, bleibt doch die Notwendigkeit einer frühkindlichen Bildung, zumal immer mehr Elternhäuser, immer mehr Milieus an Bildungsanregungen immer weniger hergeben. Was ist zu tun, um diesem Zwangskreis zu entgehen?

Die Vorschulzeit muß ein breites Nachahmungsangebot bieten, dem das Kind sinnerfülltes menschliches Tun entnehmen kann, an dem es sinnenhaft, paradigmatisch, bestimmte Qualitätserfahrungen machen und Lebenszusammenhänge erfahren kann. Dem Kind muß, soziologisch gesprochen, eine Welt vor der Entfremdung angeboten werden, ein Waschzuber mit Wäsche, Seife und Wasser, nicht ein Lehrprogramm über die Bedienung einer Waschmaschine. Aus dem so Dargebotenen kann sich das Kind in freier Weise das herausnehmen, was ihm behagt, ist nicht auf programmierte kognitive Inhalte fixiert, die einer zeitbedingten Allüre entspringen. Diese Art der nachahmenden Tätigkeit wird eine Sozialisation bewirken und hat sie in der ferneren Vergangenheit wohl auch bewirkt, die Entfaltungsräume für das Selbst des Kindes frei läßt. Wer unter Sozialisation einbegreift die Selbständigkeit und letztlich Mündigkeit des Menschen, muß in der frühen Kindheit jede scheinbare gesellschaftliche Notwendigkeit scheuen, weil sich auch dem Gutmeinenden Schwierigkeiten ergeben, wenn er die Zukunft denken will.

„In der Vergangenheit konnten die Menschen, weil ihr Leben mehr ein instinktives war, auf diese Nachahmung instinktiv sich verlassen. In der Zukunft wird bei der Erziehung die Frage immerzu beantwortet werden müssen: Wie gestaltet man am besten das Leben des Kindes so, daß es in der besten Weise seine Umgebung nachahmt? Denn die Menschen werden sich eines sagen müssen: Wenn die Menschen im sozialen Organismus erwachsen sein sollen, so werden sie frei sein müssen. – Frei wird man nur, wenn man zuerst als Kind möglichst intensiver Nachahmer war. Sonst gelingt die Metamorphose des Willens nicht[11]."

---

[9] Rudolf Steiner: Vortrag vom 18. September 1920, in: „Geisteswissenschaft als Erkenntnis der Grundimpulse sozialer Gestaltung", Dornach 1967.
[10] Rudolf Steiner: „Philosophie der Freiheit", Stuttgart 1955, S. 166.
[11] Rudolf Steiner: Vortrag vom 9. August 1919 in: „Erziehungsfrage als soziale Frage", Dornach 1960.

DOKUMENTARISCHES

DAS ERGEBNIS IST ALARMIEREND
Zu dem nachfolgend dokumentierten Aufruf
Helmut von Kügelgen

Es gilt, das Medium Fernsehen zu durchschauen und die Bedingungen menschlicher Entwicklung zu kennen, – das genügt, um die Entscheidung des verantwortlichen Erziehers herauszufordern. Über den Inhalt der Sendungen braucht man dann nicht mehr zu sprechen, er ist ein sekundäres Problem.
Mit der Feststellung: „*Verringertes Selbstbewußtsein – Rascher Abbau von zwischenmenschlichen Beziehungen – Vernichtung der Kreativität*" wurde von Freunden des Fernsehens, die der Wirkung ihres Tuns auf den Grund gehen wollten, die Erfahrung aus einem groß angelegten Fernseh-Experiment zusammengefaßt. Dreifach haben sie das Gegenbild dessen charakterisiert, was Erziehung zu leisten hat, ohne selber zu bemerken, wie sehr vom Medium Fernsehen der *ganze* Mensch betroffen ist: der denkende, empfindende und aus der Initiative des eigenen Willens handelnde Mensch.
Wenn die Waldorferziehung den ganzen Menschen erfaßt, was will sie dann im Elternhaus, in Kindergarten und Schule, in der Berufsausbildung und im Studium, d. h. in allen Stufen der Erziehung, letzten Endes erreichen? Wie sucht sie den durch die Stufen der Kindheit und Jugend sich vollziehenden Übergang von der Erziehung zur Selbsterziehung zu veranlagen?
Das Ziel der Erziehung läßt sich ebenfalls auf drei Thesen zusammendrängen:

1. Wir wollen unsere Kinder zum Selbstbewußtsein und zur Selbstfindung hinführen, sie gegen Abhängigkeit und leichte Manipulierbarkeit ausrüsten, damit sie, einmal auf sich selbst gestellt, aus der eigenen Persönlichkeitsstruktur heraus denken, urteilen und handeln können.
2. Wir wollen unseren Kindern die Fähigkeit und Übung zu zwischenmenschlichen Beziehungen, zur Wahrnehmung des anderen Menschen, zu sozialer Begabtheit und zur Verantwortlichkeit in der zeitgenössischen Gesellschaft hinführen.
3. Wir sehen in der schöpferischen, initiativen Begabung (Kreativität) den wesentlichen Ansatz zu innerer Beweglichkeit (Mobilität) und zum produktiven Arbeitseinsatz aus ichhaft entfalteten Willenskräften.

Die Untersuchung der britischen Fernsehgesellschaft BBC suchte eine Antwort auf die Frage, wie lange der Durchschnittsbürger ohne Fernsehen auskommen kann. Die Enthaltsamkeit vom Bildschirm wurde an einer Gruppe ausgewählter Fernsehteilnehmer, denen pro Woche „Fernsehverweigerung" ein Betrag von umgerechnet 32 DM ausgezahlt wurde, studiert. „Trotz dieses kleinen finanziellen Anreizes wurde die Masse der Testpersonen schon bald ‚rückfällig', spätestens nach fünf Monaten hatte auch der Standhafteste wieder die ‚Ein'-Taste seines Gerätes gedrückt. Bei einem ähnlichen deutschen Versuch im Jahre 1972 – allerdings mit weniger Teilnehmern – gab es entsprechende Ergebnisse: Die erste Versuchsperson fiel bereits nach drei Wochen in alte Sehgewohnheiten zurück, und auch hier konnte keine länger als fünf Monate standhaft bleiben.
Die Auswertung der BBC-Studie wurde von Fernsehkritikern und Angehörigen des Senders durchgeführt. Das Ergebnis lief auch über den Bildschirm und war schlicht *alarmierend*: Die Ver-

suchspersonen litten während der fernsehlosen Zeit unter ‚Entziehungssymptomen vergleichbar jenen bei Alkohol- und Drogenmißbrauch'. Die Zukunft mit der Röhre, orakelten die Auswerter schwarzseherisch, werde ‚unweigerlich den Trend zu größerer Abhängigkeit' aufzeigen. Und als erschreckende, aber zwangsläufige Begleiterscheinungen eines solchen Fernsehdauerkonsums stellten sie ‚verringertes Selbstbewußtsein, den raschen Abbau von zwischenmenschlichen Beziehungen sowie die Vernichtung der Kreativität' fest." *Stuttgarter Zeitung vom 25. 10. 1975.* *defd*

Zur Beurteilung der pädagogischen Auswirkung des Fernsehens sind die Untersuchungen der Befürworter des Fernsehens besonders aufschlußreich, weil die von ihnen wissenschaftlich erarbeiteten Fakten auch verlangen:
1. das Kind nicht vor den Bildschirm zu setzen –
2. mit dem Dogma zu brechen, das Fernsehen der Kinder sei nicht zu umgehen.

Fortschrittlich, „modern" ist, wer aus seinen Erkenntnissen heraus handelt. Er verändert die Welt nach frei gefaßten Entschlüssen.

FERNSEH-GESCHÄDIGT

Aufruf gegen das Fernsehen für kleine Kinder

Resolution der Internationalen Vereinigung
der Waldorfkindergärten e. V.
Die Folgen des Fernsehens der kleinen Kinder, unabhängig vom Inhalt der Programme, sind gesundheitliche Schädigungen physiologisch-psychologischer Natur. In den USA sind die ersten Kliniken für fernseh-süchtige Kinder eingerichtet worden – muß es in Europa auch soweit kommen? Die über die Kinder verhängte Eingewöhnung in Bewegungs- und Verhaltensmuster, die Passivität bei der Aufnahme und hemmungslose, chaotisierte Willensregung als Reaktion, die auch nach guten Kindersendungen auftretenden Schlafstörungen deuten darauf hin, daß nicht der Inhalt des Programms, sondern Fernsehen selbst als Beschäftigung des kleinen Kindes schädlich ist.
Erfahrungen mit fernsehgeschädigten Kindern, auch die Einsicht in die Menschenkunde der frühkindlichen Entwicklung hat heute schon zu folgenden Feststellungen geführt:

1. Das Fernsehen bedeutet für das kleine Kind
   einen Angriff
   auf die Gesundheit der Sinne und Nerven,
   auf die Harmonie des Kreislaufes,
   auf die Phantasie- und Intelligenzentfaltung,
   auf die gesamte Motorik.
   Dieser Angriff trifft den Menschen in seiner bildsamsten Lebensepoche, ohne daß das Kind steuern kann, was mit ihm geschieht. Die gesunde Lebensgrundlage der Persönlichkeitsentwicklung wird geschädigt und gehemmt:
   Die Auswirkungen betreffen den ganzen Lebenslauf.

2. Das Fernsehen setzt das kleine Kind den Folgen
   des Irrtums
   aus, es könne eine Frühförderung des Kindes übernehmen. Dagegen stehen die Fakten: Klinisch zu behandelnde Fernsehsucht, die Minderung der Konzentrationsfähigkeit und der Qualität des Erlebnisvermögens, die Dämpfung der Eigenaktivität und Lernbereitschaft, das Zurückgehen des sozialen Gemeinschaftssinnes, die Schablonisierung der Sprache.

3. Der Fernseh-Faszination preisgegeben ist das Kind
   in Gefahr,
   sich an zwanghaft eingeprägte Vorstellungen,
   sich an den Verlust wahrhaftiger Empfindungen,
   sich an die Chaotisierung der Willenskräfte
   zu gewöhnen. Die Folge dieser Gewöhnung wird die Gesellschaft der Zukunft zu tragen haben. Das Kind kann diese Gefahren weder durchschauen noch bannen.
   Die Verantwortung liegt allein bei den Eltern und Erziehern.
   Die Lust des Kindes am Fernsehen enthebt den Erzieher nicht der Pflicht, nach seinen Erkenntnissen verantwortlich zu handeln. Auch sein eigenes Bedürfnis, von den Informationen durch Fernsehen einen berechtigten und sinnvollen Gebrauch machen zu wollen, ändert nichts an der Einsicht:
   *Das kleine Kind gehört nicht vor den Bildschirm,
   unabhängig vom Inhalt des Programms*

4. *Was können wir dagegen tun?*
   Selbst in der Information für Eltern und Erzieher zur Sesamstraße wird die Schädigung durch das Fernsehen als gegebene Tatsache erwähnt: der begleitende Erwachsene möge durch „richtige Handhabung" abfangen und ausgleichen, was angerichtet wird.
   Die zwischenmenschlichen Beziehungen, das Lernen des Men-

schen vom Menschen durch Nachahmung und Erlebnis sind die einzig legitimen Medien in der Erziehung des kleinen Kindes. Seine Anleitung zu Spiel, Spracherwerb und Eigeninitiative sind die unerläßlichen Voraussetzungen menschlicher Bildung.

5. Wir fordern deshalb
zum Schutze des kleinen Kindes
zum Schutze der Gesellschaft und
zur Erweckung der Erzieherinitiative
*Absetzung des Programms Sesamstraße
Verzicht auf Kinderprogramme überhaupt*
zugunsten einer Erwachsenenfortbildung, die über die Gefahren des Kinderfernsehens aufklärt, schon entstandene Schäden dokumentiert und Wege zu ihrer Heilung aufzeigt.

Unsere Kinder sollen nicht in ihrem bildsamsten Alter präpariert werden für politische Agitation, skrupellose Reklame und eine seelische Grundhaltung, welche die Triebe und Begierden des Menschen zur Grundlage einer erniedrigenden Pseudokultur macht.

Unpersönliche und nicht zu kontrollierende Einflüsse drohen – aus Unkenntnis oder bewußter Mißachtung der elementaren Entwicklungsgesetze – unsere Kinder zu verbilden. Dagegen rufen wir zu persönlichem Einsatz, zu Erzieherinitiative und menschlicher Verantwortung auf.

Die Mitgliederversammlung
der Internationalen Vereinigung der Waldorfkindergärten
Hannover, im Juni 1973

Diese Resolution wurde von über 300 Kindergärtnerinnen und Elternvertretern von 61 deutschen und 16 europäischen Waldorfkindergärten gefaßt.

FRÜHES LERNEN UND EINSCHULUNGSALTER

Stellungnahme des Bundes der Freien Waldorfschulen im Juni 1970 (revidierte Fassung)

Zur Situation

In den letzten Jahren ist einer breiten Öffentlichkeit durch vielfältige soziologische und psychologische Untersuchungen bewußt geworden, daß dem Lernen und der Entwicklung in den ersten sieben Lebensjahren eine besondere Bedeutung für das ganze Leben zukommt: die Sprache – wesentliches Element der Persönlichkeitsentwicklung – bildet sich aus, Erkenntnisformen und fortdauernde Lernmotivationen werden veranlagt, schöpferische Antriebe, soziales Verhalten und gesundheitliche Dispositionen werden vorgeprägt.

Damit ist der Gesellschaft deutlicher als bisher geworden, welche Verantwortung sie für die Bildung des Menschen in diesem Lebensabschnitt trägt; sie fordert immer nachdrücklicher, das Recht des Kindes auf Bildung zu verwirklichen.

Es geht heute entscheidend darum, *wie* diese Verantwortung institutionalisiert werden soll. Verständlicherweise strebt man auf der Ebene politischer Meinungs- und Willensbildung möglichst einfache und wirksame Lösungen an. Man meint, durch Vorverlegung des Einschulungsalters auf das vollendete fünfte Lebensjahr, einen angemessenen Weg gefunden zu haben. Zunehmend werden in fast allen Bundesländern Vorschulklassen eingerichtet. Auch der Deutsche Bildungsrat schlägt in seinem Strukturplan vor, das Einschulungsalter vorzuverlegen[1]: Bis 1980 soll für die Fünf- bis Achtjährigen ein sogenannter Primarbereich innerhalb der Schule geschaffen werden.

Die von Rudolf Steiner begründete Waldorfpädagogik hat seit Jahrzehnten auf die fundamentale Bedeutung der Erziehung in den ersten sieben Lebensjahren hingewiesen. Sie hat ihren Schulen einen „Kindergarten" vorgebaut als Raum spezifisch vorschulischer Bildung. Ihre Erziehungsprinzipien werden an zahlreichen Schulen und den mit ihnen verbundenen Kindergärten in zwölf europäischen und sieben außereuropäischen Ländern erfolgreich praktiziert. So haben die Waldorfschulen seit langem neue Wege der vorschulischen Erziehung beschritten und grundlegende Erfahrungen gesammelt. Sie wollen hier auf Gefahren hinweisen, die mit einer Vorverlegung des Einschulungsalters verbunden sind.

Bei der Vorbereitung gesetzlicher Maßnahmen sollten folgende pädagogische und rechtliche Gesichtspunkte berücksichtigt werden.

Pädagogische Bedingungen einer erweiterten Vorschulerziehung

Mit Recht wird eine grundlegende Neuorientierung der vorschulischen und schulischen Erziehung angestrebt. Sie soll jedem heranwachsenden Menschen eine optimale Förderung in seiner individuellen Entwicklung garantieren. Im Strukturplan des Bildungsrates wird konsequent die alte Zweiteilung der Bildung in eine volkstümliche und eine höhere wissenschaftliche Bildung verworfen und durch eine neue einheitliche Konzeption ersetzt. Das Prinzip, auf dem diese neue Bildung aufgebaut werden soll, wird allerdings nicht in der Vielseitigkeit und Vielschichtigkeit der menschlichen Veranlagungen gesehen – indem man die Wissenschaftsorientierung zum geistigen Grundprinzip für alles Lernen vom Primarbereich an erhebt, gibt man der Bildung von vornherein eine einseitige Ausrichtung. Es wird übersehen oder verkannt[2], daß wissenschaftsorientiertes Leben nur für Teilbereiche des Lebens (für kritische Betrachtung, wissenschaftliches Erkennen und rationale Planung) relevant ist, aber andere Fähigkeiten (vertieftes Erleben, schöpferisches Gestalten, sittliche Verantwortung) nicht ausbilden kann – diese sind aber für das Individuum wie für die Gesellschaft von größter Bedeutung. Außerdem wird eine pädagogisch fragwürdige Hypothese dem frühen schulischen Lernen zugrundegelegt, daß nämlich „Wissenschaftsorientiertheit von Lerngegenstand und Lernmethode ... für den Unterricht auf jeder Altersstufe"[3] gelte. So will man zwar nicht die Inhalte des bisherigen ersten Schuljahres vorverlegen, aber um so entschiedener die Methoden wissenschaftlich-intellektueller Weltbetrachtung dem Kinde einprägen. Man will durch „forschendes Lernen" geistige Offenheit begründen, berücksichtigt aber nicht, daß eine zu frühe Einübung wissenschaftlicher Methoden und Inhalte, insbesondere vor dem achten Lebensjahr, durch die prägenden Einflüsse zu einem geistigen Systemzwang führen muß.

Wenn wissenschaftsbezogenes Lernen nicht zu einseitiger Bildung

---

[1] vgl. Empfehlungen der Bildungskommission „Strukturplan für das Bildungswesen" Kap. III – Vorbemerkungen, Kap. III – 2.3.1 (Struktur des Primarbereichs – Einschulung).

[2] a. a. O. Kap. I – 4.1.

[3] a. a. O. Kap. I – 4.1; vgl. im Speziellen Kap. II – 1, bes. Kap. II – 1.4.

und zu geistiger Unfreiheit führen soll, müssen drei Voraussetzungen gegeben sein. Erstens muß das Kind in der Lage sein, die Methoden solchen Lernens selbständig zu durchschauen und durchzuführen; sonst bedeutet dieses Lernen eine bloß äußerliche Imitation. Zweitens muß es die Begriffe unter Berücksichtigung der zugrundeliegenden Phänomene bilden; sonst hat das Erkennen einen pseudowissenschaftlich-dogmatischen Charakter. – Diese zwei Bedingungen sind vor dem achten Lebensjahr nicht vorhanden: Da sich Bewußtsein und Erleben bis zu diesem Lebensalter im unmittelbaren Kontakt mit der Umgebung entwickeln, bedeutet die Anwendung elementarer wissenschaftlicher Methoden eine Einengung des kindlichen Erlebens auf den quantitativen und verstandesmäßigen Teilaspekt der Welt. Diese Einengung erfordert eine analytische Einstellung des Bewußtseins, die dem Kinde durch Anweisung oder Übungsmaterial erst von außen aufgedrängt werden muß. Alle wissenschaftliche Begriffsbildung setzt aber voraus, daß sich das Bewußtsein aus der Bindung an die Wahrnehmungen löst und sich durch Vergleich und Reflektion in den Bereich der Abstraktion erhebt. – Als dritte wesentliche Bedingung muß wissenschaftsorientiertes Lernen im inneren Zusammenhang mit intensiver Ausbildung der Erlebniskräfte, des schöpferischen Gestaltens und der moralischen Fähigkeiten stehen. Nur so kann dieses Lernen trotz begrifflicher Enge (Reduktion) aus dem weiteren Bereich des Erlebens die notwendigen Anregungen für seine Entwicklung erhalten, nur so können die gewonnenen Erkenntnisse zur Grundlage für schöpferisches Wirken und individuelle Verantwortung werden. Verfrühtes wissenschaftsorientiertes Lernen löst die intellektuelle Betätigung aber aus dem Zusammenhang des Erlebens heraus und führt sie in eine Absonderung von den anderen seelischen und geistigen Kräften.

Eine Intensivierung frühen Lernens muß deshalb von anderen als den vorgeschlagenen Prinzipien ausgehen. Es wird im Strukturplan für den Unterricht auf der Primarstufe wohl auch auf Einübung sozialer Verhaltensweisen und die Pflege der musischen Anlagen Wert gelegt; diese Vorhaben stehen aber in einem rein additiven Verhältnis zu der vorrangig behandelten intellektuellen Bildung. Solange sich die Anlagen und Fähigkeiten im Kontakt mit der Umgebung entwickeln, rechnet die Erziehung nur dann voll mit der Individualität des Kindes, wenn sie diese Umgebung so gestaltet, daß die Eigenaktivität eine möglichst starke Anregung für spontane Betätigung erfährt. Das Grundprinzip für das Lernen und die Entwicklung des Kindes bis zum achten Lebensjahr ist deshalb nicht das von außen gelenkte, wissenschaftsorientierte Lernen, sondern die Förderung des sich von innen individuell entfaltenden nachahmenden Lernens. Die Umgebung als Bereich nachahmender Betätigung ist so einzurichten,

daß sinnvolle und überschaubare Tätigkeiten vom Kinde erlebt, nachgeahmt und verstanden werden können – so werden Intelligenz und Verstehen im Zusammenhang von Erleben und Tun gefördert;

daß die Kinder durch Erzählungen und durch darstellende Spiele (z. B. Märchenspiele) eine differenzierte und kultivierte Sprache aufnehmen – so werden im Zusammenhang von Bewegung und Gebärde durch die Sprache Erleben und differenziertes Ausdrucksvermögen als Grundlage der schulischen Lernbereitschaft ausgebildet;

daß das Kind durch das Vorbild des Erziehers moralische Qualitäten in sein Erleben und Tun aufnimmt – so verbindet es sich mit Moralischem, ohne daß dieses als Regel und Vorschrift von außen beengend wirkt;

daß das Kind in rhythmischer Wiederholung die Feste des Jahreskreislaufes singend, spielend, im Reigen und in der Raumgestaltung vorbereitet, mitgestaltet und schließlich mit den Eltern feiert – so werden in freudigem Tun Begriffe, Werte und gesundende Elemente der Lebensgestaltung lebensvoll und wachstümlich veranlagt;

daß durch einfache Gestaltung des Spielmaterials die innere Aktivität im Vorstellen und im gestaltenden Tun angeregt wird;

daß das Kind durch künstlerisches Tun (einfaches malerisches und plastisches Gestalten, Singen, Reigen, Bewegung) in seinen Erlebnis- und Gestaltungskräften gefördert wird;

daß das Kind durch freies Spiel im Zusammenwirken mit anderen Kindern individuell ausgestalten lernt, was es an Fähigkeiten (Intelligenz, Phantasie, Erleben, manuelle Beherrschung usw.) erworben hat.

Diese Prinzipien gelten allgemein für die Erziehung der drei- bis sechsjährigen Kinder. Bei den fünf- und sechsjährigen Kindern ist aber zu berücksichtigen, daß sie ihre Fähigkeiten und Tätigkeiten mit einer stärkeren Kraft willentlicher Führung durchdringen. So wird z. B. das Kind durch willentliche Bewußtheit im Wahrnehmen zunehmend auf das Detail aufmerksam; sein Spiel und seine übrigen Tätigkeiten werden konsequenter und zielgerichteter als bisher; durch differenzierte Führung des Willens entwickelt sich die Feinmotorik. Das bedeutet eine Individualisierung jener Fähigkeiten, die das Kind aus den genannten Lern- und Entwicklungsprozessen gewinnt. Die besondere Aufgabe für die Erziehung der fünf- und sechsjährigen Kinder liegt deshalb darin, diesen Prozeß anzuregen. Verlangt man von Kindern dieses Alters jedoch die Einordnung in vorgegebene Lern- und Tätigkeitsprogramme, so kann das erzwungene Einfügen in die von außen gesetzten Methoden und Inhalte die Ausbildung dieser Willenskräfte und die notwendige Individualisierung nur schwächen.

Die Berücksichtigung dieser Sachverhalte und Gesetzmäßigkeiten verlangt, daß die Erziehung der Kinder bis zum siebten Lebensjahr in Inhalt und Methode von der Schule getrennt und als eigenständiger Erziehungs- und Bildungsraum konzipiert werden muß; sie gewährt, daß ein tragendes Fundament für die weitere leibliche, seelische und geistige Entwicklung gelegt wird.

Die Verwirklichung des Rechts auf Bildung

So wie eine einseitige wissenschaftliche Orientierung des frühen Lernens in ihren Auswirkungen die Persönlichkeitsentwicklung beeinträchtigen muß, so problematisch wäre eine staatliche Einflußnahme auf dieses frühe Lernen, die über eine reine Rechtsaufsicht hinausgeht. Dem Recht des Kindes auf Bildung und auf freie Entfaltung seiner Persönlichkeit [4] dient am besten ein gesetzlich gesicherter Freiheitsraum für pädagogische Initiativen. Nur er gewährleistet, daß sich fortschrittliche Bemühungen entfalten können. Das gilt in besonderem Maße in einer Zeit, die Bestehendes als unzureichend erkennt und sich um neue Orientierungen bemüht.

Bei gesetzlichen Regelungen der Erziehung bis zum siebten Lebensjahr ist das Recht und die Pflicht der Eltern zur Erziehung ihrer Kinder [5] zu beachten.

Was schon für den heutigen Bereich der Schule gilt [6] – nämlich das Recht zur Errichtung und zum ungehinderten Besuch von

---

[4] Art. 6 Abs. 2 und Art. 2 des Grundgesetzes.
[5] Art. 6 Abs. 2 GG.
[6] gemäß Art. 7 Abs. 4 und 5 in Verbindung mit Art. 6 Abs. 2 GG.

privaten Schulen –, gilt entsprechend auch für vorschulische Einrichtungen. Der hier vom Gesetzgeber zu respektierende Freiheitsraum ist sogar weiter als der, den das Grundgesetz für das freie Schulwesen gewährleistet; denn es wird die herkömmliche verfassungsrechtliche Grenze zwischen den Erziehungsbereichen der Familie (Art. 6) und der Schule (Art. 7) überschritten.

Die Lebensformen der technischen Zivilisation und die Schichtung der Gesellschaft (z. B. verschiedene Sprach- und Denkformen) führen zwangsläufig zu milieubedingten Bildungsdefiziten. Deshalb muß rechtlich gesichert werden, daß jedes Kind, insbesondere aus sozial benachteiligten Bevölkerungsgruppen, eine zeitgemäße Erziehung erhält. Es gibt kein Recht der Eltern, ihre Kinder auf dem Bildungsstand ihrer sozialen Schicht festzuhalten. Die Rechtsgemeinschaft muß, wenn die Eltern von der Notwendigkeit einer besseren Erziehung nicht zu überzeugen sind, das Recht des Kindes gegen seine Eltern durchsetzen[7]. Sie darf sich aber dazu nicht solcher Mittel bedienen, die das Erziehungsrecht auch derjenigen Eltern antasten, die dem Bildungsanspruch allein oder mittels freier Erziehungsinstitutionen gerecht werden. Eine gesetzliche Regelung der Vorschulerziehung muß also ohne das vom Bildungsrat vorgeschlagene „Pflichtprinzip" auskommen: die allgemeine Schulpflicht darf nicht einfach vorverlegt werden. Andererseits entspricht das „Freiwilligkeitsprinzip" in seiner extremen Form nicht den berechtigten sozialen Forderungen, weil es keine Handhabe zur Verwirklichung des Rechts auf Bildung bietet. Im Spannungsfeld dieser Prinzipien sind neue rechtliche Lösungen zu suchen.

Dafür gibt es bewährte Vorbilder in den Rechtsregeln, die die Pflege der Kinder betreffen. Obwohl die Gefahr einer Verwahrlosung gegeben sein könnte, müssen nicht alle Kinder in Heimen aufgezogen werden („Pflichtprinzip"); es ist aber auch nicht den Eltern ausschließlich überlassen, ob sie für das Wohl ihrer Kinder sorgen oder nicht („Freiwilligkeitsprinzip"). Die Rechtsgemeinschaft überwacht die elterliche Pflege der Kinder, und sie überträgt, – wo dies im Einzelfall für die Entwicklung des Kindes erforderlich ist – das Pflegerecht auf andere Personen oder auf Heime („Subsidiaritätsprinzip"). Die Art der Überwachung und auch die Voraussetzungen, unter denen eine Trennung des Kindes von der Familie gegen deren Willen erfolgen darf, sind gesetzlich sorgfältig eingegrenzt.

Die Erziehungspflicht bis zum siebten Lebensjahr sollte eine der Pflegepflicht entsprechende, am Subsidiaritätsprinzip orientierte Regelung erfahren. Das ist auch verfassungsrechtlich geboten: Im Artikel 6 des Grundgesetzes werden diese beiden Elternpflichten nebeneinander genannt und gleich behandelt[8].

So ist festzustellen:

Der Staat darf, um das Recht des Kindes auf Bildung zu schützen, die reine Rechtsaufsicht nicht überschreiten.

Den Eltern darf das Recht, die volle Erziehung der Kinder im sechsten und siebten Lebensjahr innerhalb der Familie durchzuführen, wenn ihre Kräfte für eine zeitgemäße Erziehung ausreichen, nicht durch gesetzlichen Eingriff genommen werden.

---

[7] Art. 6 Abs. 2 Satz 2 GG.
[8] Art. 6 Abs. 1, 2 und 3 GG:
(1) Ehe und Familie stehen unter dem besonderen Schutz der staatlichen Ordnung.
(2) Pflege und Erziehung der Kinder sind das natürliche Recht der Eltern und die zuvörderst i h n e n obliegende Pflicht. Über ihre Betätigung wacht die staatliche Gemeinschaft.
(3) Gegen den Willen der Erziehungsberechtigten dürfen Kinder nur auf Grund eines Gesetzes von der Familie getrennt werden, wenn die Erziehungsberechtigten versagen oder wenn die Kinder aus anderen Gründen zu verwahrlosen drohen.

Freien pädagogischen Initiativen mit dem Recht auf freie Gestaltung dieses Erziehungsbereiches ist breitester Raum zu gewähren. Den Trägern dieser Einrichtungen muß vorbehalten bleiben, ob sie sich etwa im Zusammenhang mit schon bestehenden Schulen oder Kindergärten oder als eigenständige Einrichtungen organisieren.

Konsequenzen

Die einzigartige Chance, die in der Aufgabe liegt, neue Erziehungspläne für das erste Jahrsiebt zu entwerfen und Formen zu gestalten, in denen sie sich verwirklichen, darf nicht vertan werden durch einseitige Planungen oder durch bloße Ausweitung bestehender Schulformen in diesen bisher nicht verschulten Raum hinein.

Neben die Konzeption des Bildungsrates haben Entwürfe gleichberechtigter Gruppen zu treten, aus denen sich in freier geistiger Auseinandersetzung Bildungsplanung im Prozeß entwickelt. Inhalt und Gestalt der neuen Erziehungseinrichtungen, die weder traditioneller Kindergarten noch Schule sein können, werden sich daraus erst ergeben. Bei ihrer Verwirklichung ist den freien Initiativen wegen ihrer gesellschaftlichen Funktion staatliche Förderung zu gewähren.

Dieser neue Bereich des öffentlichen Lebens wird sich nur richtig bilden können, wenn die damit zusammenhängenden gesellschaftlichen Gruppierungen und Gestaltungen zugleich fortschreiten. Nicht zufällig ist die Erziehung im ersten Jahrsiebt bisher ganz den Eltern überlassen gewesen; denn das kleine Kind braucht den engen persönlichen Kontakt mit den Menschen, die ihm schicksalsmäßig verbunden sind. Deshalb müssen die Eltern persönlicher und aktiver an den neuen Einrichtungen beteiligt werden als bisher an den Schulen.

Gruppierungen interessierter Eltern sollten schon bei den Vorüberlegungen und Entwürfen beteiligt sein.

Neben ihrer Erziehungsaufgabe werden die neuen Einrichtungen die ebenso wichtige zweite Aufgabe haben, Erziehungsaufklärung und -beratung der Eltern durchzuführen. Sie werden als „Elternschulen" für eine Verbesserung der sozialen und kulturellen Bedingungen kindlichen Lernens wirken müssen.

Das kann nur gelingen, wenn die Eltern nicht mehr nur pädagogische Einzelkonsumenten dessen sind, was ihnen die Erziehungseinrichtung liefert. Sie sollten sich zu Elternschaften zusammenschließen, die aufgrund pädagogischer Orientierung aktiv die neuen Einrichtungen mitgestalten. Hier sollte das Elternrecht, welches in die bisherigen vom Staate geführten Schulen nur zögernd hineingebaut wird, von vornherein voll institutionalisiert werden.

Parlamente, Regierungen und Behörden können der Gefahr, ungeeignete Formen des Bildungswesens auf den Vorschulbereich zu übertragen, nur dann entgehen, wenn sie alle beteiligten und interessierten Kräfte schon bei der Planung voll einbeziehen.

Bund der Freien Waldorfschulen e. V.
Die Elternschaften der deutschen Waldorfschulen
Vereinigung der Waldorfkindergärten e. V.

SCHULE FÜR FÜNFJÄHRIGE?
TEXT EINER RESOLUTION AN DEN LANDTAG VON BADEN-WÜRTTEMBERG

Arbeitskreis für Elternrecht in Baden-Württemberg, Stuttgart-Sillenbuch
Aktionskreis Vorschulerziehung Freiburg
Bund der Freien Waldorfschulen und Vereinigung der Waldorfkindergärten, Stuttgart
Caritasverband der Diözese Rottenburg
Caritasverband der Erzdiözese Freiburg e. V.
Evang. Landesverband für Kinderpflege in Baden
Evang. Landesverband für Kinderpflege in Württemberg
Schwäbischer Frauenverein, Stuttgart
Evang. Fachschule für Sozialpädagogik, Stuttgart
Evang. Höhere Fachschule und Fachschule für Sozialpädagogik, Reutlingen
Höhere Fachschule und Fachschule für Sozialpädagogik des Schwäbischen Frauenvereins, Stuttgart

7000 Stuttgart-Sillenbuch, Postfach 14
den 9. Dezember 1970

An die
Damen und Herren Abgeordneten des
Landtags von Baden-Württemberg
7000 Stuttgart I
Haus des Landtags

Sehr geehrte Damen und Herren,

die im Bildungsbericht der Bundesregierung vorgeschlagenen Wege zur Regelung der vorschulischen Erziehung bringen keine wirklichen Lösungen der bestehenden Problematik, sondern schaffen neue Probleme.
Die Vorverlegung der Schulpflicht wird mit der Verbesserung sozialer Chancengleichheit begründet. Diese ist jedoch mit einer Förderung ab 5 Jahren nicht mehr zu erreichen, da

entscheidende Entwicklungsabschnitte (die z. B. für den Aufbau der Sprache, des sozialen Verhaltens und der Leistungsmotivation einmalige Chancen enthalten) vor diesem Alter liegen. Maßnahmen zur Verbesserung der sozialen Chancengleichheit müssen als *Angebot* mit Beginn der Gemeinschaftsfähigkeit, etwa ab 3 Jahren, einsetzen. Ein Ausbau von Vorschulklassen auf Kosten von Kindergärten vergrößert das soziale Bildungsgefälle.

Vorschulische Erziehung ist ein eigenständiger Erziehungs- und Bildungsbereich. Sie überschreitet die Zufälligkeit und Begrenztheit familiärer Erziehung, lehnt aber die Übernahme schulischer Erziehungs- und Bildungsformen als ihr nicht gemäß ab.

Deshalb fordern wir:

1. Anerkennung der Eigenständigkeit des Kindergartens als Bildungsstätte für Kinder vom vollendeten 3. Lebensjahr bis zur individuellen Schulreife.
2. Autonomie dieses Bildungsbereiches gegenüber der Schule; insbesondere Freiheit der curricularen Gestaltung.
3. Freiwilligkeit, keine Pflicht zum Besuch eines Kindergartens, jedoch qualitativ überzeugendes Angebot.
4. Wahrung der Vielfältigkeit der Trägerschaften; insbesondere durch deren finanzielle Förderung.
5. Beschleunigter Aus- und Neubau von Kindergärten, besonders in sozial benachteiligten Bezirken.
6. Verbesserung der Personalsituation durch Vermehrung der Ausbildungsplätze, Ausbau der Fortbildungsmöglichkeit.
7. Verbesserung der sozialen Stellung der Kindergärtnerinnen und Erzieherinnen.
8. Ausreichende finanzielle Förderung der genannten Maßnahmen unter Gleichstellung der öffentlichen und freien Träger.

Alle diese Forderungen sind nur dann sinnvoll, wenn sie mit einer Reform der Grundschule verbunden sind. Ihre Erfüllung wendet die Gefahr einer *Verschulung* des *vorschulischen Bereichs* ab. Aus den in Kindergärten vielfältig gewonnenen Erfahrungen und nach den heutigen Erkenntnissen der Wissenschaft ist die Aufteilung der vorschulischen Erziehung in zwei „Phasen" – drei bis fünf – und fünf- bis sechsjährigen Kinder – vom *Kind* her nicht zu begründen.

Für die Arbeitskreise für Elternrecht in Baden-Württemberg: *Marion Spitta*
Für den Aktionskreis Vorschulerziehung Freiburg: *Hans-Hubert Deißler*
Für den Bund der Freien Waldorfschulen und Vereinigung der Waldorfkindergärten:
   Helmut von Kügelgen
Für den Caritasverband für Baden-Württemberg (Diözese Rottenburg): *M. Mohn*
Für den Caritasverband für die Erzdiözese Freiburg: *Karl A. Schwer*
Für den Evang. Landesverband für Kinderpflege in Württemberg, zugleich für den Evang. Landesverband für Kinderpflege in Baden: *E. Günther*
Für den Schwäbischen Frauenverein, Stuttgart: *Beate Nestle*
Für die Evang. Fachschule für Sozialpädagogik, Stuttgart: *M. Günther*
Für die Evang. Höhere Fachschule und Fachschule für Sozialpädagogik, Reutlingen: *T. Wolf*
Für die Höhere Fachschule für Sozialpädagogik des Schwäbischen Frauenvereins, Stuttgart: *M. Erpelt*
Den Forderungen dieser Resolution schließe ich mich an: *W. Reinehr*, Leiter der Verwaltung des Landesjugendamts der Landeswohlfahrtsverbands Württemberg-Hohenzollern

AUFGABEN DER WALDORFKINDERGÄRTNERIN, IHRE AUS- UND FORTBILDUNG

Die Stellung der Waldorfkindergärtnerin und -erzieher

zeichnet sich durch große Selbständigkeit aus, sie tragen die volle Verantwortung für die Gestaltung ihrer pädagogischen Arbeit. Der Waldorfkindergarten wird – wie auch die Waldorf- oder Rudolf Steiner-Schule, in die viele Kindergärten voll integriert sind – von einem unabhängigen, gemeinnützigen Trägerverein rechtlich und wirtschaftlich getragen. Die Höhe des Gehalts der Kindergärtnerinnen und Erzieher richtet sich wie auch bei den Waldorflehrern nach den unterschiedlichen Möglichkeiten der Trägervereine. In der Regel werden die üblichen Gehälter erreicht. Die Regelung der Arbeitszeit und des Urlaubs berücksichtigt die Notwendigkeit, daß die Erzieher(innen) zu ihrer Vorbereitung sowie ihrer fachlichen und allgemeinen Weiterbildung Gelegenheit haben. Der Einsatz ihrer ganzen Kraft für die pädagogische, die Eltern- und Konferenzarbeit und für die Pflege ihrer Arbeitsstätte wird vorausgesetzt.

Die Größe der Gruppe

liegt im allgemeinen zwischen 20 und 25 Kindern. Die meisten Kindergärten sind an allen Werktagen von 7.30 Uhr bis 12.30 Uhr geöffnet. Vielfach werden auch nachmittags von weiteren Mitarbeitern besondere Spiel- oder Betreuungsgruppen geführt. Besondere Einrichtungen und Differenzierungen ergeben sich aus den sozialen Bedingungen und Lebensverhältnissen der Eltern der aufgenommenen Kinder.

Auf Zusammenarbeit mit den Eltern

wird der größte Wert gelegt. Regelmäßige Elternabende führen die Eltern in die Grundlagen der pädagogischen Arbeit ein. Neben der Aussprache mit gegenseitiger Anregung, die sich aus den täglichen Erfahrungen und Beobachtungen ergeben, werden Fragen der geistig-seelisch-leiblichen Entwicklung des Kindes, seine musische und sprachliche Förderung sowie Fragen des Spielzeugs, des sozialen Verhaltens, der Ernährung, der häuslichen Erziehung, der Festgestaltung usw. besprochen. Hausbesuche dienen der Vertiefung des Kontaktes mit den Eltern und des umfassenden Verständnisses des einzelnen Kindes. – Im Vorstand des Trägervereins arbeitet mindestens eine der Kindergärtnerinnen auch an der Verwaltung und rechtlich-wirtschaftlichen Sicherung des Kindergartens mit.

Der Kindergarten kann ein Teil der gesamten Waldorfschul-Erziehung sein

Der Waldorfkindergarten ist an vielen Orten ein selbstverständlicher Bestandteil der Waldorf- oder Rudolf-Steiner-Schulen, die als *Schulen besonderer pädagogischer* Prägung ihre Schüler nach dem Kindergarten von der Schulreife bis zum 19. Lebensjahr führen; die Kindergärtnerin oder der Erzieher nimmt hier an den wöchentlichen Lehrerkonferenzen teil. Die Zusammenarbeit von Lehrern und Erziehern ist in der gegenseitigen Anerkennung der Unterschiede im pädagogischen Vorgehen begründet; sie bewahrt den Kindergarten davor, verschult zu werden, und impulsiert die Arbeit in den ersten Klassen.

Die Zusammenarbeit der Mitarbeiter bei mehreren Kindergruppen verlangt eine weitere regelmäßige Konferenz. Außerdem gehören Besprechungen und Fortbildungstagungen auf regionaler Basis zu den Aufgaben der Kindergärtnerinnen und Erzieher. Jährlich findet eine größere Fachtagung der Internationalen Vereinigung der Waldorfkindergärten statt. Weitere Fortbildungsmöglichkeiten können örtlich eingerichete künstlerische Kurse (Eurythmie, Sprachgestaltung, Malen u. a.) sein. Die öffentlichen pädagogischen Arbeitswochen des Bundes der Freien Waldorfschulen erweitern den Blick der Erzieher(innen) für die pädagogischen Grundfragen des gesamten Erziehungsalters des Heranwachsenden.

Alle Arbeitstreffen dienen dem Erfahrungsaustausch, gemeinsamer Arbeit an aktuellen Problemen und der Vertiefung der menschenkundlichen Kenntnisse als Grundlage der Arbeit.

In den Waldorfkindergärten wirken als pädagogische Mitarbeiter zusammen: die Gruppenleiter(innen), die eine Gruppe von Kindern verantwortlich führen und ihre Helferinnen. Außer der Arbeit mit den Kindern gehört zu ihren Aufgaben:

Vertiefung der menschenkundlichen Arbeit;

Elternsprechstunden, Hausbesuche;

Elternabende und evtl. künstlerische und handwerkliche Elternkurse;

Anleitung von Praktikanten und Zusammenarbeit mit den Waldorfkindergarten Seminaren;

Pflege des Spielzeugs, des Gartens und Ausgestaltung des Raumes;

Zusammenarbeit mit den Lehrern beim Übertritt der Kinder in die Schule;

Zusammenarbeit mit dem Vorstand des Trägervereins, insbesondere in wirtschaftlichen Fragen und bei der Vertretung gegenüber Behörden;

Fortbildung in der Konferenz und individuellen Arbeit.

Fortbildung

Konferenzen und Arbeitstreffen bilden einerseits das kollegiale Organ für die Einrichtung und Führung der Kindergartenarbeit, andererseits sind sie ein ständig fortgesetztes Seminar. Sie dienen dem Erfahrungsaustausch, gemeinsamer Arbeit an aktuellen Problemen und der Vertiefung der menschenkundlichen Kentnisse als Grundlage der „Erziehungskunst".

Da der Erzieher mit seiner ganzen Existenz und dem Einsatz seiner Lebenskräfte in seinem Beruf steht, ohne daß er – wie der Lehrer – von der Stoffverarbeitung her angeregt wird, sich weiterzubilden, ist ein allgemeinbildender, seine persönlichen Interessen bereichernder „Bildungsurlaub" von besonderer Wichtigkeit.

Im Rahmen der beruflichen Förderung sind folgende Fortbildungsmöglichkeiten eingerichtet:

Wöchentliche pädagogische Besprechungen der Mitarbeiter, gegebenenfalls Teilnahme an der Pädagogischen Konferenz der Waldorfschulen;

Regionale Arbeitstreffen der Waldorfkindergärtnerinnen, etwa dreimal im Jahr;

Jährlich im Herbst eine Fachtagung der Gruppenleiter zu einem Spezialthema.

Eine umfassende Fortbildungtagung der Internationalen Vereinigung der Waldorfkindergärten e. V. zu Pfingsten;

Teilnahme an örtlich eingerichteten künstlerischen Kursen in Eurythmie, Sprachgestaltung, Malen u. a.;

Teilnahme an den öffentlichen pädagogischen Arbeitswochen des

Bundes der Freien Waldorfschulen mit seminaristischem Kurs über das Kindergartenalter;

Seminarkurse der Kindergartenvereinigung (auch für im Beruf stehende Erzieher).

Soziale Lage

Die Stellung der Waldorfkindergärtner(in) zeichnet sich durch große Selbständigkeit aus, die nicht durch pädagogische Vorschriften von irgendeiner Seite eingeengt wird. Der Waldorfkindergarten wird (wie auch eine Waldorfschule) rechtlich und wirtschaftlich von einem unabhängigen, gemeinnützigen Trägerverein getragen. Die Höhe des Gehaltes richtet sich (wie auch bei den Lehrern) nach den jeweiligen Möglichkeiten der Schulen oder Trägervereine sowie nach den sozialen Verpflichtungen, in denen die Mitarbeiter stehen. Die Arbeitszeit- und Urlaubsregelung berücksichtigt die Notwendigkeiten der Vorbereitung sowie fachlicher und allgemeiner Weiterbildung.

FACHSCHULEN UND WALDORFKINDERGARTENSEMINARE

Erfahrung durch Beobachten von Lebensläufen und Einsicht in die menschenkundlichen Entwicklungsbedingungen haben gezeigt, daß im ersten Jahrsiebt nicht nur die gesunde Grundlage für das Erziehungsalter, sondern auch für die späteren Lebensalter zu leisten ist. Für diese Verantwortung dem Menschenschicksal gegenüber werden die Seminaristen ausgebildet.

Die Nachfrage nach Waldorferziehern nimmt ständig zu. Die Waldorfkindergärten wollen die Zahl ihrer Gruppen vermehren, und zahlreiche Eltern-Initiativen warten auf den pädagogischen Mitarbeiter, um einen Kindergarten vorbereiten und begründen zu können.

Fachschulen für Sozialpädagogik gibt es in Bochum, Dortmund, Kassel und Stuttgart; hier führt eine grundständige Berufsausbildung zum staatlich anerkannten Erzieher.

Für bereits staatlich anerkannte Erzieher und Sozialpädagogen sind in Berlin, Hannover, Nürnberg, Stuttgart und Witten-Herbede Fortbildungsseminare eingerichtet, um sich in die Waldorfpädagogik einzuarbeiten. Auch außerhalb der Bundesrepublik gibt es solche Seminare.

Die berufsbegleitenden Kurse im Ruhrgebiet (Herne) und Leipzig stellen einen weiteren Zugangsweg zur Waldorfpädagogik dar.

FACHSCHULEN FÜR SOZIALPÄDAGOGIK

Waldorfkindergartenseminar –
Private Fachschule für Sozialpädagogik in Stuttgart

Der Erzieherberuf stellt große Anforderungen an den Menschen; er soll vor den Kindern als eine gefestigte, Vorbild gebende Persönlichkeit stehen und vor den Eltern als ein Rater und Helfer in den immer schwieriger werdenden Fragen der Erziehung und Lebensgestaltung.

Der Vorbereitung auf die schulische Ausbildung dient ein Vorpraktikum im Waldorfkindergarten; wichtige Erfahrungen sollen in dieser Zeit gesammelt werden, und der Bewerber kann wahrnehmen, wie umfangreich das Arbeitsfeld des Erziehers ist. Nach etwa zwei Monaten im Kindergarten erbitten wir einen ersten Erfahrungsbericht aus dem Praktikum; am Ende der Weihnachtsferien findet an einem Wochenende ein Vorpraktikantentreffen statt. Bei diesem Treffen berichten die Praktikanten über ihre Erlebnisse im Kindergarten und die Lehrer geben einen Überblick über den Ausbildungsgang. Im Anschluß an dieses Wochenende führen wir mit allen Bewerbern Gespräche und danach wird über die Aufnahme entschieden.

Ausbildungsbeginn ist jeweils nach den Sommerferien in Baden-Württemberg.
Voraussetzungen für eine Aufnahme in die Private Fachschule für Sozialpädagogik Stuttgart sind:

a) Ein Lebensalter von mindestens 20 Jahren.
b) Mindestens der Realschulabschluß oder die Fachschul- bzw. mittlere Reife oder das Versetzungszeugnis in die 11. Klasse eines Gymnasiums oder der Nachweis eines mindestens gleichwertigen Bildungsstandes (z. B. Hauptschulabschluß und dreijährige abgeschlossene Berufsausbildung mit einem entsprechenden Notendurchschnitt).
c) Ein mindestens einjähriges Vorpraktikum in einem Waldorfkindergarten. Ein Vorpraktikum in einem Heim bzw. Hort, in dem nicht aus der Waldorfpädagogik heraus gearbeitet wird, kann nur in Ausnahmefällen anerkannt werden.

Der Ausbildungsweg dauert vier Jahre. Er gliedert sich in ein Vorpraktikumsjahr im Waldorfkindergarten, eine zweijährige schulische Ausbildung (in die zwei jeweils mehrwöchige Blockpraktika im Waldorfkindergarten und im Hort oder Heim eingeschlossen sind), und ein einjähriges, von der Schule betreutes Berufsanerkennungsjahr. Die Ausbildung schließt ab mit der Anerkennung zum staatlichen Erzieher.
Ausbildungsschwerpunkte sind das erste und zweite Lebensjahrsiebt des Kindes. Es werden sowohl die menschenkundlichen Grundkenntnisse als auch die methodisch-didaktischen Fähigkeiten erarbeitet; einen weiteren Studienschwerpunkt stellen die künstlerischen Fächer dar. Die verschiedenen Lehrinhalte durchdringen sich und wachsen zu einer lebendigen Einheit zusammen. Die Ausbildung wird im Vollzeitunterricht vermittelt, so daß eine Nebentätigkeit ausgeschlossen ist. Nach erfolgreich abgelegter Prüfung am Ende des zweiten Schuljahres erfolgt die Zulassung zu dem die Ausbildung abschließenden Berufspraktikum. Dieses einjährige Berufspraktikum, an das sich dann die selbständige Gruppenführung anschließen soll, wird mit einem Kolloquium, zu dem eine Jahresarbeit vorzulegen ist, beendet.

Kosten der Ausbildung: Nach der derzeit gültigen Schulordnung beträgt die Aufnahmegebühr DM 50,–. Der Schulbeitrag für die beiden ersten Ausbildungsjahre in Höhe von DM 3.600,– wird in monatlichen Teilbeträgen von DM 150,– erhoben. Für das Berufsanerkennungsjahr wird ein einmaliger Beitrag in Höhe von DM 230,– erbeten. Für die Ausbildung kann eine staatliche Ausbildungsbeihilfe beantragt werden (BAFöG, AFG).

Bewerbungen sind zu richten an: Private Fachschule für Sozialpädagogik Stuttgart, Heubergstraße 11, 7000 Stuttgart 1, Tel.: 07 11/2 86 50 01.

Fachschule für Sozialpädagogik
an der Rudolf Steiner-Schule Bochum

Der Ausbildungsweg umfaßt neben dem Vorpraktikumsjahr in einem Waldorfkindergarten zwei Jahre an der Fachschule, Kurzpraktika eingeschlossen, und endet mit dem berufspraktischen Jahr, das in Kindergärten, Horten und Heimen abgeleistet wird. Die Ausbildung schließt ab mit der Anerkennung zum staatlichen Erzieher.
Das Vorpraktikum dient dem Bewerber dazu, eine gewisse Erfahrungsgrundlage auf waldorfpädagogischem Felde zu erlangen und sich zu prüfen, ob er einen Ausbildungsweg dieser Prägung sucht. Die Ausbildung strebt an, sowohl in die notwendigen Erkenntnisgrundlagen als auch in die Praxis der Waldorfpädagogik einzuführen. Der Wille, sich in die Waldorfpädagogik einzuarbeiten, wird vorausgesetzt.

Der Bewerbung sind folgende Unterlagen beizufügen:
- Handgeschriebener, ausführlicher Lebenslauf
- Lebenslauf in tabellarischer Form
- Begründung der Berufswahl
- Kopien der genannten Nachweise
- Zwei Lichtbilder (Paßfotogröße) neuesten Datums.

Staatliche Ausbildungsbeihilfen können beantragt werden.

Bewerbungen sind zu richten an die Fachschule für Sozialpädagogik an der Rudolf Steiner-Schule Bochum, Hauptstraße 238–246, 4630 Bochum-Langendreer, Telefon 02 34/2 81 31.

Rudolf Steiner-Erzieher-Seminar Dortmund

Die Ausbildung führt ein in die Grundlagen der Waldorfpädagogik; sie dient der Vorbereitung der Arbeit im Waldorfkindergarten und endet formal mit dem Abschluß des „staatlich anerkannten Erziehers".

Insgesamt umfaßt die Ausbildung vier Jahre: ein (mindestens) einjähriges Vorpraktikum (in der Regel im Waldorfkindergarten), zwei Jahre schulische Ausbildung, ein Jahr Berufspraktikum als „Erzieher im Anerkennungsjahr".

Nach den zwei schulischen Ausbildungsjahren erfolgt die Prüfung (praktisch, schriftlich, mündlich); das Anerkennungsjahr schließt mit einem Kolloquium ab.

Die zweijährige Ausbildungszeit in der Schule ist gegliedert durch vier sechswöchige Praktikumsblöcke, von denen drei im Waldorfkindergarten, einer in der Heim- und Heilpädagogik erfolgen. So besitzt die Ausbildung einen stark praxisorientierten Charakter, bei dem das erste Lebensjahrsiebt im Mittelpunkt steht.

Der schulische Ausbildungsweg sieht eine kursmäßige (epochale) Struktur vor, wobei die tägliche Ausbildungszeit bis 15.00 Uhr, zeitweilig nur bis 13.00 Uhr dauert. Notwendige Vor- und Nachbereitung sowie Sonderveranstaltungen und Möglichkeit der Teilnahme an Veranstaltungen der Hiberniaschule und benachbarter Einrichtungen lassen keine regelmäßige Nebenbeschäftigung zu. Voraussetzung für die Aufnahme, die nach einem Vorstellungsgespräch erfolgt, ist die persönlich motivierte Entscheidung, im Waldorfkindergarten arbeiten zu wollen. Es gibt formal keine Mindestaltersgrenze, jedoch zeigt sich, daß diese Entscheidung in der Regel nicht vor dem 19., 20. Lebensjahr tragfähig gefällt werden kann. Neben dem erfolgreich abgeschlossenen Vorpraktikum ist des weiteren der Mittlere Bildungsabschluß (FOSR) Voraussetzung zur Aufnahme.

Die Kosten der Ausbildung beziehen sich auf die beiden schulischen Ausbildungsjahre und betragen z. Z. DM 140,– pro Monat. Gegebenenfalls kann eine staatliche Ausbildungsförderung gewährt werden.

Die Anmeldung ist zu richten an:
Rudolf Steiner-Erzieher-Seminar Dortmund – Fachschule für Sozialpädagogik – Mergelteichstraße 47, 4600 Dortmund 50.

Waldorf-Erzieher-Seminar Kassel
Staatlich anerkannte Fachschule für Sozialpädagogik

Der Studiengang an der Fachschule in Kassel dauert mit dem Proseminar und dem Berufspraktikum insgesamt 4 Jahre. Das Proseminar ist ein von der Fachschule organisiertes Orientierungs- und Vorbereitungsjahr. Es dient sowohl der Überprüfung der eigenen Berufsabsichten als auch dem Bekanntwerden mit der zukünftigen Ausbildungsstätte, da die verschiedenen Praktika im Altenheim, im Krankenhaus, auf dem Bauernhof, in der Familie, im Waldorfkindergarten von Seminarwochen an der Fachschule in Kassel begleitet werden.

Voraussetzungen für die Aufnahme sind:
- ein Lebensalter von mindestens 20 Jahren
- Mittlerer Bildungsabschluß
- Ein Jahr Vorpraktikum.

Die Bewerbung sollte neben einer Fotografie und dem Lebenslauf eine Begründung zur Berufswahl enthalten. Der Bewerbung ist ferner ein Zeugnis des letzten Schuljahres oder das Abschlußzeugnis sowie der Nachweis der praktischen Tätigkeit beizufügen.
Durch längere Praktika im Waldorfkindergarten während des Proseminars und im ersten Seminarjahr wird die menschenkundliche Grundlage, die Pädagogik und Didaktik für die Erziehung des Kleinkindes im ersten Jahrsiebt erfahren und im Unterricht erarbeitet. Für diesen Zweck gelten die Angaben der Stuttgarter Fachschule entsprechend.

Im Mittelpunkt der beiden Seminarjahre in Kassel steht die von der Fachschule kontinuierlich durchgeführte freie Kinder- und Jugendarbeit. Über einen gesamten Jahreslauf hinweg bekommen die Seminaristen unter Anleitung und Führung durch die Lehrer die Leitung einer Kinder- und Jugendgruppe anvertraut. Diese Praxis wird durch Unterricht, der sich menschenkundlich hauptsächlich mit dem Schulkindalter befaßt, begleitet.
Ein dritter Schwerpunkt der Ausbildung ist die Behandlung der Heim- und Heilpädagogik durch Unterricht und Praxis im zweiten Seminarjahr.
Die seminaristische Ausbildung wird mit einer Prüfung abgeschlossen. Nach dem berufspraktischen Jahr und erfolgreich abgelegter methodischer Abschlußprüfung – siehe die Stuttgarter Angaben entsprechend –, wird die staatliche Anerkennung und damit die Berechtigung zur Erziehertätigkeit im sozialpädagogischen Bereich ausgesprochen.

Während der Ausbildung kann eine staatliche Ausbildungsbeihilfe beantragt werden (BAFöG, AFG).

Bewerbungen sind zu richten an das Waldorf-Erzieher-Seminar Kassel, staatlich anerkannte Fachschule für Sozialpädagogik, Brabanterstraße 43, 3500 Kassel, Telefon 05 61/31 51 05.

SEMINARE ZUR FORTBILDUNG FÜR ERZIEHER

Weiterbildung und Einarbeitung in die Waldorfpädagogik für staatlich anerkannte Erzieher und Sozialpädagogen sowie für bereits in Waldorfkindergärten tätige Mitarbeiter.

Die Ausbildungskurse an den Waldorfkindergarten-Seminaren Hannover, Leipzig, Nürnberg, Ruhrgebiet (Witten-Herbede) und Stuttgart haben sich besonders für Erzieher mit abgeschlossener Ausbildung bewährt, die aus ihrem Beruf herausgewachsen waren oder die Beziehung zu ihm verloren hatten; ebenso für *Mütter*, die eine abgeschlossene Erzieherausbildung nachweisen können, und die ihre Kinder so weit großgezogen haben, daß sie an eine Rückkehr in berufliche Tätigkeit denken können. *Erzieher- und Sozialpädagogen*, die durch die Verschulung ihrer Arbeit oder aus anderen Gründen ihrer Tätigkeit entfremdet worden sind, finden einen neuen Zugang zu der Lebendigkeit und Bedeutung der Arbeit mit dem kleinen Kinde. Die Institution eines freien Kindergartens eröffnet die selbständige, eigener Initiative Raum gebende Aufgabe, aus der Elternarbeit und im Zusammenwirken mit Eltern und Freunden den Kindergarten zu einer Stätte sozialer und kultureller Ausstrahlung zu entwickeln.

Aufnahmebedingungen: Von den Teilnehmern, die ein Mindestalter von 21 Jahren haben sollten, wird erwartet, daß sie die Mitarbeit in einem Waldorfkindergarten oder Waldorfschulhort anstreben und deshalb eine gründliche Beschäftigung mit der Menschenkunde Rudolf Steiners und mit den anthroposophischen Grundlagen der Erziehungskunst suchen. Wer in der Bundesrepublik Deutschland in eine selbständige Gruppenführung eintreten will, muß als Erzieher die staatliche Anerkennung besitzen. Bewerber, die in anderen Ländern tätig sind oder sein wollen, sind in diesem Punkt nach den Gesetzen ihres Landes zu beurteilen. – Eine erste Auseinandersetzung mit der Anthroposophie und dem Schrifttum der Waldorfpädagogik, sowie die Teilnahme an künstlerischen und geisteswissenschaftlichen Arbeitsgruppen sollten der Anmeldung vorausgegangen sein. – Während des Kursjahres muß vor, zwischen und nach den Kursen in einer Einrichtung praktiziert werden, in der aus der Waldorfpädagogik heraus gearbeitet wird. – Für Gruppenleiter in Waldorfkindergärten, die sich über kürzere Zeit aus der Arbeit herauslösen können und eine Vertiefung und Bereicherung ihrer Arbeit suchen, ist der Besuch auch einzelner Kurse nach vorheriger Anmeldung und Absprache möglich.

Die Kurse und die Praxiszeiten:

Im ersten (Kursjahr) finden drei, aufeinander aufbauende ganztägige Trimesterkurse von je 4 bis 5 Wochen Dauer statt: Grundkurs, erster und zweiter Aufbaukurs. Die Erfahrungen in der Praxis vor, zwischen und nach den Kursen gehören unabdingbar zu dieser Fortbildung. Während der Praxiszeiten werden schriftliche Arbeiten, Kinderbeobachtungen und Erfahrungsberichte aufgegeben, die in den Kolloquien des nächsten Kurses besprochen werden. Die Praktikanten werden in der Regel an der Praxisstelle besucht. Praktikantenplätze sind von den Seminaristen selbständig aufzusuchen in Absprache mit der Seminarleitung, die in beschränktem Maße Adressen und Hinweise vermitteln kann.

Ein wesentlicher Bestandteil der Arbeit sind die *künstlerischen* Kurse, in denen sich die Waldorfpädagogen die Fähigkeiten und Wahrnehmungskraft erwerben, die sie als Mensch in ihrem Beruf brauchen. Die künstlerischen Tätigkeiten und Übungen erstrecken sich über alle drei Kurse und sollen den Anstoß geben, auch weiterhin berufsbegleitend auf dem einen oder anderen Gebiete im künstlerischen Bereich ein Übender zu bleiben. Sie umfassen folgende Gebiete: Plastizieren – Schnitzen – Puppen- und Spielzeugherstellung – Malen mit Wasserfarben – Sprachgestaltung – Musik (Singen, Kinderharfe, Flöte) – Eurythmie.

Im *Grundkurs* wird das Schwergewicht auf eine Einführung in die menschenkundlichen Grundlagen der Waldorfpädagogik und die Entwicklungsstufen der ersten sieben Jahre des Kindes gelegt. Sie wird ergänzt durch einen medizinischen Kurs über Kinderkrankheiten und methodisch-didaktische Übungen, die sich mit der Tages- und Jahresgestaltung, Kinderzeichnungen, Bewegungsspielen sowie der Herstellung von Spielzeug, insbesondere Puppen, beschäftigen.

Der erste *Aufbaukurs* wird in seinem menschenkundlichen Teil Sinneslehre und Sinnespflege behandeln, die menschenkundlichen Begriffe werden vertieft und spezielle Gebiete erarbeitet. Von medizinischer Seite tritt Ernährungslehre hinzu. Die methodisch-didaktische Arbeit wird der Gestaltung von Festen und dem Märchen und allen daran angrenzenden Gebieten, zum Beispiel Puppenspiel usw., gewidmet sein.

Der zweite *Aufbaukurs* wird als Grundthema den menschlichen Lebenslauf in seinen verschiedenen Stufen und die Wechselwirkung zwischen Erzieher und Kind behandeln. Daran gliedert sich ein medizinischer Kurs über die Veranlagung der Gesundheit oder Krankheit für das spätere Leben durch die Erziehung im frühen Kindesalter. Die methodisch-didaktischen Übungen haben unter anderem

ihren Schwerpunkt in der Elternarbeit und in den rhythmischen Bewegungsspielen.
Änderungen von Fall zu Fall sind möglich.

Ein Praxisjahr und das Abschlußkolloquium:

Das *Praxisjahr* mit Zwischen-Kolloquien folgt als zweites Ausbildungsjahr.
Es führt in die praktische Mitarbeit in einem Waldorfkindergarten ein. Die verschiedenen Fortbildungsmöglichkeiten sollen neben der Arbeit mit den Kindern wahrgenommen werden. Am Ende des Praxisjahres findet ein mehrtägiges Abschlußkolloquium statt, zu dem eine schriftliche Arbeit einzureichen ist. Über die Bewährung in der Praxis und das Gespräch über die vorgelegte Arbeit im Kolloquium wird eine Bescheinigung des Waldorfkindergartenseminars ausgestellt.
Termine: Das Kursjahr richtet sich grundsätzlich nach dem Schul- bzw. Kindergartenjahr und beginnt in der Regel am 1. August eines jeden Jahres und endet mit dem 31. Juli des folgenden. Für diese Zeit ist eine Praxisstelle in einer Waldorfeinrichtung (Kindergarten oder Hort) nachzuweisen. Der Kursbeitrag von z. Z. je DM 450,– für 4 Wochen ist vor Beginn der Kurse fällig. Der Beitrag für das Abschlußkolloquium stellt sich auf DM 50,–. Zusammen mit dem Beitrag für den Grundkurs wird eine einmalige Aufnahmegebühr in Höhe von DM 50,– erhoben. Hinzu treten die Lebenshaltungskosten. Ob ein Trägerverein während der Praxiszeiten und im Praxisjahr ein Taschengeld oder Praktikantengehalt zahlen kann, richtet sich nach den Möglichkeiten des betreffenden Kindergartens oder Schulhortes. Dem Träger der Seminare, der Internationalen Vereinigung der Waldorfkindergärten, steht nur in beschränktem Maße ein Stipendienfonds für Fortbildungsbeihilfen zur Verfügung.
Die Teilnehmer an unseren Umschulungskursen haben in der Regel Anspruch auf eine Ausbildungsförderung durch das Arbeitsamt.

Das für den Wohnsitz zuständige Arbeitsamt prüft, ob die persönlichen Voraussetzungen nach dem Arbeitsförderungsgesetz (AFG) zutreffen. Für die institutionelle Prüfung dagegen ist das Arbeitsamt Stuttgart deshalb zuständig, weil dort der Träger der Maßnahme seinen Sitz hat.
Während der Weiterbildung muß der Antragsteller die Nachweise für die Praxiszeiten vom Beginn der Maßnahme bis zum Ende der Maßnahme – das ist jeweils die Zeit vom 1. August bis zum 31. Juli des darauffolgenden Jahres – dem Arbeitsamt unaufgefordert vorlegen, das die Auszahlung der Leistungen vornimmt. Dazu gehören die Nachweise, daß die Praxis tatsächlich ausgeübt wird, welche Ferienzeiten innerhalb der Praxiszeiten liegen und welches Einkommen für die Praxis der Antragsteller erhält.
Sollten sich aus den Verhandlungen heraus Schwierigkeiten ergeben, so stellen wir anheim, daß Sie sich mit uns in Verbindung setzen. Bitte wenden Sie sich dabei an die Geschäftsstelle der Internationalen Vereinigung der Waldorfkindergärten e. V., Heubergstraße 11, 7000 Stuttgart 1. Bitte beachten Sie, daß bestimmte Fristen einzuhalten sind und leiten Sie Rückfragen umgehend weiter.

Anmeldung und Bewerbung:

Bei der Bewerbung um Aufnahme in ein Waldorfkindergartenseminar sind folgende Unterlagen einzureichen:

– Handgeschriebener ausführlicher Lebenslauf mit bisherigem Bildungsgang und Anstellungsverhältnis seit dem Schulabschluß.
– Begründung des Wunsches, sich mit der Waldorfpädagogik zu verbinden und eine Stellungnahme dazu, in welcher Form die Aufnahmebedingungen erfüllt sind.
– Nachweis einer Praxisstelle in einem Waldorfkindergarten oder Hort für das ganze Kursjahr (also jeweils für die Zeit vom 1. August bis zum 31. Juli des darauffolgenden Jahres!).

- Zwei Fotos (Paßbilder, nur in Schwarzweiß).
- Kopien von Abschlußzeugnissen und Zeugnissen von bisherigen Arbeitsverhältnissen.

Die Seminare in Berlin und Leipzig sind berufsbegleitend konzipiert; für sie gelten besondere Bedingungen. Entsprechende Unterlagen können direkt von Berlin bzw. Leipzig angefordert werden.

Die Seminarleitung bestätigt die Aufnahme nach Eingang aller Unterlagen. Sie kann zusätzlich um ein Aufnahmegespräch bitten.

Zunächst sind die Bewerbungen an eines der Waldorfkindergartenseminare zu richten:

Für Berlin:	D-1000 Berlin 61, Alte Jakobstraße 10, Telefon: 0 30/6 14 93 43
Für Hannover:	D-3000 Hannover 1, R.-v. Bennigsen-Ufer 70, Telefon: 05 11/88 40 33
Für Leipzig:	Waldorfkindergartenseminar c/o Ilona Dahmen, O-7022 Leipzig, Wilhelm-Florin-Straße 3
Für Nürnberg:	D-8500 Nürnberg 90, Hallerstraße 50, Telefon: 09 11/33 64 06
Für Stuttgart:	D-7000 Stuttgart 1, Heubergstraße 11, Telefon: 07 11/2 86 50 01
Für das Ruhrgebiet:	D-5810 Witten-Herbede, Gerberstraße 12, Telefon: 0 23 02/7 98 75

BERUFSBEGLEITENDE KURSE FÜR WALDORFPÄDAGOGIK IM RUHRGEBIET

Dieser Kurs wird eingerichtet für Erzieher und in der Kindergartenarbeit aktive Eltern, die sich gründlich in die anthroposophische Menschenkunde und in die Waldorfpädagogik einarbeiten wollen. Ein abgeschlossenes Berufspraktikum oder Erfahrung mit eigenen Kindern und eine erste Bekanntschaft mit der Waldorfpädagogik werden vorausgesetzt.

Der Kurs beginnt jeweils im Januar und dauert zwei Jahre. Er findet (abgesehen von der Zeit der Schulferien und der Adventszeit) montags von 15.00 – 20.00 Uhr statt. Am Ende dieses Kursjahres kommt eine geschlossene Kurswoche hinzu, in der ein bestimmtes Thema intensiv behandelt wird. Außerdem werden die öffentlichen pädagogischen Arbeitswochen des Bundes der Freien Waldorfschulen in Stuttgart, Hamburg oder Wanne-Eickel (zu Beginn der Sommerferien) als Teil dieses Kurses betrachtet.

An den Montag-Nachmittagen finden jeweils ein Kurs über Menschenkunde, eine künstlerische Übung und ein Kurs über die Erziehung des Kindes im ersten Jahrsiebt oder stattdessen eine zweite künstlerische Übung statt. Der Kurs über Menschenkunde behandelt im ersten Jahr Rudolf Steiners Buch „Theosophie" mit den drei Themengebieten: die menschlichen Wesensglieder, Schicksal und Wiederverkörperung, die seelische und die geistige Welt. Im zweiten Jahr wird der menschliche Lebenslauf mit besonderer Berücksichtigung der ersten drei Siebenjahresepochen erarbeitet.

Bei genügender Beteiligung wird ein weiterführender Kurs, verbunden mit einem einjährigen Praktikum in einem Waldorfkindergarten, eingerichtet. Zu diesem gehört neben künstlerischen und methodischen Übungen die Behandlung solcher menschenkundlich-pädagogischer Themen, die auf die verantwortliche Mitarbeit im Waldorfkindergarten vorbereiten.

Die menschenkundlichen, methodischen und künstlerischen Übungen stellen ein geschlossenes Ganzes dar. Zu dem angekündigten Kurs sollten sich daher nur solche Interessenten anmelden, die das Kursangebot als ganzes aufgreifen wollen und die voraussichtlich regelmäßig an den Kursen teilnehmen können.

Schriftliche Anmeldungen mit einer Darstellung des bisherigen Ausbildungs- und Berufsweges und der Gründe für die Teilnahme an diesem Kurs sowie ein Lichtbild werden erbeten an:

Berufsbegleitende Kurse für Waldorfpädagogik
Mergelteichstraße 47, 4600 Dortmund 50.

Sie erhalten von dort eine schriftliche Bestätigung Ihrer Aufnahme. Die Anmeldungen werden in der Reihenfolge des Einganges berücksichtigt, höchstens 25 Anmeldungen für einen Kurs. Die Kursgebühr beträgt DM 50,– pro Kalendermonat und wird durch Banklastschriftverfahren erhoben.

WALDORFKINDERGARTEN-SEMINARE außerhalb Deutschlands

DÄNEMARK
Rudolf Steiner Bornehave
Seminariet
Johannevey 20
DK 2920 Charlottenlund

ENGLAND
Kindergarten Teachers
Training Course
Wynstones School
Whaddon
GB Gloucester GL 4 0UF

NIEDERLANDE
Vrije Pedagogische Akademie
Choisyweg 2
NL 3701 TA Zeist

SCHWEDEN
Rudolf Steiner Kindergartenseminar
Box 168
S 161 26 Bromma, Stockholm

SCHWEIZ
Rudolf Steiner Kindergartenseminar Bern
Höheweg 14
CH 3097 Liebefeld

VEREINIGTE STAATEN (USA)
Rudolf Steiner College
9200 Fair Oaks Boulevard
Fair Oaks, California 95628

Waldorf Institute
Early Childhood Education
260 Hungry Hollow Road
Spring Valley
New York 10977

ANSCHRIFTEN DER WALDORFKINDERGÄRTEN

Waldorfkindergärten gibt es in folgenden Orten und Ländern (die Adressen entsprechen dem Stand vom August 1991; Änderungen vorbehalten; Informationen erhalten Sie durch die Internationale Vereinigung der Waldorfkindergärten e. V., Heubergstraße 11, Telefon 07 11/2 86 50 01):

Aachen	Waldorfkindergarten, 5100 Aachen, Lütticher Str. 320, Telefon: 02 41/84 78
Aalen	Waldorfkindergarten, 7080 Aalen, Zeppelinstr. 67, Telefon: 0 73 61/6 15 15
Ahrensburg	Waldorfkindergarten, 2070 Ahrensburg, Schimmelmannstr. 46, Telefon: 0 41 02/5 96 15
Aichtal	Waldorfkindergarten, 7447 Aichtal-Grötzingen, Schulstr. 25, Telefon: 0 71 27/5 76 86
Alfter	Waldorfkindergarten, 5305 Alfter-Volmershoven, Auf dem Acker 8-10, Telefon: 02 28/64 55 59
Ansbach	Waldorfkindergarten, 8800 Ansbach, Stahlstr. 53, Telefon: 09 81/6 59 73
Augsburg	Waldorfkindergarten I, 8900 Augsburg, Euler-Chelpin-Str. 23, Telefon: 08 21/72 22 28
	Waldorfkindergarten II, 8900 Augsburg, Dr. Schmelzing-Str. 52, Telefon: 08 21/72 33 78
Backnang	Waldorfkindergarten, 7150 Backnang, Sulzbacher Str. 56, Telefon: 0 71 91/6 36 14
	Waldorfkindergarten, 7150 Backnang-Maubach, Rötlensweg 1, Telefon: 0 71 91/6 15 78
Bad Liebenzell	Waldorfkindergarten Unterlengenhardt, 7263 Bad Liebenzell 03, Burghaldenweg 48, Telefon: 0 70 52/34 11
Bad Nauheim	Waldorfkindergarten, 6350 Bad Nauheim, Frankfurter Str. 103, Telefon: 0 60 32/8 17 38
Bad Oldesloe	Waldorfkindergarten, 2060 Bad Oldesloe, Rümpeler Weg 31, Telefon: 0 45 31/8 74 84
Bad Vilbel	Waldorfkindergarten, 6368 Bad Vilbel, Berkersheimer Weg 91, Telefon: 0 61 01/16 54
Baden-Baden	Waldorfkindergarten, 7570 Baden-Baden 24 Sandwier, Mühlstr. 38 A, Telefon: 0 72 21/6 61 31
Baindt	Waldorfkindergarten, 7982 Baindt, Erlenstr. 9, Telefon: 0 75 02/38 82
Baldham	siehe Neufarn, 8011 Baldham
Balingen	Kindergarten der Freien Waldorfschule, 7460 Balingen-Frommern, Hurdnagelstr. 3, Telefon: 0 74 33/3 76 76
Bamberg	Waldorfkindergarten, 8600 Bamberg, Rattlerstr. 1, Telefon: 09 51/6 57 75
Bammental	Waldorfkindergarten, 6919 Bammental, Kirchbergstr. 16, Telefon: 0 62 23/4 68 88
Bendorf	Waldorfkindergarten, 5413 Bendorf-Mühlhofen, Am Schulenberg 13, Telefon: 0 26 22/1 51 31
Bensheim	Waldorfkindergarten, 6140 Bensheim 1, Rodensteinstr. 91, Telefon: 0 62 51/6 75 50
Bergen	Waldorfkindergarten Chiemgau, 8221 Bergen-Bernhaupten, Bahnhofstr. 186, Telefon: 0 86 62/54 23
Bergisch-Gladbach	Waldorfkindergarten, 5060 Bergisch-Gladbach 02 Rommerscheid, Rommerscheiderstr. 121, Telefon: 0 22 02/3 08 19

Berlin	Waldorfkindergarten Refrath, 5060 Bergisch-Gladbach 1, Refrath, Mohnweg 62c, Telefon: 0 22 04/2 21 94	Bielefeld	Waldorfkindergarten, 4800 Bielefeld-Schildesche, An der Probstei 21, Telefon: 05 21/87 43 42
	Waldorfkindergarten, 1000 Berlin 28 Hermsdorf, Auguste-Viktoria-Str. 4, Telefon: 0 30/4 04 60 08	Bietigheim	Kindergarten Bietigheim, 7120 Bietigheim-Buch, Allensteinerstr. 19, Telefon: 0 71 42/6 46 61
	Waldorfkindergarten III, 1000 Berlin 31 Wilmersdorf, Mansfelder Str. 37, Telefon: 0 30/8 61 44 40	Bisingen	Waldorfkindergarten Wessingen, 7457 Bisingen-Wessingen, Schulweg 8, Telefon: 0 74 71/1 33 36
	Tomte's Kindergarten, 1000 Berlin 31 Wilmersdorf, Schweidnitzer Str. 3, Telefon: 0 30/8 92 81 20	Bliestorf	Waldorfkindergarten Wiesneck, 2061 Bliestorf, Lübecker Str. 3, Telefon: 0 45 01/18 90
	Waldorfkindergarten II, 1000 Berlin 33 Dahlem, Auf dem Grat 3, Telefon: 0 30/8 31 38 18	Bochum	Waldorfkindergarten Wattenscheid, 4630 Bochum 06 Wattenscheid, Reiterweg 13, Telefon: 0 23 27/7 30 96
	Waldorfkindergarten Forum Kreuzberg, 1000 Berlin 36 Kreuzberg, Eisenbahnstr. 22, Telefon: 0 30/6 12 40 39		Waldorfkindergarten, 4630 Bochum 07 Langendreer, Hauptstr. 238, Telefon: 02 34/28 44 10
	Waldorfkindergarten I, 1000 Berlin 37 Zehlendorf, Lindenthaler Allee 14, Telefon: 0 30/8 01 79 21		Waldorfkindergarten, Integrative Tagesstätte, 4630 Bochum 07 Langendreer, Baroperstr. 41, Telefon: 02 34/2910 80
	Lindenbaum Kindergarten, 1000 Berlin 44 Neukölln, Nogatstr. 19/20, Telefon: 0 30/6 25 40 77	Boll	Waldorfkindergarten der Landschule Eckwälden, 7325 Boll-Eckwälden, Rossauchtert 8, Telefon: 0 71 64/51 87
	Waldorfkindergarten Kreuzberg, 1000 Berlin 61 Kreuzberg, Alte Jakobstr. 12/13, Telefon: 0 30/6 14 30 87	Bomlitz	Waldorfkindergarten Benefeld, 3036 Bomlitz, Cordinger Str. 35, Telefon: 0 51 61/42 17
	Kindergarten Wedding, 1000 Berlin 65 Wedding, Ramlerstr. 13, Telefon: 0 30/4 63 50 42	Bonn	Waldorfkindergarten Tannenbusch, 5300 Bonn 01, Stettinerstr. 20, Telefon: 02 28/6 68 07 40
Betzdorf	Waldorfkindergarten, 5240 Betzdorf, Struthofweg 11, Telefon: 0 27 41/44 71		Waldorfkindergarten Bad Godesberg, 5300 Bonn 02 Bad Godesberg, Im Bachele 1, Telefon: 02 28/31 19 06
Bexbach	Waldorfkindergarten, 6652 Bexbach, Parkstraße, Telefon: 0 68 26/5 13 04		Waldorfkindergarten Mehlem, 5300 Bonn 02 Mehlem, Am Glückshaus 1 A, Telefon: 02 28/85 60 02
Biberach	Waldorfkindergarten, 7950 Biberach (Riss), Birkendorfer Str. 1, Telefon: 0 73 51/7 54 22	Bovenden	Waldorfkindergarten, 3406 Bovenden, Rathausplatz 4 A, Telefon: 05 51/8 32 03

Bramsche	Waldorfkindergarten, 4550 Bramsche 08 Evinghausen, Icker Landstr. 16, Telefon: 0 54 68/4 24	Coburg	Waldorfkindergarten, 8630 Coburg, Callenberg 12, Telefon: 0 95 61/5 30 79
Braunschweig	Waldorfkindergarten, 3300 Braunschweig, Giersbergstr. 1, Telefon: 05 31/7 35 22	Cuxhaven	Waldorfkindergarten, 2190 Cuxhaven, Marienstr. 39, Telefon: 0 47 21/3 81 07
	Waldorfkindergarten, 3300 Braunschweig, Rudolf-Steiner-Str. 2, Telefon: 05 31/84 94 93	Darmstadt	Waldorfkindergarten, 6100 Darmstadt, Herdweg 50, Telefon: 0 61 51/4 51 00
Bremen	Waldorfkindergarten III, 2800 Bremen, Touler Str. 3, Telefon: 04 21/44 17 26	Datteln	Waldorfkindergarten, 4354 Datteln, Klosternerweg 15, Telefon: 0 23 63/3 34 61
	Waldorfkindergarten I, 2800 Bremen 01, Freiligrathstr. 15, Telefon: 04 21/23 24 82	Delmenhorst	Waldorfkindergarten Sandhausen, 2870 Delmenhorst 01, Stedinger Landstr. 107, Telefon: 0 42 21/4 32 29
	Waldorfkindergarten II, 2800 Bremen 01, Heinrich-Heine-Str. 60, Telefon: 04 21/23 03 06	Detmold	Waldorfkindergarten, 4930 Detmold, Leopoldstr. 32, Telefon: 0 52 31/3 27 37
	Kindergarten der Tobias-Schule, 2800 Bremen 01, Heinrich-Heine-Str. 60, Telefon: 04 21/23 03 06	Diepholz	Waldorfkindergarten, 2840 Diepholz, Friedrichstr. 31, Telefon: 0 54 41/71 11
	Waldorfkindergarten Bremen-Nord, 2820 Bremen 70, Grohner Bergstr. 17, Telefon: 04 21/62 92 98	Diessen	Waldorfkindergarten, 8918 Diessen, Grünhütlstr. 17, Telefon: 0 88 07/82 86
Bremerhaven	Waldorfkindergarten, 2850 Bremerhaven, Lindenallee 106, Telefon: 04 71/7 66 44	Dinkelsbühl	Waldorfkindergarten, 8804 Dinkelsbühl, Oberer Mauerweg 22 a, Telefon: 0 98 51/13 31
	Waldorfkindergarten, 2850 Bremerhaven, Am Klint 4, Telefon: 04 71/20 04 22	Dinslaken	Waldorfkindergarten, 4220 Dinslaken, Elisabethstr. 46, Telefon: 0 21 34/1 35 27
Bruchhausen	Waldorfkindergarten, 2814 Bruchhausen-Vilsen, Heiligenberg 19, Telefon: 0 42 52/20 52	Dortmund	Waldorfkindergarten, 4600 Dortmund Hörde, Konrad-Glocker-Str. 20, Telefon: 02 31/41 37 35
Calw	Waldorfkindergarten, 7260 Calw-Hirsau, Liebenzellerstr. 3, Telefon: 0 70 51/5 16 15		
Celle	Waldorfkindergarten, 3100 Celle-Altencelle, Alte Dorfstr. 1, Telefon: 0 51 41/88 11 90		Christopherus-Kindergarten, 4600 Dortmund 01, Friedenstr. 4, Telefon: 02 31/57 91 87
Chemnitz	Waldorfkindergarten, O-9048 Chemnitz, Katharinenstr. 3, Telefon: 00 37 71/3 26 39		Waldorfkindergarten, 4600 Dortmund 14 Scharnhorst, Hesseweg 24, Telefon: 02 31/23 20 10

	Waldorfkindergarten, 4600 Dortmund 50 Brünninghausen, Mergelteichstr. 43, Telefon: 02 31/710 74 77	Erlangen	Waldorfkindergarten im Regnitztal, 8520 Erlangen, Noetherstr. 2, Telefon: 0 91 31/6 74 55
Dresden	Waldorfkindergarten, O-8023 Dresden, Wilder-Mann-Str. 13, Telefon: 00 37 51/ 5 98 73 87	Essen	Waldorfkindergarten, 4300 Essen 01, Moorenstr. 41, Telefon: 02 01/78 77 77
	Waldorfkindergarten, O-8053 Dresden-Blasewitz, Goetheallee 8, Telefon: 00 37 51/3 27 96		Waldorfkindergarten, 4300 Essen-Stadtwald 01, Vittinghoffstr. 21, Telefon: 02 01/44 02 93
Duisburg	Waldorfkindergarten, 4100 Duisburg 01, Waldemarstr. 10, Telefon: 02 03/31 40 04	Esslingen	Waldorfkindergarten, 7300 Esslingen, Am Schönen Rain 13, Telefon: 07 11/37 40 45
Düsseldorf	Waldorfkindergarten Heerdt, 4000 Düsseldorf 11 Heerdt, Heerdter Landstr. 30, Telefon: 02 11/50 22 59		Waldorfkindergarten, 7300 Esslingen-Sirnau, Bussardweg 3, Telefon: 07 11 /3 16 12 14
	Waldorfkindergarten, 4000 Düsseldorf 12 Gerresheim, Hagenerstr. 60, Telefon: 02 11/29 92 82	Euskirchen	siehe Zülpich-Schriefen, 5350 Euskirchen
		Evinghausen	siehe Bramsche, 4550 Evinghausen
Echzell	Waldorfkindergarten Bingenheim, 6363 Echzell 02, Weidgasse 34 B, Telefon: 0 60 35/13 23	Fellbach	Waldorfkindergarten, 7012 Fellbach, Werner Str. 39, Telefon: 07 11/58 13 95
Eckernförde	Waldorfkindergarten, 2330 Eckernförde, Pastorengang 10, Telefon: 0 43 51/59 29	Filderstadt	Waldorfkindergarten, 7024 Filderstadt, Roggenstr. 78, Telefon: 07 11/77 46 58
Eckwälden	siehe Boll, 7325 Eckwälden	Finning	Waldorfkindergarten, 8911 Finning, Schulgasse 2, Telefon: 0 88 06/28 62
Elmshorn	Waldorfkindergarten, 2200 Elmshorn, Schulstr. 58 A, Telefon: 0 41 21/2 46 21	Flensburg	Waldorfkindergarten, 2390 Flensburg, Valentiner Allee 1, Telefon: 04 61/9 88 91
Emmendingen	Waldorfkindergarten, 7830 Emmendingen, Wiesenstr. 72, Telefon: 0 76 41/5 46 06	Frankfurt	Kindergarten der Freien Waldorfschule, 6000 Frankfurt 50, Friedlebenstr. 52, Telefon: 0 69/52 07 93
Engen	Waldorfkindergarten Engen, 7707 Engen, Goethestr. 4, Telefon: 0 77 33/67 61		Waldorfkindergarten Der Hof, 6000 Frankfurt 50 Niederursel, Alt-Niederursel 51, Telefon: 0 69/57 88 26
Engstingen	Waldorfkindergarten, 7418 Engstingen-Grossengst., Grieserstr. 20, Telefon: 0 71 29/77 14		
Erdmannhausen	Hauser-Kindergarten, 7141 Erdmannhausen, Robert-Bosch-Str. 26, Telefon: 0 71 44/3 47 47	Freiburg	Waldorfkindergarten, 7800 Freiburg, Bayernstr. 1 A, Telefon: 07 61/40 24 76

	Waldorfkindergarten, 7800 Freiburg, Auf der Haid 17, Telefon: 07 61/49 13 00	Göttingen	Waldorfkindergarten, 3400 Göttingen, Stargarder Weg 11, Telefon: 05 51/7 14 20
	Heilpädag. Sozialwerk Haus Tobias, 7800 Freiburg, Wintererstr. 83, Telefon: 07 61/3 71 50		Kinderkreis des Kuratoriums Rudolf-Steiner-Pädagogik, 3400 Göttingen, Schlesierring 44, Telefon: 05 51/7 31 72
	Waldorfkindergarten im Haus Tobias, 7800 Freiburg, Wintererstr. 83, Telefon: 07 61/3 65 27	Grabow	Waldorfkindergarten, 3131 Grabow, Am Rott 17, Telefon: 0 58 64/5 67
Freudenstadt	Waldorfkindergarten, 7290 Freudenstadt-Dietersweiler, Schwarzwaldstr. 10, Telefon: 0 74 41/8 46 43	Grafrath	Waldorfkindergarten Marthashofen, 8082 Grafrath, Altenheim Marthashofen, Telefon: 0 81 44/76 31
Friedrichshafen	Waldorfkindergarten, 7990 Friedrichshafen 1, Ailingerstr. 38/1, Telefon: 0 75 41/3 28 50	Gräfelfing	Waldorfkindergarten Gräfelfing, 8032 Gräfelfing, Irmenfriedstr. 21, Telefon: 0 89/8 54 37 88
Fürth	Waldorfkindergarten, 8510 Fürth, Dambacher Str. 96, Telefon: 09 11/77 05 57	Grenzach	Waldorfkindergarten, 7889 Grenzach-Wyhlen 2, Hutmattenstr. 20, Telefon: 0 76 24/40 80
Gauting	Waldorfkindergarten, 8035 Gauting, Tassilostr. 17, Telefon: 0 89/8 50 77 02	Gütersloh	Waldorfkindergarten, 4830 Gütersloh-Hollen, Im Lohden 10, Telefon: 0 52 41/6 74 44
Geislingen	Waldorfkindergarten, 7340 Geislingen, Schützenstr. 94, Telefon: 0 73 31/6 56 16	Hagen	Waldorfkindergarten Hagen-Eilpe, 5800 Hagen 01 Eilpe, Franzstr. 77, Telefon: 0 23 31/7 78 88
Geldern	Waldorfkindergarten, 4170 Geldern 1, Kurt-Schumacher-Str. 12, Telefon: 0 28 31/66 33		Waldorfkindergarten Haspe, 5800 Hagen 07 Haspe, Stephanstr. 8, Telefon: 0 23 31/4 96 10
Gera	Waldorfkindergarten, O-6502 Gera-Lusau, Werner-Petzhold-Str. 17	Halle	Waldorfkindergarten, O-4020 Halle/Saale, Burgstr. 45
Gießen	Waldorfkindergarten, 6300 Gießen, Uhlandstr. 5, Telefon: 06 41/2 53 32	Hamburg	Waldorfkindergarten Hamburg Mitte, 2000 Hamburg 06 Mitte, Kleiner Schäferkamp 35 c, Telefon: 0 40/45 69 29
Gladbeck	Waldorfkindergarten, 4390 Gladbeck, Horster Str. 82, Telefon: 0 20 43/2 11 77		Kindergarten der Christengemeinschaft HH-Rothenbaum, 2000 Hamburg 13 Rothenbaum, Johnsallee 15-17, Telefon: 0 40/41 73 43
Glücksburg	Waldorfkindergarten, 2392 Glücksburg-Meierwik, Uferstr. 2, Telefon: 0 46 31/32 70		Waldorfkindergarten, 2000 Hamburg 20, Wrangelstr. 20, Telefon: 0 40/4 20 80 23
Göppingen	Waldorfkindergarten, 7320 Göppingen, Kleiststr. 10, Telefon: 0 71 61/7 45 25		

	Waldorfkindergarten, 2000 Hamburg 52 Flottbek, Heimburgstr. 4, Telefon: 0 40/82 74 46	Hannover	Waldorfkindergarten, 3000 Hannover 01, Rudolf-von-Bennigsen-Ufer 70, Telefon: 05 11/80 03 36
	Waldorfkindergarten Nienstedten, 2000 Hamburg 52 Nienstedten, Elbchaussee 366, Telefon: 0 40/82 39 38		Kindergarten der Freien Martinsschule, 3000 Hannover 01, Alemannstr. 3, Telefon: 05 11/3 52 20 26
	Blankeneser Kindergarten der Christengemeinschaft, 2000 Hamburg 55 Blankenese, Schenefelder Landstr. 87, Telefon: 0 40/86 24 48		Freier Waldorfkindergarten Raphael, 3000 Hannover 51, Im Wiesenkampe 15, Telefon: 05 11/6 49 09 22
	Kindergarten der Christengemeinschaft HH-Bergstedt, 2000 Hamburg 65 Bergstedt, Bergstedter Chaussee 209, Telefon: 0 40/6 04 78 56		Waldorfkindergarten, 3000 Hannover 51, Alt Buchholz, Podbielskistr. 374, Telefon: 05 11/64 93 55
	Kindergarten der Christengemeinschaft HH-Volksdorf, 2000 Hamburg 67 Volksdorf, Rögeneck 25, Telefon: 0 40/6 03 82 73		Waldorfkindergarten Michael, 3000 Hannover 81, Heuerstraße 14, Telefon: 05 11/8 38 69 89
	Waldorfkindergarten Tonndorf, 2000 Hamburg 70 Tonndorf, Holstenhofstieg 11, Telefon: 0 40/6 56 21 54	Harsefeld	siehe Stade, 2160 Harsefeld
		Heidelberg	Waldorfkindergarten, 6900 Heidelberg, Wielandtstr. 33, Telefon: 0 62 21/47 33 31
	Waldorfkindergarten Wandsbek, 2000 Hamburg 72 Farmsen, Rahlstedter Weg 60, Telefon: 0 40/6 43 09 71		Waldorfkindergarten an der Freien Waldorfschule Heidelberg, 6900 Heidelberg, Mittelgewannweg 16, Telefon: 0 62 21/83 40 21
	Waldorfkindergarten Bergedorf, 2050 Hamburg 80 Bergedorf, Kirchwerder Landweg 2, Telefon: 0 40/7 23 37 77	Heidenheim	Kindergarten der Freien Waldorfschule Heidenheim, 7920 Heidenheim, Ziegelstr. 50, Telefon: 0 73 21/4 10 40
	Rudolf-Steiner-Kindergarten, 2100 Hamburg 90 Harburg, Ehestorfer Heuweg 82, Telefon: 0 40/7 96 10 81		Kindergarten der Freien Waldorfschule Heidenheim, 7920 Heidenheim, Panoramaweg 5, Telefon: 0 73 21/4 10 51
Hamm	Waldorfkindergarten, 4700 Hamm 01, Ostenallee 80, Telefon: 0 23 81/1 29 72	Heilbronn	Waldorfkindergarten, 7100 Heilbronn a. N., Pfaffenhofener Str. 10, Telefon: 0 71 31/4 40 30
Hanau	Waldorfkindergarten, 6450 Hanau 01, Philippsruher Allee 46, Telefon: 0 61 81/2 68 80		Waldorfkindergarten, 7100 Heilbronn-Sontheim, Frankfurt/Oder-Str. 9, Telefon: 0 71 31/5 10 12

Heiligenberg	Heimsonderschul-Kindergarten, 7799 Heiligenberg-Föhrenbühl, Telefon: 0 75 54/80 01 53,	Kaiserslautern	Waldorfkindergarten, 6750 Kaiserslautern, Eugen-Hertel-Str. 1, Telefon: 06 31/4 44 41
Hellenthal	Waldorfkindergarten, 5374 Hellenthal, Aachenerstr. 14, Telefon: 0 24 82/76 86	Kakenstorf	Kindergarten der Rudolf-Steiner-Schule Nordheide, 2117 Kakenstorf, Lange Str. 2, Telefon: 0 41 86/81 06
Herdecke	Waldorfkindergarten, 5804 Herdecke, Am Hessenberg 32, Telefon: 0 23 30/62 37 50	Kaltenkirchen	Waldorfkindergarten, 2358 Kaltenkirchen, Oersdorfer Weg 2, Telefon: 0 41 91/49 60
Herne	Hiberniaschul-Kindergarten Wanne-Eickel, 4690 Herne 02 Wanne-Eickel, Holsterhauser Str. 70, Telefon: 0 23 25/46 08-226	Kappeln	Waldorfkindergarten, 2340 Kappeln, Prinzenstr. 30, Telefon: 0 46 42/20 90
Hiddenhausen	Waldorfkindergarten Herford, 4901 Hiddenhausen, Lortzingstr. 4, Telefon: 0 52 21/6 60 70	Karlsbad	Waldorfkindergarten Karlsbad, 7516 Karlsbad-Langensteinbach, Wilferdinger Str. 9, Telefon: 0 72 02/67 75
Hildesheim	Waldorfkindergarten, 3200 Hildesheim, Weinberg 63, Telefon: 0 51 21/8 51 07	Karlsruhe	Waldorfkindergarten, 7500 Karlsruhe 1, Mannheimerstr. 65, Telefon: 07 21/61 31 61
Hof/Saale	Waldorfkindergarten, 8670 Hof/Saale, Kolpingshöhe 1, Telefon: 0 92 81/5 27 89	Kassel	Waldorfkindergarten Goetheanlage, 3500 Kassel, Goethestr. 87, Telefon: 05 61/31 33 40
Homburg	Waldorfkindergarten Schwarzenacker, 6650 Homburg-Schwarzenacker, Homburger Str. 48, Telefon: 0 68 48/4 89		Waldorfkindergarten Wilhelmshöhe, 3500 Kassel-Wilhelmshöhe, Brabanterstr. 47, Telefon: 05 61/3 09 31
Husum	Waldorfkindergarten, 2250 Husum, Zingel 2, Telefon. 0 48 41/8 12 33	Kiel	Waldorfkindergarten, 2300 Kiel, Hofholzallee 20, Telefon: 04 31/53 09 80
Hünstetten	Waldorfkindergarten Idstein, 6274 Hünstetten-Görsroth, Pilzstr. 6, Telefon: 0 61 26/5 31 55		Rudolf-Steiner-Kindergarten f. Seelenpflege-bedürft. Kinder, 2300 Kiel 01, Rendsburger Landstr. 129, Telefon: 04 31/68 60 44/45
Icking	Waldorfkindergarten, 8021 Icking, Egartsteig 2, Telefon: 0 81 78/58 40	Kirchberg/Jagst	Waldorfkindergarten, 7184 Kirchberg/Jagst, Am Feuersee 2, Telefon: 0 79 54/8 01 70
Ingolstadt	Waldorfkindergarten, 8070 Ingolstadt, Westl. Ringstr. 20, Telefon: 08 41/3 37 86	Kirchheim	Waldorfkindergarten, 7312 Kirchheim/Teck, Wilhelmstr. 44, Telefon: 0 70 21/4 91 16
Itzehoe	Waldorfkindergarten, 2210 Itzehoe, Am Kählerhof, Telefon: 0 48 21/8 33 33	Kirn (Nahe)	Waldorfkindergarten, 6570 Kirn (Nahe), Nägelspitzerweg, Telefon: 0 67 52/7 18 52

Koblenz	siehe Bendorf, 5400 Koblenz	Lörrach	Waldorfkindergarten, 7850 Lörrach, Im Grütt, Telefon: 0 76 21/4 97 62
Köln	Waldorfkindergarten, 5000 Köln 01 Süd, Vorgebirgswall 29, Telefon: 02 21/37 13 99	Ludwigsburg	Waldorfkindergarten, 7140 Ludwigsburg, Corneliusstr. 36, Telefon: 0 71 41/8 49 23
	Waldorfkindergarten, 5000 Köln 71 Esch, Max-Liebermann-Str. 3, Telefon: 02 21/5 90 65 09		Waldorfkindergarten, 7140 Ludwigsburg, Bönnigheimerstr. 2, Telefon: 0 71 41/14 80
	Waldorfkindergarten, 5000 Köln 90 Porz, Schubertstr. 10, Telefon: 0 22 03/3 37 70	Ludwigshafen	Waldorfkindergarten, 6700 Ludwigshafen/Rhein, Madrider Weg 7, Telefon: 06 21/66 26 07
Köngen	Waldorfkindergarten, 7316 Köngen, Römerstr. 5, Telefon: 0 70 24/8 16 15	Lübeck	Waldorfkindergarten, 2400 Lübeck 01, Dieselstr. 18, Telefon: 04 51/31 58 12
Krefeld	Waldorfkindergarten, 4150 Krefeld, Kaiserstr. 43, Telefon: 0 21 51/59 62 64		Christophorus Kindergarten, 2400 Lübeck 01, Jürgen Wullenwever Str. 3, Telefon: 04 51/6 31 12
	Rudolf-Steiner-Kindergarten, 4150 Krefeld-Fichtenhain, Anrather Str. 300, Telefon: 0 21 51/31 36 99	Lüdenscheid	Waldorfkindergarten, 5880 Lüdenscheid, Hohfuhrstr. 38, Telefon: 0 23 51/2 02 01
Künzell	Waldorfkindergarten Loheland, 6411 Künzell 05, Steinstraße 7, Telefon: 06 61/39 20	Lüneburg	Waldorfkindergarten, 2120 Lüneburg, Dahlenburger Landstr. 151, Telefon: 0 41 31/8 21 20
Lahr	Waldorfkindergarten Lahr, 7630 Lahr-Sulz, Zum Bühl 14, Telefon: 0 78 21/3 92 16	Mainz	Waldorfkindergarten, 6500 Mainz 21 Finthen, Merkurweg 2, Telefon: 0 61 31/47 29 77/78
Landshut	Waldorfkindergarten, 8300 Landshut, Englbergweg 57, Telefon: 08 71/4 56 22	Mannheim	Kindergarten Gänsweide, 6800 Mannheim 24 Neckarau, Neckarauer Waldweg 131, Telefon: 06 21/85 30 06
Lauffen	Regiswindis-Kindergarten, 7128 Lauffen, Kneippstr. 7, Telefon: 0 71 33/64 84		
Leipzig	Waldorfkindergarten, O-7010 Leipzig, Egelstr. 12, Telefon: 00 37 41/6 09 39		Waldorfkindergarten Vogelstang, 6800 Mannheim 31 Vogelstang, Rudolstadter Weg 18-20, Telefon: 06 21/85 30 06
Lemgo	Waldorfkindergarten Sterntaler, 4920 Lemgo, Wiesenstr. 1, Telefon: 0 52 61/1 38 88		Waldorfkindergarten Neckarstadt West, 6800 Mannheim-Neckarstadt, Langstr. 45, Telefon: 06 21/31 58 12
Leonberg	Waldorfkindergarten, 7250 Leonberg, Max-Eyth-Str. 12, Telefon: 0 71 52/4 73 64	Marbach	Dorothea-Schiller-Kindergarten, 7142 Marbach, Panoramastr. 11, Telefon: 0 71 44/1 53 54

Marburg	Waldorfkindergarten, 3550 Marburg, Ockershäuser Allee 14, Telefon: 0 64 21/2 58 90	München	Kindergarten der Rudolf-Steiner-Schule, 8000 München 19 Nymphenburg, Nibelungenstr. 62, Telefon: 0 89/17 43 48
Markdorf	Waldorfkindergarten, 7778 Markdorf, Fitzenweiler Str. 1, Telefon: 0 75 44/54 96		Kindergarten der Rudolf-Steiner-Schule, 8000 München 40 Schwabing, Leopoldstr. 151 A, Telefon: 0 89/3 61 51 82
Maulbronn	Rudolf-Steiner-Kindergarten, 7133 Maulbronn, Im Vogelsang 1, Telefon: 0 70 43/23 64		Waldorfkindergarten Pasing, 8000 München 60 Pasing, Otto-Engl-Platz 5, Telefon: 0 89/8 34 86 83
Mechernich	Waldorfkindergarten Euskirchen, 5353 Mechernich-Lessenich, Stephanusstraße 14, Telefon: 0 22 56/5 95		Rudolf-Steiner-Kindergarten, 8000 München 81 Daglfing, Wilhelm-Diess-Weg 7, Telefon: 0 89/93 63 52
Meppen	Waldorfkindergarten, 4470 Meppen, Königsstr. 12, Telefon: 0 59 31/54 72	Münster	Waldorfkindergarten, 4400 Münster, Gescherweg 87, Telefon: 02 51/86 44 33
Minden	Waldorfkindergarten, 4950 Minden, Königstr. 62, Telefon: 05 71/8 46 48	Neufarn	Waldorfkindergarten, 8011 Neufarn, Schulstr. 16, Telefon: 0 89/9 03 65 42
Moers	Rudolf-Steiner-Kindergarten, 4130 Moers 01, Roseggerstr. 19 B, Telefon: 0 28 41/4 58 13	Neu-Isenburg	Waldorfkindergarten, 6078 Neu-Isenburg, Zeppelinstr. 10, Telefon: 0 61 02/1 75 45
Molfsee	Waldorfkindergarten Molfsee, 2302 Molfsee, Möwenstr. 15, Telefon: 0 43 47/26 38	Neumünster	Waldorfkindergarten, 2350 Neumünster, Schwabenstr. 6, Telefon: 0 43 21/7 90 41
Mönchengladbach	Waldorfkindergarten Rheydt, 4050 Mönchengladbach 02 Rheydt, Buchenstr. 14, Telefon: 0 21 66/3 45 60	Neu-Neetze	Birkenhof-Kindergarten, 2121 Neu-Neetze, Telefon: 0 58 50/4 15
Murrhardt	Waldorfkindergarten, 7157 Murrhardt, Wolkenhof 14, Telefon: 0 71 92/32 92	Neustadt in Holstein	Waldorfkindergarten, 2430 Neustadt in Holstein, Burgstr. 16, Telefon: 0 45 61/87 78
Mühldorf	Waldorfkindergarten, 8260 Mühldorf, Töginger Str. 8, Telefon: 0 86 31/29 68	Neuwied	Waldorfkindergarten, 5450 Neuwied-Block, Mittelweg 10, Telefon: 0 26 31/5 68 21
Mühlheim an der Ruhr	Waldorfkindergarten, 4330 Mühlheim an der Ruhr, Blücherstr. 135 A, Telefon: 02 08/49 71 70	Niefern-Öschelbronn	Waldorfkindergarten, 7532 Niefern-Öschelbronn, Am Eichhof, Telefon: 0 72 33/6 77 39
Müllheim	Waldorfkindergarten, 7840 Müllheim, Hebelstr. 1 A, Telefon: 0 76 31/1 28 76	Norderstedt	Waldorfkindergarten, 2000 Norderstedt, Friedrichsgaber Weg 244, Telefon: 0 40/5 25 59 52
	Waldorfkindergarten, 7840 Müllheim, Badstr. 38, Telefon: 0 76 31/1 47 12		

Nottensdorf	Waldorfkindergarten, 2152 Nottensdorf, Schäferstieg 3, Telefon: 0 41 63/62 91		Waldorfkindergarten II der Goetheschule, 7530 Pforzheim, Vogesenallee 77, Telefon: 0 72 31/2 59 71
Nümbrecht	Kindergarten, 5223 Nümbrecht, Auf dem Hömerich 7, Telefon: 0 22 93/34 47	Pinneberg	siehe Rellingen, 2080 Pinneberg
Nürnberg	Waldorfkindergarten, 8500 Nürnberg 20, Steinplattenweg 25, Telefon: 09 11/59 30 77	Pirmasens	Waldorfkindergarten, 6780 Pirmasens, Waisenhausstr. 5, Telefon: 0 63 31/1 21 95
Nürtingen	Kindergarten der Rudolf-Steiner-Schule, 7440 Nürtingen, Erlenweg 1, Telefon: 0 70 22/3 30 52	Prien	Waldorfkindergarten, 8210 Prien, Bernauer Str. 34, Telefon: 0 80 51/18 68
Oberderdingen	Rudolf-Steiner-Kindergarten, 7519 Oberderdingen, Karl Fischer Str. 25, Telefon: 0 70 45/85 08		Waldorfkindergarten, 8210 Prien, Friedhofweg 7, Telefon: 0 80 51/6 30 14
Öschelbronn	siehe Niefern, 7532 Öschelbronn	Ravensburg	siehe Baindt, 7980 Ravensburg
Offenburg	Waldorfkindergarten, 7600 Offenburg-Zell-Weierbach, Schulstr. 29 A, Telefon: 07 81/3 13 93	Recklinghausen	Waldorfkindergarten, 4350 Recklinghausen, Cäcilienhöhe 19, Telefon: 0 23 61/18 21 30
Oldenburg	Waldorfkindergarten, 2900 Oldenburg, Schützenweg 25, Telefon: 04 41/7 55 50	Rellingen/Holstein	Waldorfkindergarten Pinneberg, 2084 Rellingen in Holstein, Heidestr. 84, Telefon: 0 41 01/3 62 60
	Michael-Kindergarten, 2900 Oldenburg, Bremerstr. 15, Telefon: 04 41/1 64 41	Remscheid	Waldorfkindergarten, 5630 Remscheid, Burger Str. 21, Telefon: 0 21 91/34 13 33
Oldenburg in Holstein	Waldorfkindergarten, 2440 Oldenburg in Holstein, Lankenstr. 21, Telefon: 0 43 61/44 30		Waldorfkindergarten Bergisch Born, 5630 Remscheid 11 Berg.-Born, Schwarzer Weg 3, Telefon: 0 21 91/6 64 43
Osnabrück	Waldorfkindergarten, 4500 Osnabrück, An der Blankenburg 24, Telefon: 05 41/43 30 37	Rendsburg	Waldorfkindergarten Hoheluft, 2370 Rendsburg, Felix-Mendelssohn-Str. 10, Telefon: 0 43 31/2 77 37
Ottersberg	Waldorfkindergarten, 2802 Ottersberg, Amtshof, Telefon: 0 42 05/21 20		Waldorfkindergarten II, 2370 Rendsburg, Alsenstr. 37, Telefon: 0 43 31/2 29 50
Paderborn	Waldorfkindergarten Wewer, 4790 Paderborn 18 Wewer, Triftweg 14, Telefon: 0 52 51/9 22 22	Rengoldshausen	siehe Überlingen, 7770 Rengoldshausen
Pforzheim	Waldorfkindergarten I der Goetheschule, 7530 Pforzheim, Schwarzwaldstr. 66, Telefon: 0 72 31/2 59 73	Reutlingen	Waldorfkindergarten der Freien Georgenschule, 7410 Reutlingen 01, Moltkestr. 29, Tel.: 0 71 21/2 20 15

Rheinfelden	Waldorfkindergarten II, 7888 Rheinfelden, Grüttgasse 6, Telefon: 0 76 23/6 22 88	Schwerte	Waldorfkindergarten, 5840 Schwerte, Emil Rohrmann-Str. 13, Telefon: 0 23 04/4 36 06
Rosenheim	Waldorfkindergarten, 8200 Rosenheim-Schwaig, Schwaigerweg 1, Telefon: 0 80 31/4 33 32	Seeheim	Waldorfkindergarten, 6104 Seeheim-Jugenheim, Bergstr. 18, Telefon: 0 62 57/8 52 10
Rottenburg a. N.	Waldorfkindergarten, 7407 Rottenburg am Neckar, Gerhard-Hauptmann-Str. 19, Telefon: 0 74 72/2 49 32	Siegburg	siehe Troisdorf, 5200 Siegburg
Saarbrücken	Freier Waldorfkindergarten, 6600 Saarbrücken, Von-der-Heydt-Str. 43, Telefon: 06 81/79 21 99	Siegen	Christoffer-Kindergruppe, integrierte Tagesstätte, 5900 Siegen, Sandstr. 45, Telefon: 02 71/5 16 49
	Freier Waldorfkindergarten, 6600 Saarbrücken 06, Im Füllengarten 23, Telefon: 06 81/79 15 14		Waldorfkindergarten am Häusling, 5900 Siegen 01, Melanchthonstr. 59, Telefon: 02 71/5 49 45
	Freier Waldorfkindergarten, 6600 Saarbrücken-Altenkessel, Schulstr. 9, Telefon: 0 68 98/87 07 11		Waldorfkindergarten Seelbach, 5900 Siegen 01 Seelbach, Schelderberg 9, Telefon: 02 71/37 10 52
Schaafheim	Waldorfkindergarten Radheim, 6117 Schaafheim-Radheim, Hauptstr. 67, Telefon: 0 60 71/90 19	Sindelfingen	Waldorfkindergarten, 7032 Sindelfingen, Wengertstr. 5, Telefon: 0 70 31/87 58 53
Scheeßel	Beeke-Kindergarten, 2723 Scheeßel, Friedrichstr. 15, Telefon: 0 42 63/33 48	Stade	Waldorfkindergarten, 2160 Stade, Harsefelderstr. 57 A, Telefon: 0 41 41/6 38 58
Schleiden	siehe Hellenthal, 5372 Schleiden	Starnberg	Integrationskindergarten Söcking, 8130 Starnberg, Alter Berg 29, Telefon: 0 81 51/46 22
Schopfheim	Waldorfkindergarten I, 7860 Schopfheim-Eichen, Am Eisweiher 5, Telefon: 0 76 22/74 62	Staufen	Waldorfkindergarten, 7813 Staufen, Krozingerstr. 30, Telefon: 0 76 33/8 29 82
Schwabach	Waldorfkindergarten, 8540 Schwabach 07, Mühlberg 7, Telefon: 09 11/64 00 65	Stockach	Kindergarten im Pestalozzi-Kinderdorf Wahlwies, 7768 Stockach 14 Wahlwies, Pestalozzi Kinderdorf, Telefon: 0 77 71/8 00 30
Schwäbisch Gmünd	Waldorfkindergarten, 7070 Schwäbisch Gmünd-Groß Deinbach, Lachenäckerstr. 10, Telefon: 0 71 71/7 11 49		Waldorfkindergarten Wahlwies, 7768 Stockach 14 Wahlwies, Telefon: 0 77 71/31 83
Schwäbisch Hall	Waldorfkindergarten, 7170 Schwäbisch Hall, Crailsheimer Str. 26, Telefon: 07 91/4 16 65		Waldorfkindergarten Wahlwies, 7768 Stockach 14 Wahlwies, Erich-Fischer-Str. 12, Telefon: 0 77 71/38 70
	Waldorfkindergarten II, 7170 Schwäbisch Hall, Teurerweg 2, Telefon: 07 91/7 10 61	Stuhr	Waldorfkindergarten, 2805 Stuhr 3 Seckenhausen, Zum Pavillon 4, Telefon: 04 21/89 34 39

Stuttgart	Waldorfkindergarten Uhlandshöhe, 7000 Stuttgart 1, Haussmannstr. 44, Telefon: 07 11/24 02 75	Troisdorf	Waldorfkindergarten, 5210 Troisdorf, Bismarckplatz, Telefon: 0 22 41/7 59 40
	Kindergarten der Freien Waldorfschule Uhlandshöhe, 7000 Stuttgart 01, Libanonstr. 3, Telefon: 07 11/46 81 11	Tübingen	Kindergarten an der Freien Waldorfschule, 7400 Tübingen, Rotdornweg 30, Telefon: 0 70 71/6 51 18
	Waldorfkindergarten der Freien Waldorfschule am Kräherwald, 7000 Stuttgart 01, Rudolf-Steiner-Weg 10, Telefon: 07 11/2 57 33 47	Überlingen	Waldorfkindergarten, 7770 Überlingen-Rengoldshausen, Rengoldshauserstr. 20, Telefon: 0 75 51/35 33
	Heilpädagogische Kindertagesstätte Wernhalde, 7000 Stuttgart 01, Wernhaldenstr. 66, Telefon: 07 11/24 48 28		Waldorfkindergarten, 7770 Überlingen-Rengoldshausen, Hofgut Rengoldshausen, Telefon: 0 75 51/6 30 79
	Allerleirauh Kindergarten, 7000 Stuttgart 01, Rosenstraße 36, Telefon: 07 11/23 21 25	Uetersen	Waldorfkindergarten, 2082 Uetersen, E.-L.-Meyn-Str. 1 A, Telefon: 0 41 22/4 39 90
	Waldorfkindergarten Sonnenberg, 7000 Stuttgart 70, Kremmlerstr. 1 A, Telefon: 07 11/76 35 90	Ulm	Kindergarten der Freien Waldorfschule, 7900 Ulm, Römerstr. 97, Telefon: 07 31/3 70 71
	Kindergarten der Karl-Schubert-Schule, 7000 Stuttgart 70, Obere Weinsteige 40, Telefon: 07 11/76 40 84		Waldorfkindergarten an der Blau, 7900 Ulm, Buchmillergasse 3, Telefon: 07 31/3 55 56
	Kindergarten der Christengemeinschaft, 7000 Stuttgart 75 Riedenberg, Schemppstr. 50, Telefon: 07 11/47 24 73	Unna	Waldorfkindergarten, 4750 Unna, Tannenweg 7, Telefon: 0 23 03/8 62 17
		Unterlengenhardt	siehe Bad Liebenzell, 7263 Unterlengenhardt
	Waldorfkindergarten Sillenbuch, 7000 Stuttgart 75 Sillenbuch, Himbeerweg 21, Telefon: 07 11/47 19 26	Vaihingen/Enz	Waldorfkindergarten, 7143 Vaihingen/Enz, Gerokstr. 30, Telefon: 0 70 42/1 70 50
	Freie Waldorfkindertagesstätte, 7000 Stuttgart 80 Kaltental, Alpirsbacher Weg 6, Telefon: 07 11/6 87 56 72		Waldorfkindergarten, 7143 Vaihingen/Enz, Franckstr. 30, Telefon: 0 70 42/1 34 41
Traisen	Waldorfkindergarten, 6551 Traisen, Schulstr. 17, Telefon: 06 71/4 35 72	Velbert	Waldorfkindergarten Langenberg, 5620 Velbert 11 Langenberg, Hauptstr. 33, Telefon: 0 20 52/62 00
Trier	Waldorfkindergarten, 5500 Trier, Montessoriweg 11, Telefon: 06 51/3 20 21	Villingen-Schwenningen	Waldorfkindergarten, 7730 Villingen-Schwenningen, Schluchseestr. 51, Telefon: 0 77 20/12 92

Waiblingen	Waldorfkindergarten, 7050 Waiblingen, Neustätter Hauptstr. 53, Telefon: 0 71 51/2 25 69	Witten	Waldorfkindergarten, 5810 Witten, Billerbeckstr. 40, Telefon: 0 23 02/2 20 75
Wangen/Allgäu	Waldorfkindergarten, 7988 Wangen/Allgäu, Morfstr. 5, Telefon: 0 75 22/51 40		Rudolf-Steiner-Kindergarten, 5810 Witten-Stockum, Helfkamp 14, Telefon: 0 23 02/4 81 69
Wattenscheid	siehe Bochum, 4640 Wattenscheid	Wolfsburg	Waldorfkindergarten, 3180 Wolfsburg 01, Masurenweg 9, Telefon: 0 53 61/3 70 73
Weikersheim	Waldorfkindergarten Taubertal, 6992 Weikersheim, Würzburger Str. 9, Telefon: 0 79 34/81 71	Wuppertal	Waldorfkindergarten, 5600 Wuppertal 02 Barmen, Schluchtstr. 21, Telefon: 02 02/8 33 71
Weimar	Freier Waldorfkindergarten, O-5300 Weimar, Dichterweg 44, Telefon: 0 03 76 21/38 89		Waldorfkindergarten, 5600 Wuppertal 02 Barmen, Schloß-Str. 16, Telefon: 02 02/8 87 81
Welzheim	Waldorfkindergarten, 7063 Welzheim-Aichstrut, Kaisersbacher Str. 28, Telefon: 0 71 82/60 55		Sonderkindergarten im Troxlerhaus, 5600 Wuppertal 02 Barmen, Nommensenweg 12, Telefon: 02 02/8 14 21
Wernstein	Waldorfkindergarten, 8651 Wernstein 21, Am Schlossberg 8, Telefon: 0 92 29/82 01		Integrativer Kindergarten Wuppertal-West, 5600 Wuppertal 11 Vohwinkel, Bahnstr. 229, Telefon: 0 20 58/83 86
Weste	Kindergarten Weste, 3119 Weste, Sunderberger Weg 1 B, Telefon: 0 58 28/14 78	Würzburg	Waldorfkindergarten, 8700 Würzburg, Hofmeierstr. 30, Telefon: 09 31/8 28 50
Wiehl	Waldorfkindergarten Oberberg, 5276 Wiehl-Heidersiefen, Gustav-Friedrich-Siedlung 62, Telefon: 0 22 96/13 03	Zülpich	Waldorfkindergarten Euskirchen, 5352 Zülpich-Schriefen, Neustr. 37, Telefon: 0 22 52/46 33
Wiesbaden	Waldorfkindergarten, 6200 Wiesbaden, Von-Leyden-Str. 21, Telefon: 06 11/56 25 85		
Wilhelmshaven	Waldorfkindergarten, 2940 Wilhelmshaven, Kirchreihe 11 A, Telefon: 0 44 21/3 85 62		
Willich	Christian Morgenstern-Kindergarten, 4156 Willich 01, Bahnstr. 8, Telefon: 0 21 54/4 26 16		
Winterbach	Waldorfkindergarten Engelberg, 7065 Winterbach-Engelberg, Rudolf-Steiner-Weg 4, Telefon: 0 71 81/70 42 82		

Waldorfkindergärten in Europa:

Belgien, Dänemark, Finnland, Frankreich, Großbritannien, Irland, Italien, Jugoslawien, Luxemburg, Niederlande, Norwegen, Österreich, Polen, Portugal, Rumänien, Schweden, Schweiz, Spanien und Ungarn.

Waldorfkindergärten in Übersee:

Ägypten, Argentinien, Australien, Brasilien, Chile, Ecuador, Israel, Japan, Kanada, Kenia, Kolumbien, Namibia, Neuseeland, Mexiko, Peru, Südafrika, Uruguay und Vereinigte Staaten von Amerika.

Aus der Literatur zur Waldorfpädagogik mit besonderer Berücksichtigung des ersten Jahrsiebts

Die Erziehung des Kindes
vom Gesichtspunkte der Geisteswissenschaft. Ergänzt um drei pädagogische Vorträge. Rudolf Steiner. 63 Seiten. Rudolf Steiner Verlag.

Der pädagogische Wert der Menschenerkenntnis und der Kulturwert der Pädagogik
Rudolf Steiner. 184 Seiten. Rudolf Steiner Verlag.

Die Erziehungsfrage als soziale Frage
Die spirituellen, kulturgeschichtlichen und sozialen Hintergründe der Waldorfschulpädagogik. Rudolf Steiner. 121 Seiten. Rudolf Steiner Verlag.

Die Kunst des Erziehens aus dem Erfassen der Menschenwesenheit
Rudolf Steiner. 148 Seiten. Rudolf Steiner Verlag.

Erziehung zur Freiheit
Die Pädagogik Rudolf Steiners. Bilder und Berichte aus der internationalen Waldorfschulbewegung. Carlgren / Klingborg. 208 Seiten, 250 meist farbige Abb. Großformat. Preisgünstige Sonderausgabe, 264 Seiten. Verlag Freies Geistesleben.

Die Waldorfpädagogik
Eine Einführung in die Pädagogik Rudolf Steiners. Johannes Kiersch. 62 Seiten. Verlag Freies Geistesleben.

Vom Waldorfkindergarten
Stuttgart 1991. Herausgegeben und zu beziehen durch die Internationale Vereinigung der Waldorfkindergärten e.V. Stuttgart.

Erziehung im frühen Kindesalter
Der Waldorfschul-Kindergarten. Elisabeth M. Grunelius. 76 Seiten. Novalis Verlag.

Die ersten sieben Jahre
Ein Ratgeber zum Verständnis des Kleinkindes. Dr. med. Werner Christian Simonis. 148 Seiten. Novalis Verlag.

Der singende spielende Kindergarten
D. Udo de Haes. Aus dem Holländischen, mit 9 Liedern in Noten. 136 Seiten. Mellinger Verlag.

Vom Lehrplan der Freien Waldorfschulen
Bearbeitet von Caroline von Heydebrand. 58 Seiten. Verlag Freies Geistesleben.

Die Weisheit der deutschen Volksmärchen
Rudolf Meyer. 261 Seiten. Verlag Urachhaus.

Die Bedeutung der Phantasie für Emanzipation und Autonomie des Menschen. Die sinnige Geschichte
Erhard Fucke. 94 Seiten. Verlag Freies Geistesleben.

Fernseh-geschädigt
Begründende Literatur zu einem Aufruf, die kleinen Kinder vor dem Bildschirm zu schützen. Studienheft der Internationalen Vereinigung der Waldorfkindergärten. 106 Seiten Manuskript.

Das Schicksal manipulieren?
Über die Technisierung von Geburt und Tod. 122 Seiten. Verlag Freies Geistesleben.

Die Strafe in der Selbsterziehung und in der Erziehung des Kindes
Erich Gabert. 118 Seiten. Verlag Freies Geistesleben.

Autorität und Freiheit in den Entwicklungsjahren – Das mütterliche und das väterliche Element in der Erziehung
Erich Gabert. 76 Seiten. Verlag Freies Geistesleben.

Ernährung unserer Kinder
Gesundes Wachstum – Konzentration – Soziales Verhalten – Willensbildung. Udo Renzenbrink. 203 Seiten. Verlag Freies Geistesleben.

Von der Zeichensprache des kleinen Kindes
Michaela Strauss. Menschenkundliche Anmerkungen von Wolfgang Schad. 25 farbige, 60 einfarbige Abbildungen, 96 Seiten. Verlag Freies Geistesleben.

Erziehung, Schule, Elternhaus
Jakob Streit. 108 Seiten. Novalis Verlag.

Von den Quellkräften der Seele
Zur religiösen Unterweisung der Jugend. H. Hahn. Mellinger Verlag.

Die ersten drei Jahre des Kindes
Erwerb des aufrechten Ganges / Erlernen der Muttersprache / Erwachen des Denkens / Entfaltung der drei höchsten Sinne. Karl König. 110 Seiten. Verlag Freies Geistesleben.

Sinnesentwicklung und Leiberfahrung
Heilpädagogische Gesichtspunkte zur Sinneslehre Rudolf Steiners. Karl König. Hrsg. und mit einem Aufsatz von Georg von Arnim: „Körperschema und Leibessinne". 124 Seiten. Verlag Freies Geistesleben.

Sinnesorgane – Sinnesverlust – Sinnespflege
Die Sinneslehre Rudolf Steiners in ihrer Bedeutung für die Erziehung. Willi Aeppli. 113 Seiten. Verlag Freies Geistesleben.

Vom Seelenwesen des Kindes
C. v. Heydebrand. 190 Seiten. Verlag Mellinger.

Geburt und Kindheit
Ernährung. Pflege. Erziehung. Dr. med. Wilhelm zur Linden. Achte erweiterte Auflage, 544 Seiten. Verlag Vittorio Klostermann.

Krankheitsepochen der Kindheit
Dr. med. Walter Holtzapfel. 88 Seiten. Verlag Freies Geistesleben.

Kind im Wandel des Jahrhunderts
Ein Kinderarzt zur Situation. Heinz Herbert Schöffler. 124 Seiten. Verlag Freies Geistesleben.

Kindersprechstunde
Ein medizinisch-pädagogischer Ratgeber. Erkrankungen – Bedingungen gesunder Entwicklung – Erziehung als Therapie. Wolfgang Goebel, Michaela Glöckler. 542 Seiten, 32 z.T. farbige Abb. Verlag Urachhaus.

ZEITSCHRIFTEN

Erziehungskunst
Monatsschrift zur Pädagogik Rudolf Steiners. Herausgegeben vom Bund der Freien Waldorfschulen. Redaktion Dr. Klaus Schickert/Matthias Maurer. Verlag Freies Geistesleben, Stuttgart.

Der Elternbrief
Ratschläge und Hilfe für die Erziehungspraxis. Redaktion F. H. Hillringhaus und Dr. E. Klein. Verlag „Die Kommenden", Freiburg.

Child and Man
A journal for Contemporary Education. Hrsg. von der Steiner Schools Fellowship, London. Summer & Winter.

Triades-Education
(Beilage der Zeitschrift „Triades") Edition Triades, Paris.

Vrije Opvoedkunst
Sociaal paedogogisch tijdschrift. Redactie Mr. A. C. Henny, Den Haag. Zweimonatsschrift.

På Väg
mot en ny pedagogik. Tidskrift för Rudolf Steinerpedagogik. Redaktion F. Carlgren, A. Klingborg, W. Liebendörfer, Bromma / Schweden. Erscheint vierteljährlich.

Auskunft:
in Angelegenheiten der Internationalen Vereinigung der Waldorfkindergärten:
D-7000 Stuttgart 1, Heubergstraße 11, Telefon (07 11) 2 86 50 01

Arbeitsmaterial aus den Waldorfkindergärten

1 Spielzeug – von Eltern selbstgemacht
Von *Freya Jaffke*. 16., neu bearbeitete Auflage, 100 Seiten mit zahlreichen Zeichnungen.

2 Getreidegerichte – einfach und schmackhaft
Von *Freya Jaffke*. 10. Auflage, 52 Seiten.

3 Färben mit Pflanzen
Textilien selbst gefärbt. Historisches und Rezepte für heute, dargestellt und illustriert von *Renate Jörke*. 7. Auflage, 71 Seiten, kartoniert.

4 Singspiele und Reigen
für altersgemischte Gruppen. Aus dem Waldorfkindergarten Hamburg, zusammengestellt von *Suse König*. 6. Auflage, 56 Seiten.

5 Kleine Märchen und Geschichten
zum Erzählen und für Puppenspiele. 8. Auflage, 55 Seiten.

6 Rhythmen und Reime
Gesammelt bei der Vereinigung der Waldorfkindergärten Stuttgart. 6. Auflage, 64 Seiten.

7 Puppenspiel
Anleitungen für die Einrichtung verschiedener Spielmöglichkeiten und die Herstellung einfacher Figuren. Von *Freya Jaffke*. 3. Auflage, 68 Seiten, kartoniert.

8 Hänschen Apfelkern
Kleine Märchen und Geschichten zum Erzählen und Spielen, gesammelt und bearbeitet von *Bronja Zahlingen*. 5. Auflage, 50 Seiten mit farbigen Abbildungen, kartoniert.

9 Zwerge
Wie man sie sieht, wie man sie macht, wie man mit ihnen umgeht. Zusammengestellt von *Johanna-Veronika Picht* mit Zeichnungen von *Christiane Lesch*. 2. Auflage, 54 Seiten, kartoniert.

10 Tanzt und singt!
Rhythmische Spiele im Jahreslauf. Zusammengestellt von *Freya Jaffke*, mit Zeichnungen von Christiane Lesch. 3. Auflage, 100 Seiten, kartoniert.

11 Das spielende Kind
Beobachtungen und Erfahrungen einer Kindergärtnerin. Von *Ingeborg Haller*. Mit Zeichnungen von Almuth Regenass-Haller. 3. Auflage, 67 Seiten, kartoniert.

12 Spiel mit uns!
Gesellige Spiele für Kinder von 3 bis 6 Jahren. Von *Freya Jaffke*. Mit Zeichnungen von Christiane Lesch. 80 Seiten, kartoniert.

13 Spielen und arbeiten im Waldorfkindergarten
Von *Freya Jaffke*. 65 Seiten mit zahlreichen Fotos, kartoniert.

VERLAG FREIES GEISTESLEBEN

Werkbücher für Kinder, Eltern und Erzieher

1 Wir spielen Schattentheater
Anregungen für eine einfache Bühne, kleine Szenen und drei Märchenspiele. Illustriert und zusammengestellt von *Erika Zimmermann*. 4. Auflage, 72 Seiten, kartoniert.

2 Advent
Praktische Anregungen für die Zeit vor Weihnachten. Zusammengestellt von *Freya Jaffke*. Mit Zeichnungen von *Christiane Lesch* und farbigen Abbildungen. 5. Auflage, 59 Seiten, kartoniert.

3 Bilderbücher mit beweglichen Figuren
Anregungen und Anleitung zum Selbermacher, von *Brunhild Müller*. 4. Auflage, 57 Seiten, kartoniert.

4 Wir spielen Kasperle-Theater
Die Bedeutung des Kasperle-Spiels, die Herstellung von Puppen und Bühne und zehn kleine Szenen. Von *A. Weissenberg-Seebohm, C. Taudin-Chabot* und *C. Mees-Henny*. 3. Auflage. 92 Seiten mit 7 farbigen und 56 schwarz-weißen Abbildungen, kartoniert.

5 Mit Kasperle durch das Jahr
Vier große Kasperle-Stücke, von *A. Weissenberg-Seebohm*. 2. Auflage, 56 Seiten, kartoniert.

6 Geometrische Körper aus Stroh selbstgemacht
Von *Walter Kraul*, 2. Auflage, 46 Seiten mit zahlreichen Zeichnungen und Fotos.

7 Spielen mit Wasser und Luft
Von *Walter Kraul*, 3. Auflage, 70 Seiten mit zahlreichen Abbildungen, kartoniert.

8 Spielen mit Feuer und Erde
Von *Walter Kraul*, 2. Auflage, 59 Seiten mit zahlreichen Abbildungen, kartoniert.

9 Malen mit Wasserfarben
Von *Brunhild Müller*, 49 Seiten mit zahlreichen farbigen Abbildungen.

10 Kinderbekleidung
Von *Ulrich Rösch* und *Traute Nierth*, 92 Seiten mit zahlreichen farbigen und schwarz-weißen Abbildungen.

11 Pflanzenfärben ohne Gift
Neue Rezepte zum Färben von Wolle und Seide. Von *Eva Jentschura*, mit Illustrationen von Heidi Geister. 56 Seiten mit zahlreichen Abbildungen, kartoniert.

VERLAG FREIES GEISTESLEBEN

Die großen Dokumentationen der Waldorfpädagogik!

Erziehung zur Freiheit

Die Pädagogik Rudolf Steiners. Bilder und Berichte aus der internationalen Waldorfschulbewegung.
Text: Frans Carlgren, Bildredaktion: Arne Klingborg
208 Seiten, ca. 250 meist farbige Abbildungen, großes Querformat (24 × 34 cm), gebunden.
Preisgünstige Sonderausgabe, 264 Seiten, kartoniert.

Alle Fragen, die man an die Waldorfschule stellt, werden klar und konkret beantwortet. Alle Gebiete, vom Kindergarten bis zum Schulaustritt, der Epochen-Unterricht, der Zeugnis- und Prüfungsverzicht, das künstlerische Prinzip, die Lehrerbildung, werden durch farbige Abbildungen verständlich gemacht. Das Werk zeigt auch, daß man an diesen Schulen die Kinder weder zu Künstlern noch zu Anthroposophen machen will. *Nationalzeitung, Basel*

Es ist eine Lust, in dem reich bebilderten, großzügig angelegten Buch zu blättern und die Schülerarbeiten der verschiedenen Altersstufen zu betrachten. Und es ist ein lohnendes Unterfangen, sich in die sorgfältig gegliederten und systematisch dargebotenen Texte zu vertiefen. Nichts, worüber da nicht informiert würde von den Grundzügen der Waldorfpädagogik...
Neue Württemberger Zeitung

Die einzelnen Abschnitte, sachkundig gegliedert und illustriert, behandeln den gesamten Komplex der Unterrichts- und Erziehungsweise, die in den Waldorfschulen gepflegt wird... Wir möchten diese Dokumentation in die Hand eines jeden Lehrers legen...
Literaturspiegel für wissenschaftliche Literatur und Sachbücher

VERLAG FREIES GEISTESLEBEN

Bücher von Karin Neuschütz

Das Puppenbuch

Wie man Puppen selber macht und was sie für Kinder bedeuten.
Aus dem Schwedischen von Claudia Barenthin.
179 Seiten mit zahlreichen Abbildungen, 4. Auflage, kartoniert.

Aus dem Inhalt: Entwicklung und Spielbedürfnis des Kindes. Spielsachen für die verschiedenen Lebensalter. Wie man Stoffpuppen aller Art herstellt. Puppenkleider und Frisuren. Elternkurs.

Gib den Puppen Leben!

Vom Wollknäuel zum Marionettentheater.
Aus dem Schwedischen von Claudia Barenthin.
208 Seiten mit zahlreichen Zeichnungen und Fotos, kartoniert.

Aus dem Inhalt: Aus der Geschichte des Puppentheaters. Die Puppe wird zum Leben erweckt. Eine Puppenwerkstatt. Die Praxis des Puppenspiels. Aus Märchen wird Puppenspiel. Die Bühne. Elternkurs.

Lieber spielen als fernsehen!

Aus dem Schwedischen von Claudia Barenthin.
2. Auflage, 213 Seiten mit zahlreichen Zeichnungen, kartoniert.

Aus dem Inhalt: Fernsehen und Entwicklung des Kindes. Übung der Sinne. Bastelarbeiten und Spiele. Gesellschaftsspiele und anderes. Elternkurs.

Kinder lieben Tiere

Wie man Woll- und Stofftiere herstellt und mit ihnen spielt.
Aus dem Schwedischen von Claudia Barenthin.
184 Seiten mit zahlreichen Zeichnungen und Fotos, kartoniert.

Aus dem Inhalt: Das Haustier, Kamerad oder Spielzeug. Die Spielzeugtiere. Stofftiere nähen. Elternkurs

VERLAG FREIES GEISTESLEBEN

Das Jahreszeitenbuch

Anregungen zum Spielen, Basteln und Erzählen – Gedichte, Lieder und Rezepte zum Jahreslauf.
Von *Christiane Kutik*, durchgehend illustriert von *Eva-Maria Ott-Heidmann*. 320 Seiten mit über 300 Abbildungen, gebunden.

Was sollen wir mit unseren Kindern spielen; welche Geschichten erzählen, welche Lieder singen? Eltern und Erzieher sind heute oft ratlos, wenn es um solche Fragen geht. Altes, traditionelles Brauchtum hat heute weitgehend seine soziale Wirksamkeit verloren oder ist sowieso in Vergessenheit geraten. Neue Ideen aber sind rar, Erneuerungskräfte kaum vorhanden.

Das Jahreszeitenbuch will hier weiterhelfen. Es zeigt in Form eines echten „Hausbuches", wie der Jahreskreislauf, mit den Kindern gemeinsam erlebt, zum Spielen, Singen, Erzählen, Basteln und Backen anregt. Daraus kann dann auch ein sinnvolles Gestalten der Jahresfeste gewonnen werden: Weihnachten und Ostern, aber auch die heute kaum noch bekannten Feste Johanni und Michaeli. Die Bedeutung dieser Feste wird deutlich gemacht und dabei versucht, durch die Auswahl der Geschichten und Lieder, durch die vielen Illustrationen sowie durch begleitende Zwischentexte, den Eltern und Kindern das Erleben des Jahreslaufes wieder nahezubringen. Jegliches Spiel, jede Mahlzeit, jede kleine Geschichte bekommt durch ihre Einordnung in den Jahreslauf und durch den Bezug zu den Jahresfesten einen umfassenden Sinn. Auch auf die Gestaltung der christlichen Feste im Sinne einer dem heutigen Bewußtsein angemessenen Gestaltung wird eingegangen. Ein Register und umfangreiche Literaturhinweise zum Weiterlesen schließen das Buch ab.

VERLAG FREIES GEISTESLEBEN

Der Plumpsack geht rum!

Kreis- und Bewegungsspiele für Kinder und Jugendliche, von *Rudolf Kischnik* und *Wil van Haren*. Mit zahlreichen Zeichnungen von Ronald Heuninck, deutsche Bearbeitung von Johannes Hörner. 300 Seiten, gebunden.

„Heutzutage trifft man immer häufiger auf Kinder, die nichts mit sich anzufangen wissen. Die Beziehung des Kindes zum Spiel hat sich stark verändert; Kino, Fernsehen und Video fesseln mehr als schlichte Kinderspiele. Und trotzdem lebt in den Kindern nach wie vor eine ursprüngliche Spiellust, die nur weniger Anstöße bedarf, um sie zu wecken. Diese Anstöße zu finden, hilft das Buch ‚Der Plumpsack geht rum!' Es versammelt über 300 Spiele, die bewußt an alte Spieltraditionen anknüpfen.

Das Buch gliedert sich in drei Teile. Teil 1 enthält Kreis- und Singspiele. In Teil 2 findet man Spiele für Kinder ab sieben Jahren. Diese sind nochmals untergliedert nach den einzelnen Altersstufen. Teil 3 enthält schließlich Wettlauf, Zweikampf, Ringkampfspiele, Geschicklichkeitsspiele, Beschäftigungsspiele und Blindspiele.

Kurze Betrachtungen über die pädagogischen Hintergründe der Spiele machen dieses Buch nicht nur zu einem hervorragenden Nachschlagewerk, sondern auch zu einem pädagogischen Leitfaden, der die Zusammenhänge zwischen dem Spielgeschehen und der kindlichen Entwicklungsdynamik aufzeigt.

‚Der Plumpsack geht rum!' ist ein Buch für die Praxis. Es macht Mut, ein neues lebendiges Verhältnis zu den Spielen der Kinder zu gewinnen."

Sport inform

VERLAG FREIES GEISTESLEBEN